PÄDAGOGISCHE ANTWORTEN
AUF GESELLSCHAFTLICHE
MODERNISIERUNGSANFORDERUNGEN

PÄDAGOGISCHE ANTWORTEN AUF GESELLSCHAFTLICHE MODERNISIERUNGS- ANFORDERUNGEN

Herausgegeben
von
Rainer Zech

1997

VERLAG JULIUS KLINKHARDT · BAD HEILBRUNN

Theorie und Praxis der Erwachsenenbildung

Herausgegeben vom Deutschen Institut für Erwachsenenbildung (DIE)
· Pädagogische Arbeitsstelle des Deutschen Volkshochschul-Verbandes

Das Deutsche Institut für Erwachsenenbildung (DIE) ist ein Serviceinstitut der Wissenschaftsgemeinschaft Blaue Liste (WBL), der gemeinsamen Forschungsförderung von Bund und Ländern. Das DIE führt seinen früheren Namen, der auch den Institutsträger nennt, als Untertitel: Pädagogische Arbeitsstelle des Deutschen Volkshochschul-Verbandes.
Das DIE vermittelt als Dienstleistungsbetrieb zwischen Forschung und Praxis der Erwachsenenbildung. Seine Tätigkeit besteht vor allem darin,
- für Wissenschaft und Praxis Informationen, Dokumente und Materialien zur Verfügung zu stellen,
- in Konferenzen, Arbeitsgruppen und Projekten die Erwachsenenbildung/Weiterbildung wissenschaftlich und praktisch zu entwickeln,
- Publikationen zu wissenschaftlichen und praktischen Fragen der Erwachsenenbildung/Weiterbildung zu veröffentlichen,
- Forschungsarbeiten zu initiieren und Forschungen durchzuführen,
- Forschungsergebnisse in Fortbildungen zu vermitteln.

Die Deutsche Bibliothek – CIP-Einheitsaufnahme

**Pädagogische Antworten auf gesellschaftliche
Modernisierungsanforderungen** / hrsg. von Rainer Zech. – Bad
Heilbrunn : Klinkhardt, 1997
 (Theorie und Praxis der Erwachsenenbildung)
 ISBN 3-7815-0891-9

1997. 6. Kdg. by Julius Klinkhardt
Das Werk ist einschließlich aller seiner Teile urheberrechtlich geschützt. Jede Verwertung außerhalb der engen Grenzen des Urheberrechtsgesetzes ist ohne Zustimmung des Verlages unzulässig und strafbar. Das gilt insbesondere für Vervielfältigungen, Übersetzungen, Mikroverfilmungen und die Einspeicherung und Verarbeitung in elektronischen Systemen.
Gesamtherstellung: Friedrich Pustet, Regensburg
Printed in Germany 1997
Gedruckt auf chlorfrei gebleichtem alterungsbeständigem Papier
ISBN 3-7815-0891-9

Inhalt

Vorbemerkungen 7

Vorwort 10

Rainer Zech
Gesellschaftliche Modernisierung als Bedingung
und Aufgabe für die Erwachsenenbildung 12

Rainer Zech
Effizienz lernen in Non-Profit-Organisationen
des Bildungsbereichs 22

Jörg Angermüller/Christiane Ehses
Marketing als Bildungsprozeß 63

Michaela Rißmann
Kooperationslernen in heterarchischen Teamstrukturen 90

Friederike Erhart/Ute Meyer
Burnout – eine moderne Karriere 114

Werner Dießner
Die Zumutung des Unbekannten 140

Nieves Alvarez
Der Imperativ der Verhandlung 165

Zu den Autorinnen und Autoren 181

Vorbemerkungen

Die Soziologie ist diejenige ihrer Bezugswissenschaften, die die gegenwärtige Erwachsenenbildung am nachhaltigsten prägt. Das betrifft die Sicht auf gesellschaftliche Phänomene als Generalperspektive, das betrifft aber auch spezielle Fragestellungen und ihre Anfälligkeit gegenüber sozialwissenschaftlichen Termini. Es verwundert deshalb nicht, daß die soziologische Modernisierungsdebatte von der Erwachsenenbildung schnell rezipiert wurde und die zentralen Begriffe ihrer bekanntesten Vertreter breite Verwendung gefunden haben. So ist allerorten von der ‚Risiko'- und der ‚Erlebnisgesellschaft' die Rede, und es ist eher erstaunlich, wenn in einer neueren Veröffentlichung auf die Diagnosewörter ‚Individualisierung' und ‚Pluralisierung' verzichtet wird. Statt hier nur eine Hingabe an modische Strömungen zu sehen, ist trotz mancher Fragwürdigkeiten die Notwendigkeit zu betonen, sich verstärkt mit dieser weit gefächerten, unterschiedlich fundierten Debatte zu beschäftigen, die Entwicklungen nachzeichnet und Irritationen benennt, die die in der Praxis der Erwachsenenbildung Tätigen unmittelbar und vor allem auch an sich selbst erleben und die wesentliche Voraussetzungen für eine Planung künftiger Bildungsarbeit darstellen.
Es geht einerseits um die zunehmende Arbeitslosigkeit, die Schwächung wohlfahrts- und sozialstaatlich garantierter Sicherheiten, die Zunahme an Verrechtlichung, Bürokratisierung, Verwissenschaftlichung und andererseits um die Veränderung von Mentalitäten und Wertesystemen. Vielheit, Wahlmöglichkeit, Vermischung, Unbestimmtheit, Fragmentarisierung und Dezentrismus sind die Kennzeichen modernisierter Gesellschaften, die nicht zuletzt angesichts ökologischer Gefährdungen nicht mehr länger auf das Modell des ungebrochenen Fortschritts setzen können und in denen die Wirkungskraft der ‚großen Erzählungen' (Lyotard) abgenommen hat.
Die aktuelle Diskussion um die ‚reflexive Modernisierung' oder die ‚zweite Moderne' (Beck, Giddens), die die wirtschaftlichen Phänomene der Globalisierung und der Erosion der Erwerbsarbeit, die sozialen des Verschwindens traditionaler Formen des Zusammenlebens der Generationen und Geschlechter sowie die individuellen der Identitätsformation zusammenzieht, weist auf die Auflösung von Selbstverständlichkeiten hin. Alte Zuordnungen wie progressiv und konservativ, Kultur und Kommerz werden zunehmend verwischt, der Befund einer zunehmen-

den Individualisierung muß sich der Tatsache des Aufkommens neuer Formen der Solidarität stellen, und die Diskussion um das Verhältnis von Privatorientierungen und Gemeinsinn muß ernstgenommen werden.

Auch wenn der Terminus der Modernisierung in mehreren Hinsichten ‚unscharf' ist, keine anerkannte empirische Fundierung aufweist, weder allgemein akzeptierte Ursachen benennt noch sichere Prognosen liefert, eine Vermischung normativer, deskriptiver und temporaler Aspekte fördert und die Unterschiedlichkeit der Entwicklung weltweit zu wenig berücksichtigt, bringt er eine Problemkonstellation auf den Begriff, die evident ist und die andauern dürfte. Gerade seine Offenheit, die bekanntlich auch unterschiedliche Bewertungen einschließt, macht ihn als Arbeitsbegriff tauglich.

Erwachsenenbildung ist hier in einer doppelten Funktion angesprochen: Sie reagiert bekanntlich nicht nur auf den sozialen Wandel, sie ist auch ein Teil davon. Sie reflektiert nicht nur gesellschaftliche Normen und Werte, sondern trägt diese auch mit und ist deshalb von jeder Erosion, Verschiebung, Infragestellung unmittelbar betroffen. Ökonomische, ökologische, politische und kulturelle Veränderungen machen Veränderungen der Inhalte entsprechender Bildungsangebote, aber auch darauf bezogener Formen der Adressatenansprache, der Teilnehmerpartizipation und der Kooperation notwendig. In jedem Fall muß sich Erwachsenenbildung fragen lassen, inwiefern sie die nach wie vor bestehenden Handlungsspielräume für sich erkennt und nutzt bzw. zum Erkennen und zur Nutzung dieser Spielräume beiträgt.

Bei der Rezeption der Modernisierungsdebatte durch die Erwachsenenbildung ist es in einigen Fällen bei der Übernahme einiger Befunde geblieben, aus denen dann oft nur generell die Notwendigkeit von Erwachsenenbildung abgeleitet wurde. Im vorliegenden Band wird dagegen eine Konkretisierung versucht, also eine Bestimmung dessen, wie Erwachsenenbildung unmittelbar praktisch auf die Herausforderungen reagieren kann, die durch die soziale und damit technische Modernisierung entstanden sind. Die AutorInnen, die hier zum ersten Mal in der Reihe „Theorie und Praxis" vertreten sind, teilen eine ähnliche Auffassung von gesellschaftlicher Modernisierung und ein ähnliches, systemtheoretisch beeinflußtes Vokabular. Sie setzen eine Diskussion fort, deren Spannweite durch die in dieser Reihe erschienenen Titel „Marketing für Erwachsenenbildung?" einerseits und „Erwachsenenbildung in der Wissensgesellschaft" andererseits bestimmt werden kann.

Es geht demnach um die Frage, wie Erwachsenenbildung sich auf sie direkt und indirekt betreffende Veränderungen der Umwelt einstellen muß, ohne ihren ursprünglichen Anspruch aufzugeben. Dabei kann sich herausstellen, daß nicht erst seit Einführung der dezentralen Ressourcenverantwortung nach wirtschaftlichen Gesichtspunkten gehandelt worden ist und daß das Prinzip der Teilnehmerorientierung nichts anderes besagt, als daß Teilnehmende „keine konsumierenden ‚Kunden' des fertigen Produkts ‚Bildung', sondern Ko-Produzenten des gesamten Lernprozesses" sind. Die Fähigkeit der Erwachsenenbildung, schließlich, zwischen ‚objektivem' Wissen und der ‚subjektiven' Lebenswelt der TeilnehmerInnen zu vermitteln, ist gerade auch dann gefragt, wenn dieses Wissen einerseits immer mehr Lebensbereiche beherrscht und andererseits in seiner Autorität zunehmend in Frage gestellt wird.

Die hier versammelten Beiträge zeigen einmal mehr, daß die Aufspaltung in eine Demokratisierung und Emanzipation anstrebende Erwachsenenbildung einerseits und eine sich als modernes Dienstleistungsunternehmen verstehende Erwachsenenbildung andererseits unangebracht ist. Wenn es mancherorts als Sakrileg angesehen wird, die Praxis der Erwachsenenbildung unter systemischen und organisationstheoretischen Perspektiven zu beschreiben, zeigt dies einen Bedarf an Diskussionen, die das Deutsche Institut für Erwachsenenbildung nicht nur mit seinen Publikationen befördern möchte. Dabei sollte in jedem Fall der ernsthafte Versuch gemacht werden, sich auch dann mit gegnerischen oder fernerliegenden Positionen auseinanderzusetzen, wenn diese ein vom Üblichen abweichendes Vokabular benutzen. Dafür Grundlagen zu bieten ist das Anliegen des DIE und dieser speziellen Veröffentlichung,.

Sigrid Nolda
Deutsches Institut für Erwachsenenbildung

Vorwort

„Pädagogische Antworten auf gesellschaftliche Modernisierungsanforderungen" ist im eigentlichen Sinne kein Sammelband, wenn er auch optisch auf den ersten Blick diesen Eindruck vermittelt. Er ist das Ergebnis einer intensiven Zusammenarbeit aller beteiligten Autorinnen und Autoren, die vom ‚Institut für kritische Sozialforschung und Bildungsarbeit' in Hannover über viele Jahre koordiniert wurde. Die Beiträge sind gemeinsam konzipiert und wurden in einem Schreibprozeß arbeitsteiliger Kooperation erstellt. Daher wird das Buch auch begonnen mit dem Aufsatz „Gesellschaftliche Modernisierung als Bedingung und Aufgabe für die Erwachsenenbildung", der gewissermaßen als Einleitung in alle nachfolgenden Beiträge zu lesen ist. Alle Einzelbeiträge versuchen nun, ausgewählte Aspekte der gesellschaftlichen Modernisierung aufzugreifen und pädagogische Antworten darauf zu skizzieren. Dies geschieht wohl wissend, daß gesellschaftlich produzierte Problemlagen nicht erwachsenenpädagogisch gelöst werden können. Trotzdem muß Erwachsenenbildung sich den Modernisierungsanforderungen stellen, nicht zuletzt, um sie mitzugestalten.

Die Organisationen der Erwachsenenbildung sind heute in der sich wandelnden Welt selbst zum Lernen herausgefordert. Dabei geht es wesentlich um die Frage einer Steigerung von Leistungsfähigkeit bei schonender Ressourcenverwendung. Darum ist „Effizienz lernen in Non-Profit-Organisationen des Bildungsbereichs" das Thema des ersten Aufsatzes.

Der Beitrag „Marketing als Bildungsprozeß" stellt sich der Herausforderung, daß Erwachsenenbildung heute zunehmend marktorientiert stattfindet, aber trotzdem ihren normativen Selbstanspruch, der in der Bildungsidee wurzelt, nicht aufgeben darf. Marketing wird hier als Bildungsprozeß betrachtet: nach innen als Identitätsbildung der Organisation, nach außen als Gestaltung der Umwelten.

Gegenwärtig werden überall Organisationsstrukturen radikal verändert; Hierarchien werden durch horizontale Netzwerke ersetzt. Damit entstehen völlig neue Arbeitsanforderungen in Teams, auf die die Beschäftigten durch eine individualistische Sozialisation nicht vorbereitet sind. Deshalb ist das „Kooperationslernen in heterarchischen Teamstrukturen" Gegenstand einer weiteren Reflexion.

Modernisierung kann im Kern als ein Beschleunigungsprozeß entziffert werden. In dem Aufsatz „Burnout – eine moderne Karriere" wird gezeigt, wie sich historische Zeitphänomene erst dann zu einem modernen Massengefühl verdichten, wenn sie über eine semantische Codierung sprach- und kommunikationsfähig geworden sind.

Der Vereinigungsprozeß der beiden deutschen Gesellschaften hat vor allem dem ostdeutschen Teil große Modernisierungsanforderungen aufgebürdet, ohne auf dessen spezifisch gewachsene Soziokultur Rücksicht zu nehmen. In dem Aufsatz „Die Zumutung des Unbekannten" geht es um die Herausforderungen an die politische Bildungsarbeit bei der Orientierung und Identitätsfindung in den neuen Bundesländern.

Die Moderne ist soziologisch betrachtet ein gesellschaftlicher Prozeß der funktionalen Differenzierung in autonome Subsysteme. Hierarchische Steuerung ist an ihre Grenzen gekommen, heute müssen Koordinationen zwischen gleichberechtigten Interessenpositionen ausgehandelt werden. Zunehmend erzwingt der „Imperativ der Verhandlung" Kooperationen, bei denen der Nutzen des Ganzen im Mittelpunkt steht.

Alle Beiträge dieses Buches versuchen, sich von theoretischen Abhandlungen hin zu didaktischen Reflexionen für die Erwachsenenbildung zu bewegen, wodurch wir hoffen, sowohl praxisinteressierte Wissenschaftlerinnen und Wissenschaftler wie auch theorieinteressierte Praktikerinnen und Praktiker anzusprechen.

Rainer Zech

Rainer Zech

Gesellschaftliche Modernisierung als Bedingung und Aufgabe für die Erwachsenenbildung

Die Gesellschaft wird modern. Industrialisierung, Bürokratisierung, Individualisierung, Pluralisierung, Flexibilisierung, Mediatisierung und als Allerneuestes vielleicht Virtualisierung. Die Verhältnisse sind unübersichtlich geworden – nicht nur für Herrn Habermas. Im „Labyrinth der Selbstverunsicherung, Selbstbefragung und Selbstvergewisserung" (Beck 1986, S.156) bekommt Erwachsenenbildung ihre moderne Aufgabe. Jeder will lernen, beraten, supervidiert oder therapiert werden – lebenslänglich. Die moderne Gesellschaft ist nicht zuletzt auch durch Pädagogisierung ausgezeichnet.

Walter Benjamin wollte der Moderne in seinem ‚Passagen-Werk' ein Denkmal setzen. Es blieb Fragment – vielleicht ein Zeichen. In seinen Aufzeichnungen notierte er: „Das Moderne, die Zeit der Hölle. Die Höllenstrafen sind jeweils das Neueste, was es auf diesem Gebiet gibt. Es handelt sich nicht darum, daß ‚immer wieder dasselbe' geschieht (a fortiori ist hier nicht von ewiger Wiederkunft die Rede), sondern darum, daß das Gesicht der Welt, das übergroße Haupt, gerade in dem, was das Neueste ist, sich nie verändert, daß dies ‚Neueste' in allen Stücken immer das nämliche bleibt. Das konstituiert die Ewigkeit der Hölle und die Neuerungslust der Sadisten. Die Totalität der Züge zu bestimmen, in denen dies ‚Moderne' sich ausprägt, heißt die Hölle darzustellen" (1989, S.1010f.). Die Gesellschaft wird modern – im doppeldeutigen Sinne des Wortes: Der Erneuerungsprozeß ist ein Verwesungsprozeß. Der Typus dieser Moderne ist der Flaneur, der teilnahmslos mit schweifendem Blick über die modischen Auslagen die Passagen durchstreift, ohne höheres Ziel das augenblickliche Schauvergnügen genießend. Sein früher Zeitgenosse, Charles Baudelaire, versucht jedoch bereits 1863 in Abgrenzung dazu, *Modernität* als eine Haltung zu bestimmen, mit der es gelingt, „der Mode das abzugewinnen, was sie im Vorübergehenden an Poetischem enthält, aus dem Vergänglichen das Ewige herauszuziehen" (1989, S.225). Er hält es für zu einfach, das Modische nur für häßlich zu erklären, anstatt sich darum zu bemühen, „die in ihr enthaltene geheimnisvolle Schönheit zum Vorschein zu bringen, wie gering und beiläufig sie auch sei" (ebd., S.225f.). Nach Baudelaire hat man nicht

das Recht, das sich schnell wandelnde Flüchtige und Vergängliche zu verachten, weil Schönheit sonst leer und abstrakt wird und man das Bedeutsame im Vorübergehenden verkennt.
Die Moderne setzt sich ab vom Alten, Antiquierten, Traditionellen, Überholten. Modernisierung ist die Normalität der Veränderung, damit alles beim Neuen bleibt, das doch immer nur das Alte ist. Die Moderne ist ein Paradox. „Die moderne Erwachsenenbildung ist ... Ausdruck und Mittel der Produktions- und der Reproduktionsbedingungen der Gesellschaft, speziell der Industriegesellschaft und deren Widersprüche" (Geißler 1994/95, S.11). Die moderne Erwachsenenbildung profitiert von diesen permanenten Umwälzungen und fördert sie. Insofern ist sie „sowohl Opfer als auch Täter des Modernisierungsprozesses" (ebd., S.13). Die ökonomischen und gesellschaftlichen Umwälzungsprozesse stellen die Erwachsenenbildung vor große Herausforderungen. Einige für die Erwachsenenbildung und ihre Institutionen relevanten Markierungen der Modernisierung sollen hier kurz skizziert werden.
Zunächst sind die *Individualisierungsprozesse* als sozialstrukturelle Veränderungen zu benennen. Gemeint sind Freisetzungen der Individuen aus strukturellen Klassen- und Milieubindungen. Dabei müssen die Risiken und Chancen dieses Entbindungsprozesses gesehen werden, denn sie evozieren spezifische Lernblockaden, -bedürfnisse und -möglichkeiten auf seiten der Subjekte. Diese sind nun gefordert, ihre eigene Biographie selbst zu verantworten und als Gestaltungsaufgabe zu begreifen. Hierbei sehen sie sich vielfältigen Entscheidungsoptionen, einer Explosion von Möglichkeitshorizonten gegenüber. Dies beinhaltet allerdings auch die permanente Notwendigkeit, sich gegenüber diesen Möglichkeiten zu verhalten und dadurch sämtliche Lebensbereiche zu reflektieren bzw. zu problematisieren. Der Zwang zur Freiheit ist ein Zwang zur Bildung. In weitaus stärkerem Maße sind die Individuen auch zu Mobilität und zu Flexibilität gezwungen. Dies beinhaltet die Chance einer veränderten Selbstdefinition und kann die Gestaltungsmacht über die eigenen Lebensbedingungen erhöhen, birgt allerdings auch die Gefahr einer Entstrukturierung des Individuums in sich. Die Dynamik der aufeinanderfolgenden Orientierungsmuster und Leitbilder, die mit Sinnangeboten aufgeladen und wieder von diesen entleert werden, begünstigt einen modernen psychosozialen Typus, „der durch eine gewisse Strukturlosigkeit gekennzeichnet ist, weil er nur so mit der Erfahrung ‚es bleibt nichts, so wie es ist', – stets verbunden mit der Propagierung von Arbeitstugenden wie ‚Flexibilität', ‚Mobilität' und ‚ständige Weiter-

bildungsbereitschaft' fertig wird" (Ahlheim 1990, S.55). Zumutungen an Mobilität und Flexibilitätsbereitschaft als Folge der Losgerissenheit aus den Milieuzusammenhängen können zu Vereinzelungen und Isolation führen. Die Kehrseite dieser Gefährdung liegt in neuen Bedürfnissen nach Solidarität und Identifikation. Die (Selbst-)Ungewißheit bewirkt Suchbewegungen der Subjektivierung, d.h. eine Suche nach Geborgenheit und Nähe, Sehnsüchte nach expressivem Selbstausdruck und den Drang zu reflexivem Selbstbezug (vgl. Ziehe 1991, S.126f.). Bildung als Persönlichkeitsbildung ist gefragt.

Ein weiterer Modernisierungsschub liegt in *Rationalisierungs- und Bürokratisierungsprozessen*, die als ‚Entzauberungen' und ‚Kälteerfahrungen' rezipiert werden und Sinnverluste bewirken. Die auf eine bloße Zweckorientierung reduzierte Rationalisierung führt zu einer Erkaltung von Institutionen. Bedürfnisse nach Norm- und Subjektorientierung werden in das Private abgedrängt. Die Kehrseite liegt in einer Auskühlung und Formalisierung öffentlicher Beziehungen. Verluste der sinnerfüllten und sinnlichen ‚Bodenhaftung' der Subjekte können der Preis dieser Entwicklung sein. Individuen antworten darauf mit dem Wunsch nach Orientierung und Bedürfnissen nach ‚Wärme'. ‚Wiederverzauberungen' und ‚Ästhetisierungen' sind Reaktionsweisen im Versuch, Gewißheiten und Intensitätserfahrungen herzustellen (vgl. Zech 1992, S.28f. u. S.50). Gesellschaftliche Orientierung wird zum Dauerproblem und damit zur Aufgabe der Erwachsenenbildung.

Zudem bewirken Entwicklungen der Neuen Informations- und Kommunikationstechnologien den radikalen Wandlungsprozeß einer *Mediatisierung* der Gesellschaft. Technisch vermittelte Kommunikation beinhaltet immer Aspekte von Sinnlichkeitsverlust und Körperlosigkeit. Die Diskussionen um das Internet zeigen hierbei durchaus auch neue Möglichkeiten eines spielerischen Umgangs mit Identitäten, indem das – virtuelle – Selbst ständig neu kreiert und vervielfältigt werden kann. Die Verkünstlichung von Wirklichkeit hat aber ihre Schattenseiten. Mediatisierte Kommunikation tendiert zu einer Verkürzung auf die Sachdimension. Soziale Beziehungsgestaltungen und expressiver Subjektivitätsausdruck unterliegen hierbei der Gefahr, beschnitten und begrenzt zu werden. Die Gesellschaft wird zugleich vernetzt und – durch dazwischengeschaltete Instanzen – auseinandergezogen. Dies suggeriert eine Teilhabe am Weltgeschehen, die häufig aber nur passiv und zwangsläufig selektiv vollzogen wird. Die Vielzahl von Auswahlmöglichkeiten birgt ein Moment von Überforderung in sich und kann auch zu einer

Apathisierung von Individuen führen, die nur noch kulturindustriell versorgt werden. Die Rückseite dieser Mediatisierung offenbart sich im Wunsch nach unmittelbaren Kommunikationsbedürfnissen. Hier stellt sich als Anforderung an die Erwachsenenbildung, die Nutzung technisch mediatisierter Kommunikationen einzubetten in Face-to-Face-Kommunikationen.

Generell hat sich eine *Verwissenschaftlichung* sämtlicher Lebensbereiche vollzogen, von der niemand mehr unbetroffen ist. Dies meint mehr als nur die Produktion und Verbreitung von Daten, vielmehr geht es um die Konstruktion und Nachfrage von Wissen wie auch um die damit verbundenen Machtverteilungen und Herrschaftslinien: Die „Bedeutung von Wissen als Ressource und Grundlage sozialen Handelns" ist immens gewachsen. Die ‚Wissensfrage' bildet Stützen von Herrschaft, aber auch Stützen von Widerstand gegen diese (vgl. Nolda 1996a, S.8). Ihre Bedeutung für die Bewältigung von Alltag wächst in dem Maße, in dem Skepsis gegenüber der Wissenschafts- und Fortschrittsgläubigkeit laut wird und sich die Produktion von Wissen selbst rechtfertigen und legitimieren muß. „Diese Trends hin zur verstärkten ‚Rechnungslegung' bzw. Selbstlegitimation der Wissenschaften bedeuten allerdings auch, daß die Grenzzone zwischen Wissenschaft und Öffentlichkeit strukturell wieder in Bewegung geraten ist" (Taschwer 1996, S.75). Die Fähigkeit zum Dialog mit dem Wissenschaftssystem, die Transformation vom Laien zum Experten, bedarf allerdings einer Unterstützung, weil die informationelle Flut auch den Geneneffekt einer Entmündigung bewirken kann. Hier bleibt Erwachsenenbildung ihrer Tradition der Aufklärung verpflichtet.

Modernisierungsschübe drücken sich in *Beschleunigungsprozessen* aus, die Ressourcen wie Energie, Zeit und Raum angreifen. Energieverschleiß zeigt sich nicht nur gesamtgesellschaftlich als Vernutzung natürlicher Energiequellen, sondern auch individuell in Massenerscheinungen wie Streß und Burnout. Zeitprobleme äußern sich als Steigerung der Geschwindigkeit und als Stillstand. Die Problematik der unterschiedlichen Zeitwahrnehmungen speist sich aus der Verortung der Individuen, die durch das Verhältnis von Inklusion und Exklusion gekennzeichnet ist. Bei jenen, die dazugehören, steigen Schnelligkeitsanforderungen und Hektik. Diejenigen, die ausgegrenzt sind, erleben Zeit als leere Unendlichkeit. Dissonanzen von Raumerfahrung entstehen durch Orts- und Wurzellosigkeit gesellschaftlicher Existenz. Distanzen spielen keine Rolle mehr. Dabei geraten auch die Grenzen von Innen und Außen ins

Schwimmen. Im individuellen bzw. interaktiven Bereich äußert sich das Raumproblem in Entgrenzungen und Distanzlosigkeiten, die auch als ‚Tyrannei der Intimität' (vgl. Sennett 1990) erfahrbar sind. Gesellschaft wird psychologisiert. Auf der Suche nach Sinn- und Selbsterfüllung jetten die Massen rund um den Globus. Wo die (gesellschaftliche) Reise hingeht, weiß niemand mehr, nur noch, daß man schnell ankommen muß. Bildung hingegen braucht Zeit. Diese muß Erwachsenenbildung bereitstellen.

Soziologisch definiert sich Modernität über *funktionale Differenzierung* der Gesellschaft in heterarchische und autonome gesellschaftliche Subsysteme, die sich jeweils über eigene Medien und Codes steuern. Segmentierung, Schichtung ebenso wie ein übergeordnetes hierarchisches Steuerungszentrum fallen weg. Organisation hat sich dabei als Typus der gesellschaftlichen Leistungserbringung in allen gesellschaftlichen Subsystemen durchgesetzt. „Originär entstehen Organisationen im Anschluß an situativ offensichtlichen Bedarf für Entscheidungen über kollektive Aktionen ... Abgeleitet entstehen Organisationen durch Bezug auf Organisationen ihrer Umwelt" (Luhmann 1993, S.361). Moderne Gesellschaft ist auf Organisation angewiesen, und das Netz der interorganisatorischen Beziehungen stimuliert sein eigenes Wachstum. Die moderne Gesellschaft ist eine organisierte Gesellschaft, und nur als solche ist sie handlungsfähig. Daraus entstehen aber auch Schwierigkeiten, z.B. Probleme in der interorganisatorischen Kommunikation über die Subsystemgrenzen hinweg, wenn Codes nicht unvermittelt anschlußfähig sind, oder Probleme der Inklusion bzw. Exklusion von Individuen, die nur noch organisiert bzw. vermittelt über Organisationen in gesellschaftliche Beziehungen treten können. Wenn sich zudem die technischen und sozialen Veränderungen in Organisationen immer schneller vollziehen, dann müssen die individuellen Qualifikationen sich mit wandeln, damit die Subjekte handlungsfähig bleiben. Bildungsorganisationen sind intermediäre Organisationen. Einerseits selbst Teil des gesellschaftlichen Subsystems Bildungswesen, mediatisieren sie z.B. Individuen und das Wirtschaftssystem. Hier muß moderne Erwachsenenbildung mehrfach codiert sein: Bildungslogik in Eigenzeit und Verwertungslogik der Qualifikationsnachfrager, letztere individuell und organisational verstanden.

Erwachsenenbildung muß *pädagogische Antworten auf gesellschaftliche Modernisierungsanforderungen* finden. Vereindeutigungen bieten dabei keine Lösungen. Gefordert ist die Kunst des Seiltanzes, die Bedürfnisse

befriedigt, aber nicht verdoppelt, geschmeidig die Bewegungen nachvollzieht, ohne sich vollends daran anzuschmiegen. Vielmehr müssen Anschlußmöglichkeiten an gesellschaftliche Wandlungen und individuell veränderte Bewußtseinsformen und Befindlichkeiten gefunden, aber auch bewußt Gegenkräfte entwickelt werden. Der gesellschaftliche Umstrukturierungsprozeß bietet zweifellos Chancen, richtet aber auch Zumutungen an die Subjekte. Die Beschleunigung von Zeit, der Ressourcenverbrauch an Energie, die Auflösung von Raum produzieren massenhaft Verunsicherungen und Erfahrungen von Desorientierung wie auch einen großen Bedarf nach einer Reduzierung dieser Phänomene. Die radikalen und kurzlebigen Veränderungen sozialer und alltäglicher Orientierungsmuster kollidieren mit Ängsten und der Tendenz, sich vor lauter Anpassungsleistungen selbst aufzulösen. Die Suche nach neuer Übersichtlichkeit verführt dazu, sich Anstrengungen zu entziehen und Widerspruchsfreiheit mittels einfacher Erklärungsmuster herzustellen. Auch diesen Tendenzen muß sich Erwachsenenbildung widersetzen, will sie weiterhin dem Diktum der Aufklärung im Kantschen Sinne verpflichtet bleiben. Erwachsenenbildung muß sich den Gegenwartsverhältnissen einer modernisierten Wissensgesellschaft mit all ihren Potentialen und Abgründen stellen. Für Lenz (1994, S.23) bedeutet Bildung einen Suchprozeß, um sich im Denken und Handeln, im Urteilen und Entscheiden zu orientieren. Unter Bildung versteht er die Bemühung, das eigene Geschick zu planen und zu steuern, die Welt zu erklären und zu verarbeiten. Diese Art von Bildung wird allerdings nicht allein durch den Besuch von Bildungsinstitutionen vermittelt, sondern geschieht auch außerinstitutionell in selbstorganisierten Prozessen. Damit bestätigt Lenz eine Verortung, mit der Kant 1783 Aufklärung als Aufgabe der Reflexion der eigenen und der gesellschaftlichen Gegenwart bestimmt hatte (vgl. Kant 1977). Es ging um den Ausgang aus dem Zustand der Unmündigkeit, darum, seinen Verstand zu benutzen, ohne sich irgendwelchen Autoritäten zu unterwerfen. Bereits Kant hatte diesen Vorgang als Bildungsprozeß begriffen, wenn er ihn mit der Aufforderung versah „Sapere aude!", habe den Mut zu wissen (ebd., S.53). Für viele ist dieser Moment philosophisch die Geburtsstunde der Moderne.
Michel Foucault (1990, S.42ff.) bestimmt die Moderne nicht als einen zu lokalisierenden Zeitabschnitt, sondern als eine Haltung, als ein *Ethos der Modernität*, womit ein Denken, Fühlen und Handeln in Beziehung zur Aktualität charakterisiert ist. Gemeint ist eine ironische Haltung für das ‚Heroische' des gegenwärtigen Augenblicks, was zugleich impliziert,

sich die Gegenwart anders vorzustellen, als sie ist, und sie zu transformieren. Dies bezieht sich auch auf die eigene Persönlichkeit. Der moderne Mensch begibt sich gerade nicht auf die Entdeckung seiner selbst, seiner geheim in ihm versteckten Wahrheit. Er sieht sich als Aufgabe und Objekt einer Erfindung, einer transformierenden Ausarbeitung. Das Ethos ist das einer permanenten Kritik unseres je gegenwärtigen historischen Seins, ein historisch-praktischer Test der Grenzen, die wir überschreiten können, eine Arbeit von uns an uns selbst als freie Wesen. Die Herausforderung in der Bildung der Subjekte liegt darin, daß diese in notwendigen Anpassungsleistungen an die gewandelten Bedingungen unterstützt werden und zugleich Rüstzeug zur Kritik dieser Bedingungen mit auf den Weg bekommen. Die Förderung eines Ethos der Modernität beinhaltet die doppelte Aufgabe, in einer sich immer schneller verändernden Welt gesellschaftliche Orientierung zu vermitteln und individuelle Handlungsfähigkeit zu erhöhen. Erwachsenenbildung muß selbst in hohem Grade flexibel sein für Anschlußmöglichkeiten, sie muß Veränderungen seismographisch registrieren und mit pädagogischen Angeboten beantworten. Aber es ist auch Aufgabe der Erwachsenenbildung, Beharrungskräfte zu entwickeln, um den Bedürfnissen nach Selbstvergewisserung und Orientierung gerecht zu werden. Erkenntnisgewinn und Standortsuche brauchen Zeit, benötigen den diskursiven Prozeß. Langsamkeit wird selbst zu einer Kraft, aus der Widerstand gegen Schnelllebigkeit und gegen den Verschleiß psychischer und physischer Kräfte gewonnen werden kann. Es geht in Bildungsveranstaltungen deshalb auch darum, gegenläufige Zeiterfahrungen zu organisieren. Erlebnisintensität und die Möglichkeit von expressivem Subjektausdruck müssen Elemente von Bildung sein, aber dies meint nicht, daß Erwachsenenbildung in Konkurrenz zu anderen Marktanbietern zu einer Showveranstaltung degenerieren sollte, die sich darauf kapriziert, fortlaufend funkensprühende ‚Events' zu produzieren. Sie kann und darf den Lernenden – und den Lehrenden – nicht die Anstrengungen vorenthalten, die Erkenntnisprozesse nun einmal notwendig begleiten. Lust und Mühsal, Faszination und Angst sind die Spannungspole, auf die sich Bildung einlassen muß, will sie den Anforderungen der Moderne standhalten. Erkenntnis meint sowohl rationale Erkenntnis (Logik) als auch sinnliche Erkenntnis (Ästhetik). Schließlich sind die Inhalte der Wissensvermittlung von Interesse. Hier geht es zunächst um die Frage, welche Kompetenzen Individuen benötigen, um sich den Anforderungen gesellschaftlichen Umbruchs stellen zu können.

Oskar Negt benennt hierfür gesellschaftliche Schlüsselqualifikationen, auf die Bildungsprozesse ausgerichtet sein sollten. Oberstes Lernziel ist das Denken in Zusammenhängen, als bewußte Herstellung eines Zusammenhangs zwischen den subjektiven Interessen bzw. Bedürfnissen und der äußeren Welt. Hierbei sieht Negt die Durchbrechung der Näheverhältnisse eigener Empfindungen und Wahrnehmungen und die Verfremdung des Vertrauten mit Hilfe von Theorieaneignung als unerläßlich an. Als weitere zu erlernende Kompetenzen schlägt er vor: produktiven Umgang mit gebrochener und bedrohter Identität, Entscheidungsvermögen auf Grundlage der Erkenntnis gesellschaftlicher Wirkungen, historische Kompetenzen im Sinne einer Erinnerungs- und Utopiefähigkeit sowie Sensibilität für Enteignungserfahrung und die Wahrnehmungsfähigkeit von Recht und Unrecht (vgl. Negt 1993). Für diese von Negt eingeforderten Kompetenzen sind Überschreitungserfahrungen im Bildungsprozeß notwendig, Bewegungen im Fremden, dessen Anerkennung und dessen Verständnis. Es geht auch nicht mehr um den archimedischen Ort richtigen Wissens, sondern um Anschlußfähigkeit pluraler Wahrheitsvorstellungen. Über die Frage von Schlüsselerfahrungen hinaus müssen die Produktionsweise von Wissen erfragt und die Zirkulation von Technik- und Humanwissen ermöglicht werden.
Vorgeschlagen wird als zeitgerechte Aufgabe der Erwachsenenbildung eine ‚Moderationsrolle', die unterschiedliche Positionen zuläßt und deren Begründungskontext transparent macht (vgl. Taschwer 1996, S.90). Hierbei wäre es verkürzt, die Aufmerksamkeit nur auf Aneignungsprozesse in den Bildungsveranstaltungen selbst einzuengen, vielmehr müssen von der Erwachsenenbildung „außerpädagogische Vermittlungsformen als Kontextbedingung oder Voraussetzung ihrer Arbeit" begriffen werden (Nolda 1996b, S.114). Diese Bezugnahme auf außerpädagogische Bereiche der Wissensvermittlung erfordert die Bereitschaft zu einer Öffnung gegenüber der Umwelt. Lernprozesse zu organisieren und zu begleiten bedeutet, Außenperspektiven in die Institutionen hineinzunehmen, ohne die Binnenorientierung aufzugeben. Binnenorientiert sind die Institutionen der Erwachsenenbildung insofern, als sie ihren Kern in ihrem Bildungsauftrag definieren, der (zunächst) marktunabhängig ist. Sie müssen sich auch auf die Binnenorientierung der Lernenden einlassen, also auf interne Probleme von Wissensaneignung, die gleichwohl auch nicht nur durch Außeneinflüsse steuerbar sind (vgl. Tietgens 1996). Als Institutionen der Wissensvermittlung konkurrieren Volkshochschulen in zunehmenden Maße mit anderen Institutionen.

Die Bildungslandschaft ist durch eine breite Palette von anwendungsorientierten Weiterbildungsmöglichkeiten gekennzeichnet. Den Volkshochschulen und anderen öffentlichen Institutionen der Erwachsenenbildung droht dadurch ein Bedeutungsverlust. Die Institutionen der Erwachsenenbildung müssen sich selbst modernisieren, um den Anforderungen der Moderne gerecht zu werden. In dem Maße, in dem sie anpassungsfähig werden an gesellschaftliche Erfordernisse, provozieren sie selbst neue Dynamiken. Erst dann gestalten sie Öffentlichkeit offensiv mit und kommen ihrem Auftrag nach, pädagogische Antworten auf gesellschaftliche Modernisierungsanforderungen zu geben.

Literatur

Ahlheim, Klaus: Mut zur Erkenntnis. Über das Subjekt politischer Erwachsenenbildung. Bad Heilbrunn 1990: Klinkhardt

Baudelaire, Charles: Der Maler des modernen Lebens. In: ders.: Sämtliche Werke/Briefe, Band 5, München, Wien 1989: Hanser

Beck, Ulrich: Risikogesellschaft. Auf dem Weg in eine andere Moderne. Frankfurt am Main 1986: Suhrkamp

Benjamin, Walter: Das Passagen-Werk. In: ders.: Gesammelte Schriften V2. Frankfurt am Main 1989, 3.Aufl.: Suhrkamp

Foucault, Michel: Was ist Aufklärung? In: Erdmann, Eva; Forst, Rainer; Honneth, Axel (Hrsg.): Ethos der Moderne. Foucaults Kritik der Aufklärung. Frankfurt am Main, New York 1990: Campus

Geißler, Karlheinz A.: Erwachsenenbildung in der Moderne – moderne Erwachsenenbildung. In: Filla, Wilhelm; Heilinger, Anneliese; Knaller, Hans (Hrsg.): Zur modernen Volkshochschule. Jahrbuch Volkshochschule 1994/95. Verband Österreichischer Volkshochschulen, Pädagogische Arbeits- und Forschungsstelle (PAF)

Kant, Immanuel: Beantwortung der Frage: Was ist Aufklärung? In: ders.: Schriften zur Anthropologie, Geschichtswissenschaft, Politik und Pädagogik 1. Werkausgabe Band XI, Frankfurt am Main 1977: Suhrkamp

Lenz, Werner: Modernisierung von Gesellschaft und Bildung. In: ders. (Hrsg.): Modernisierung der Erwachsenenbildung. Wien, Köln, Weimar 1994: Böhlau

Luhmann, Niklas: Organisation und Entscheidung. In: ders.: Soziologische Aufklärung 3: Soziales System, Gesellschaft, Organisation. Opladen 1993, 3.Aufl.: Westdeutscher Verlag

Negt, Oskar: Wir brauchen eine zweite, gesamtdeutsche Bildungsreform. In: Gewerkschaftliche Monatshefte 1993, Heft 11, S.657-668

Nolda, Sigrid (Hrsg.): Erwachsenenbildung in der Wissensgesellschaft. Bad Heilbrunn 1996: Klinkhardt

Nolda, Sigrid (1996a): Vorbemerkungen. In: Nolda 1996
Nolda, Sigrid (1996b): ‚Vulgarisation scientifique' und ‚scientific literacy': Vermittlung wissenschaftlichen Wissens als soziales Phänomen und als andragogische Aufgabe. In: Nolda 1996
Sennett, Richart: Verfall und Ende des öffentlichen Lebens. Die Tyrannei der Intimität. Frankfurt am Main 1990: S. Fischer
Taschwer, Klaus: Wissen über Wissenschaft. Chancen und Grenzen der Popularisierung von Wissenschaft in der Erwachsenenbildung. In: Nolda 1996
Tietgens, Hans: Der Stellenwert von Wissensformen in der Geschichte der Erwachsenenbildung. In: Nolda 1996
Zech, Rainer: Kultureller Wandel und verändertes Mitgliederverhalten – Perspektiven für die GEW. In: ders.: Kultureller Wandel, verändertes Mitgliederverhalten, gewerkschaftliche Perspektiven. Probleme gewerkschaftlicher Politik 2. Hannover 1992, 2.Aufl.: Expressum
Ziehe, Thomas: Zeitvergleiche. Jugend in kulturellen Modernisierungen. Weinheim, München 1991: Juventa

Rainer Zech

Effizienz lernen in Non-Profit-Organisationen des Bildungsbereichs

1. Zur Einstimmung: Organisationslernen unter Modernisierungsbedingungen

1.1 Worauf kommt es an?

Lernen kann man organisieren, aber gibt es deshalb schon ‚lernende Organisationen'? Ist Lernen nicht etwas, was exklusiv für Individuen reserviert ist? Ja und nein! Geißler und Orthey (1996, S.V1/1) halten das Schlagwort der ‚Lernenden Organisation' für einen Etikettenschwindel von Sprachspiel-Desperados auf dem postmodernen Markt der Möglichkeiten. Sie möchten Lernen für Menschen mit neurophysiologischen Systemen exklusiv reservieren. Willke sieht das anders. Er erkennt, daß soziale Systeme hinter dem Rücken der individuellen Akteure eine eigene emergente Realität erzeugen. Das rechtfertigt seines Erachtens, von einer lernenden Organisation zu sprechen, d.h. einer Organisation, die neues Wissen dadurch produziert, daß sie Regeln über die Erzeugung, Verwendung und Gestaltung von Regeln in ihre Struktur aufnimmt (vgl. Willke 1995, S.246, S.298 und S.306). Wenn man Organisationslernen als einen selbstreferentiellen Prozeß betrachtet, bei dem in einem System – sei es ein psychisches oder ein soziales – ein erweitertes Emergenzniveau entsteht, dann kann man diesen Prozeß auch anleitend unterstützen und dafür eine pädagogische Methode konstruieren. Hier ist auszuweisen, wie Organisationen lernen und auf welche Dimensionen sich ihre anzuleitende Entwicklung bezieht. Bei selbstreferentiell geschlossenen Systemen, in die man von außen nicht intervenieren kann, sollte man sich allerdings darüber im klaren sein, daß nie genau das herauskommt, was der ‚Anleiter' oder Lernberater geplant hat.
Non-Profit-Organisationen (NPO) – und zu diesen gehören die Institutionen der Erwachsenenbildung (vgl. z.B. Schäffter 1995) – lernen allerdings in einer sehr spezifischen Weise, die deutlich von Lernprozessen im Profitbereich unterschieden ist. Daher ist ihre besondere Funktionslogik genau herauszuarbeiten. Vor allem der Effizienzbegriff ist in

NPO verpönt, weil er in Analogie zum Profitbereich mit Rationalisierung, Stellenabbau und Erhöhung der Arbeitsintensität assoziiert wird, und qualitativ meßbare Erfolge sind schwer auszuweisen. Das hat einige Theoretiker der NPO-Forschung dazu bewogen, dilettantische Mißwirtschaft und Scheitern als notwendige Faktoren der Aufgabenbewältigung von NPO zu behaupten (vgl. Seibel 1994). Andere predigen als kategorischen Imperativ von NPO-Management, sich ausschließlich an Effizienz-Kriterien auszurichten (vgl. Schwarz 1992). Der Mittelweg muß auch hier keinen Ausweg darstellen. Gerade eine wirksame Leistungserbringung ohne Ressourcenverschwendung müßte sich mit den Existenzbegründungen von NPO gut vertragen, weil diese sich nicht privater Profitmaximierung verschrieben haben, sondern sich an gesamtgesellschaftlichen Interessen orientieren. Was aber bedeutet Effizienz für NPO, die nicht wie marktförmige Profit-Organisationen bilanzierte Rentabilitätsrechnungen zur Kontrolle ihres Erfolges haben? Hier ist ein NPO-angemessener Effizienzbegriff, der auch für Bildungsinstitutionen greift, zu entwickeln.

Auf dieser Grundlage können NPO dann auch Effizienz lernen, denn will man NPO nicht resignativ weiter ‚erfolgreich scheitern' (Seibel) lassen, sondern zu leistungsfähigen Systemen unserer Gesellschaft umstrukturieren, so geht dies nur auf der Basis ihrer eigenen Funktionslogik, die die Spezifik ihres Lernprozesses bestimmt. Bei den dringend erforderlichen Reorganisationsprozessen von NPO ist keinesfalls ein aus der Privatwirtschaft kommendes Rationalisierungsprogramm einfach nur zu übertragen. NPO-angemessene Organisationsentwicklung hat zusätzlich zur Wirtschaftlichkeit mit weiteren Funktionslogiken zu rechnen, ohne deren Berücksichtigung genau das, was NPO als Besonderheit auszeichnet, mißverstanden wird bzw. ohne deren Berücksichtigung Organisationsentwicklung in NPO scheitert.

1.2 Warum müssen Organisationen lernen?

In der Folge der sogenannten 68er Jahre geriet die bundesdeutsche Gesellschaft soziokulturell in Turbulenzen, weil der mittlerweile erreichte Entwicklungsstand der Produktion neue Konsumentenhaltungen erforderte. Die Aufbauzeit der 50er Jahre, die real bis Mitte der 60er dauerte, war vorbei. Die gesellschaftlichen Grundbedürfnisse waren befriedigt. Nun konnte über den unmittelbaren Konsum hinaus produziert und verkauft werden. Nur traf sich dies nicht mit der in der Bevölkerung immer noch verbreiteten protestantischen Arbeitsethik und ihrem Spar- und Genügsamkeitsverhalten. Die gesellschaftlichen Mentalitäten mußten den neuen kapitalistischen Bedingungen angepaßt werden. Die legendäre 68er Revolution übernahm diese Aufgabe, gegen die subjektive Selbsteinschätzung ihrer Protagonisten, die damals glaubten, die Gesellschaft *politisch* substanziell verändern zu können.

Was sie allerdings einleiteten, war ein *soziokultureller* Wandel, der gleichwohl einer Revolution auf diesem Gebiet gleichkam. Seit Mitte der 70er Jahre nun schlug dieser Wandel vor allem im Alltagsverhalten jüngerer Generationen durch. Nicht mehr Leistung, Ordnung, Pflichterfüllung, Opferbereitschaft und Pünktlichkeit dominierten die gesellschaftlichen Werte, sondern Unabhängigkeit, Spontaneität, Gefühlsbetontheit, Kreativität und Selbstbestimmung bildeten die zentralen Verknüpfungen im Wertenetz – wie gesagt: zunächst der jüngeren Generationen. Viele älter gewordene 68er verarbeiteten ihre gescheiterten Revolutionsillusionen in der Psychotherapie. Die psychischen Systeme mußten an veränderte gesellschaftliche Bedingungen angepaßt werden, und auch heute kommen viele Subjekte der Schnelligkeit gesellschaftlicher Wandlungsprozesse nicht ohne Hilfe hinterher.

Der soziokulturelle Wandel wandelt sich seitdem in Permanenz und wachsender Geschwindigkeit zum Turbowandel. Die gesellschaftlichen Organisationen werden erst deshalb seit einigen Jahren erreicht, weil organisierte soziale Systeme widerständiger und fester sind als psychische Systeme. Heute wird vollends offensichtlich, daß die traditionellen Organisationen nicht mehr zeitgemäß funktionieren. Das gilt für die Behörden des öffentlichen Dienstes ebenso wie für Parteien und Gewerkschaften, wo die Veralterung am deutlichsten ist. Die Wirtschaftsunternehmen haben den Wandel noch am ehesten geschafft, aber auch hier blieben viele auf der Strecke oder stecken noch tief in ihren Krisen.

Organisationsentwicklung reagiert auf Bedürfnisse und Bedarfe nach Orientierung und Weiterentwicklung, die der Modernisierungsprozeß unserer Gesellschaft unablässig und immer neu hervorbringt. Daher kann Organisationsentwicklung oder das Schlagwort der ‚lernenden Organisation' auch als Ausdruck der Notwendigkeit zu einem kontinuierlichen Wandlungs- und Anpassungsprozeß angesehen werden, als Reaktion auf die Gefahr des immer schnelleren Veraltens in einer immer schneller werdenden Welt.

2. Non-Profit-Organisationen als besonderer Organisationstyp

2.1 Ein Definitionsvorschlag unter besonderer Berücksichtigung des Bildungsbereichs

Moderne Gesellschaften differenzieren sich bekanntlich in funktionale Subsysteme, die ihrer jeweils eigenen Logik gehorchen – z.b. Ökonomie, Politik, Recht, Religion und Bildungswesen. Diese gesellschaftlichen Teilsysteme steuern sich über einen jeweils spezifischen Code bzw. kommunizieren in einem bestimmten Medium – z.B. Geld, Macht, Gesetz, Glauben und Qualifikation. Innerhalb dieser Funktionssysteme bilden sich Organisationen zum Zwecke der funktionsspezifischen Leistungserbringung – z.B. Unternehmen, Parteien, Gerichte, Kirchen und Schulen. Innerhalb der gesellschaftlichen Teilsysteme gibt es nun unterschiedliche Organisations*typen*, nämlich staatliche, profitorientierte und solche, die keinen Profit erwirtschaftenden Erwerbscharakter haben. Die NPO treten in den gesellschaftlichen Subsystemen ergänzend und in Konkurrenz zu anderen Organisationen auf. Gemeinhin werden sie als private Organisationen ohne Erwerbszweck bzw. als Erwerbsorganisationen ohne private Gewinnausschüttung, im Zusammenwirken von Hauptamtlichen und Ehrenamtlichen, als wertorientierte Selbsthilfe-, Hilfs- oder Bildungsinstitutionen, als mitgliedschaftlich aufgebaut und häufig als intermediär handelnd beschrieben. Immer können auch einzelne Kriterien wegfallen oder andere dazukommen. Schwarz/Purtschert/Giroud (1995, S.17ff.) unterscheiden staatliche, halbstaatliche und private NPO, letztere gliedern sie wiederum in wirtschaftliche, soziokulturelle, politische und soziale. NPO sind vergangenheitsdeterminiert, d.h. stärker von ihrer Geschichte bestimmt als von Umweltanforderungen. Ein besonderes Problem ist, daß sie häufig gar nicht eindeutig *einem* gesellschaftlichen Subsystem zuzuordnen sind und darum auch nicht nur in *einem* Code handeln können. Vielmehr haben sie unterschiedliche Umwelten, zwischen denen sie vermitteln. Volkshochschulen beispielsweise treten in Verhältnisse zur Wirtschaft, zum Staat, zur Politik, zur Wissenschaft, zu ihren Zielgruppen usw. NPO müßten also mehrfach codiert sein, um handlungsfähig agieren zu können.

Außerdem sind NPO stark wertrational und nicht ausschließlich oder auch nicht überwiegend zweckrational bestimmt. Ihre Adressaten sind im klassischen Sinne keine Kunden, auf deren Bedürfnisse man sich voll einstellen kann. NPO haben durch ihre normative Prägung Grenzen der

Flexibilität und Umweltanpassung, weil sie andernfalls Gefahr liefen, ihre Identität zu verlieren (vgl. Horch 1995, S.317). Wenn das ‚Produkt' einer NPO normativ besetzt ist, dann ist der Kundenstatus der Abnehmer eingeschränkt. Der Kundenbegriff muß in einer NPO-Spezifik reformuliert werden. Das Anbieter-Abnehmer-Verhältnis im Non-Profit-Bereich läßt sich in Analogie zur Pädagogik bestimmen. Ein emphatisch verstandener Bildungsprozeß transportiert immer mehr als sachliche Qualifikationen. Es geht substantiell zugleich um individuelle Emanzipation, d.h. um „Befreiung aus der Unmündigkeit" (Kant), und um demokratisches Zusammenleben. Daher darf Bildung nicht nur an die meistbietenden und zahlungsfähigen Nachfrager abgegeben werden. Bildung ist auch eine gesellschaftliche Verpflichtung, bei der es nicht nur um wirtschaftliche Austauschprozesse geht. Hier ist ein normatives Produkt zu vermitteln, das nicht beliebig auf jegliche Kundenbedürfnisse zugeschnitten werden kann, ohne selbst Substanzverlust zu erleiden oder sich ad absurdum zu führen. Wenn es dem Anbieter nicht gelingt, die normative Eigenlogik seines Produktes mit der Eigenlogik des Abnehmerbedürfnisses strukturell zu koppeln, dann kann der Bildungsprozeß als gescheitert betrachtet werden.

Zapotoczky (1996) sieht als generelle Aufgabe von NPO ihre Leistung zur demokratischen Strukturierung des Gemeinwesens an. Im einzelnen zählt er als Anforderungen auf, Beiträge zu leisten zu: Selbstfindung/Identifikation, Werteerzeugung/Werteverwendung/Werteverteilung, Bürgernähe und Beteiligung, Integration, Interdependenz und übergeordnete Zusammenarbeit, Innovation/Erneuerung sowie schließlich Rechtmäßigkeit und Legitimität. Die Existenzlogik von NPO kann daher nicht in erster Linie zweckrationale Kosten-Nutzen-Maximierung sein, weil sie einen gesellschaftlichen Auftrag haben, normativ aufgeladene Produkte anbieten und weil sie auf vielfältige Bedürfnisse ihrer spezifischen Klientel und Zielgruppen Rücksicht nehmen müssen, z.B. Bedürfnisse nach Selbstbestimmung, Gemeinschaftserfahrungen, Solidarität und Identifikation. Leider verdreht sich in NPO aber dann nicht selten die Leistungslogik ganz: Die Organisationen handeln praktisch oft so, als wären ihre Klienten für sie da und nicht sie für ihre Klienten. Aus der Organisation einer Stellvertretung oder Hilfeleistung für Minderheiten oder gesellschaftliche Interessen wird die Stellvertretung der Organisation gegenüber ihren eigentlichen Auftraggebern. Man findet dieses Phänomen einer Logikverkehrung ebenso bei dem Verhalten der Gewerkschaften gegenüber ihren Mitgliedern wie bei Arbeitgeberverbänden im Verhältnis zu den sie tragenden Unternehmen. Auch in Universitäten werden oft die Studierenden als diejenigen angesehen, die einen reibungslosen Ablauf der Institution behindern.

Funktionale Differenzierungen und arbeitsteilige Kooperationsstrukturen, beides Kennzeichen professioneller Organisationen, werden in NPO nicht konsequent genug herausgebildet. Subsysteme von NPO sind meistens so autonom, daß die Gesamtleistung beeinträchtigt wird. Ein Zusatzproblem intermediärer Organisationen ist, daß sie unterschiedliche Umwelten haben und daher in unterschiedlichen Sprachen reden müssen, die entweder nicht genügend ausgebildet sind oder – wenn sie dies sind – organisationsintern zu Verständigungsproblemen führen. Der Tendenz nach neigen alle Non-Profit-Organisationen dazu, ihre Fehler im Steuerungsbereich durch die gleichen Fehler im Kontrollbereich zu wiederholen. Sie haben kein entwickeltes Rückkoppelungssystem zur Leistungsevaluation und zur Fehlerkorrektur.

Unter Lernfähigkeit kann die Fähigkeit einer Organisation verstanden werden, auf negatives oder positives Feedback zu reagieren und entsprechende korrigierende bzw. verstärkende Reaktionen zu produzieren. Negatives Feedback, z.B. durch den Markt, kann den Bestand einer Profit-Organisation im Extremfall gefährden. Negatives Feedback oder Kritik aus der Öffentlichkeit an ihrer Arbeit führt dagegen bei NPO kaum zu substantiellen Veränderungen, sondern gleitet ab oder versikkert in ihren zählebigen Strukturen. NPO haben keine Irritabilität für diese Art von Umweltperturbationen und keine Sensorien zu ihrer Wahrnehmung ausgebildet. Sie sind in ihrem Bestand insgesamt weniger umweltabhängig als Profit-Organisationen. Die Lernfähigkeit ist im Gegensatz zu marktförmigen Organisationen in NPO deshalb strukturell eingeschränkt.

Strukturelle Nachteile in der Lernfähigkeit von NPO treten durch drei Phänomene auf:

1. Sie produzieren keine bilanzierungsfähigen Güter, sondern meritorische oder Kollektivgüter. Glaube, Naturschutz, Bildung oder Solidarität sind schwer in einem finanziellen Gegenwert zu messen. Die Steuerung von NPO erfolgt nicht über das Geldmedium und auch nicht primär über Macht, sondern über Sinn und über Wissen.
2. NPO sind nicht marktförmig. Sie bilden deshalb kein organisches Rückkoppelungssystem aus. Organisationsleistung und Ressourcenzufuhr sind nicht, nur sehr vermittelt oder langfristig versetzt miteinander gekoppelt.

3. Die Organisationserfolge sind schwierig zu bemessen. Die Aufgaben von NPO sind gewissermaßen unbeschränkt. Wann ist die Ökologie ausreichend geschützt, die Gesellschaft genügend gebildet, den Bedürftigen genug geholfen? Effizienzdefinitionen und -kontrollen bei diesen Gegenständen respektive bei diesbezüglichen Organisationsleistungen sind problematisch.

2.2 Zur spezifischen Funktionslogik von Non-Profit-Organisationen

Organisationen bilden sich in funktional differenzierten Gesellschaften zur bereichsspezifischen Sicherstellung von Leistungserbringung und Kontinuität. In ihren Operationsweisen verweisen sie auf die Codierungen der gesellschaftlichen Subsysteme, denen sie angehören – also in der Wirtschaft auf Zahlungsfähigkeit, in der Bildung auf Qualifikation und in der Politik auf Macht usw. Organisationen sind autopoietische, d.h. sich selbst reproduzierende, und operativ geschlossene, d.h. rekursiv kommunizierende, soziale Systeme (vgl. Luhmann 1991). Damit sind sie grundsätzlich strukturkonservativ. Ihre – möglichst unveränderte – Reproduktion ist ihr oberstes Streben. Falls Veränderungen unvermeidbar sind, erfolgen sie auf kleinstem Niveau. Notwendige Veränderungen in der Struktur dienen daher der grundsätzlichen Bestandssicherung. Operative Geschlossenheit von Organisationen bedeutet zudem, daß diese selbst definieren, was sie als Einheiten ihrer Operationen zulassen. Soziale Systeme sind auch – im Gegensatz zu landläufigen Vorstellungen – nicht von außen instruierbar. Zwar arbeiten sie in einem aktiven Umweltbezug, aber sie definieren wiederum autonom, was sie als ihre Umwelt ansehen und wie sie sich dieser gegenüber verhalten. Diese Aussage gilt auch für Subsysteme innerhalb von Organisationen, die andere Teile der Gesamtorganisation als ihre spezifische Umwelt ansehen, ebenso wie für Zentralen oder Landesverbände, die Dienstleistungsfunktionen für ihre Einzelorganisation haben (sollten).
Klassische Organisationen des marktförmigen Sektors und des staatlichen Sektors bilden hierarchische Strukturierungen heraus, zu- und abrechenbare funktionale Kompetenzaufteilungen, normierte Verfahrensabläufe und professionell ausgebildetes Berufspersonal. Dies geschieht zum eigenen Nutzen, der in Kostenminimierung und im Ausschluß von Zufälligkeit und Willkür besteht. In NPO ist das nicht ebenso zwingend gegeben. Sie sind nicht oder nur bedingt von Allo-

kationshandeln abhängig, historisch häufig aus ehrenamtlichen Formen heraus entstanden und ‚organisch' gewachsen. Wenn sie dann später in diesem ‚Wildwuchs' System zu schaffen versuchen, geschieht dies inkonsequent und vielfältig gebrochen durch vorhandene Machtstrukturen.

In eigenen Untersuchungen des ‚Instituts für kritische Sozialforschung und Bildungsarbeit' konnten wir anhand der Gewerkschaften typische Funktionsmechanismen von NPO feststellen (vgl. zusammenfassend Zech 1997b): Die analysierten Organisationen leiden z.B. unter einem Gleichheitsmythos, der sich aus dem ‚aufopferungsvollen' Dienst an der gemeinsamen guten Sache speist. Das erschwert die Herausbildung arbeitsteilig-kooperativer Funktionsbeziehungen. Angestellte und Referenten streben auch von der subjektiven Seite her nicht unbedingt nach Rollenklarheit, weil diesbezügliche Diffusionen ihre subjektive Funktionalität darin haben, daß abrechenbare Kontrollen mit entsprechenden Sanktionsfolgen vermieden werden können. Vorstände kultivieren in der Vermeidung von Basiskontakt ihre selbstgesetzten Aufgabendefinitionen, die sie avantgardistisch, belehrend und missionarisch gegenüber der Mitgliedschaft vertreten. Verbreitet sind auch entkonventionalisierte Distanzlosigkeiten beobachtbar, z.B. in der Form milieuintimer Duz-Beziehungen. Deren andere Seite sind personalisierende Sichtweisen auf Probleme und Konflikte in der Organisation. Neben Kontrollmängeln sind aber auch innerorganisatorische Demokratiedefizite festzustellen, sei es als intransparente Entscheidungsmanipulation oder als Clan-Bildung und Protektion. Generell verhindert Claim-Denken eine strategische Gesamtplanung. Interne Machtkämpfe um individuellen Nutzen senken das Qualitätsniveau. Dabei werden Posten oft nicht nach Qualifikation, sondern unter Gesichtspunkten von Loyalität und Revierbehauptung/-ausdehnung vergeben. Vor allem Angestellte, Referenten, Sekretäre von politischen Organisationen halten sich selbst für Politiker und nicht – wie es angebracht wäre – für Dienstleister und Zuarbeiter. Zu Leistungsbeeinträchtigungen kommt es dadurch, daß Sachentscheidungen und Verfahrensabläufe ideologisch, d.h. artfremd, überpolitisiert werden. Hieraus entwickelt sich eine widersprüchliche Betriebskultur aus Mißtrauensorientierung, Mittelmäßigkeit, persönlichem Arrangement, Tagesroutine, Nischenbildung und Veränderungsresistenz. Etwas unterscheidet NPO prägnant von Profit-Unternehmen: In letzteren werden schlechte Nachrichten zurückgehalten und kommen den entscheidenden Stellen nur sehr langsam ‚zu Ohren'. In NPO verbreiten sich schlechte Nachrichten jedoch ‚in Windeseile' und schneller als Erfolge; NPO sind paniksensibel.

Die eben beschriebenen Phänomene sind aber keine Defizite, die nur den Gewerkschaften als ‚vormodernen' Organisationen zuzuschreiben sind, sondern es handelt sich um Charakteristika, die NPO als spezifischem Organisationstypus in vergleichbaren Formen eigen sind. Generell lassen sich NPO kennzeichnen als Institutionen, die heimatförmige Identifikation stiften, zur Selbstausbeutung der Engagierten neigen, Informalitätstendenzen sowie personalisierende und distanzlose Umgangsformen aufweisen. Sie stilisieren Egalitätsansprüche, was zu Harmonisierungstendenzen führt. Trotzdem oder vielleicht gerade deshalb werden viele Kommunikationen strategisch geführt, über individualistischen Vorteilstausch oder über offene und verdeckte Machtkämpfe gesteuert. Das heißt also nicht, daß Konflikte in NPO humaner ausgetragen werden als anderswo. Es gibt vielmehr ideologische Standpunktlogiken, seien sie politischer, religiöser oder sonstwie weltanschaulicher Art, die einen privilegierten Wahrheitsanspruch für sich unterstellen und zu Überheblichkeiten gegenüber Andersdenkenden führen. Hieraus erwächst eine teils rigide moralisierende Normalitätskontrolle in den eigenen milieuintimen interpersonellen Verhältnissen. Innerhalb der Organisationen gibt es Verantwortungsunklarheiten, Rollendiffusionen und eine Ablehnung jeglicher Leistungsbemessung. Diese Beliebigkeitszustände werden als Freiheit hypostasiert, was verbreitet dazu führt, daß man sich das Recht auf ein individualistisches Unterlaufen allgemeiner Beschlußlagen zubilligt. Insgesamt ist hier durchaus von einem Widerspruch zwischen demokratischem Anspruch und individualistischer Normsetzung für das je eigene Verhalten zu sprechen. Mitbestimmung wird zum Wert an sich und ist nicht an Leistung und Mitverantwortung gebunden. Systemtheoretisch gedacht sind jedoch langanhaltende Phänomene keine Probleme, sondern Problemlösungen, d.h. Mechanismen, die das spezifische Funktionieren eines Systems gewährleisten. Daher haben NPO auch ein sehr gebrochenes Verhältnis zu klassischen Professionalisierungsversuchen. Dies ist bei einem organisierten Wandel zu berücksichtigen.

Das hört sich nun alles ziemlich trostlos an. Es hilft aber auch nicht, die Augen vor den Problemen zu verschließen, weil nicht sein kann, was nicht sein darf. Einer der wenigen, die verborgene Stärken unter traditionellen Überresten vermuten, ist Horch (1996). Als *Stärken* von freiwilligen Vereinigungen, Verbänden und Vereinen betont er: die langfristig angelegte Zugehörigkeit, den ‚holistischen' Bezug auf den ganzen Menschen, die Identifikation der Mitarbeitenden mit den Verbandszielen, die Sinnstiftungsfunktion für die Beteiligten, die eher generalisierten Fähigkeitsprofile, die demokratische Entscheidungsbeteiligung, den hohen Grad an Autonomie bei der Aufgabenerfüllung, das Setzen auf Vertrauen statt auf Kontrolle, die Dichte der interpersonellen Beziehungen mit persönlichem Charakter, schließlich auch den Spaß bei der Arbeit. Aber auch Horch entgehen nicht die *Schattenseiten* des NPO-Wirtschaftens. Hier sieht er die Probleme, wie man bei Dauerarbeitsplätzen ineffiziente Mitarbeiter wieder los wird und wie man Drückeberger bei der Arbeit überwacht bzw. ‚Trittbrettfahren' verhindert. Zielidentifizierte Mitarbeiter reagieren zudem unflexibel auf notwendige, z.B. durch die Umwelt erzwungene Zieländerungen. Wenn Persönliches bei der Arbeit dominiert, kann die Leistungsfähigkeit beeinträchtigt werden, oder das Gruppenleben erhält Vorrang vor der Arbeit, was den gleichen Effekt hat. Selbstentfaltung in der Arbeit kann sich auch zum Selbstzweck entwickeln. Generalisierung führt zu Überlastungen und zu Rollenkonflikten. Mitbestimmung ist nicht vom eigenen Leistungsbeitrag abhängig. Die Homogenität der Mitarbeitenden verhindert die Integration von ‚Quereinsteigern', die in ihrer Heterogenität befruchtend wirken könnten. So scheint mir auch Horchs Stärkenanalyse mehr durch Wunschdenken geprägt zu sein denn durch empirische Bestätigung im deutschen Vereins- und Verbändewesen, als dessen Wesen Tucholsky ja bereits den „Knatsch" erkannt hatte. Zuzustimmen ist Horch hingegen, wenn er abschließend resümiert, daß NPO nicht nur zu wenig über ihre Schwächen, sondern auch zu wenig über ihre Stärken wüßten. Er rät ihnen daher, sich nicht von Unternehmensberatern, die nichts von der Spezifik von Vereinen und Verbänden verstehen, alte Hüte der Managementlehre ‚andrehen' zu lassen, die nur vom Profit- auf den Non-Profit-Bereich übergestülpt werden.

Drucker diskutiert – allerdings für die amerikanische Gesellschaft und daher für deutsche Verhältnisse nur begrenzt übertragbar – explizit die Stärken von NPO im Vergleich zu Profit-Organisationen. Er sieht sie in einem wechselseitigen Unterstützungsverhältnis von bezahlten Managern und ehrenamtlichen Vorständen/Aufsichtsräten, mit beidseitig klaren Zielvereinbarungen, Aufgabendefinitionen und Erfolgskontrollen. Eine produktive Kraft besteht nach seiner Auffassung in der systematischen Umwandlung unausgebildeter ehrenamtlicher Laien zu qualifizierten unbezahlten Professionellen. „It requires a clear mission, careful placement and continuous learning and teaching, management by objectives and self-control, high demands but corresponding responsibility, and accountability for performance and results" (Drucker 1989, S.93). Eine weitere Stärke besteht laut Drucker in der Tatsache, daß NPO von ihrer Umwelt und deren Bedürfnissen ausgingen und nicht wie Wirtschaftsorganisationen von eigenen Verwertungsinteressen. „Nonprofits also start with the environment, the community, the ‚customers‘ to be; they do not, as American business tend to do, start with the inside, that is, with the organization or with financial terms. ... A well-defined mission serves as a constant reminder of the need to look outside the organization not only for ‚customers‘ but also for measures of success. The temptation to content oneself with the ‚goodness of our cause‘ – and thus to substitute good intentions for results – always exists in nonprofit organization. It is precisely because of this that the successful and performing nonprofits have learned to define clearly what changes *outside* the organization constitute ‚results‘ and focus on them" (ebd., S.89). Ich vermag nicht zu beurteilen, ob damit die amerikanischen NPO angemessen beschrieben sind oder ob es sich nur um einen Euphemismus handelt. In Deutschland – und im gesamten deutschsprachigen Raum – sind die Verhältnisse anders. Von erfolgreichem Management sind NPO weit entfernt, und gerade ihre Umweltoffenheit läßt erheblich zu wünschen übrig. Lernen und Effizienzsteigerung in NPO haben aber Umweltsensibilität zur Voraussetzung.

Dies gilt in besonderer Weise sogar für NPO im Bildungsbereich. Diese Organisationen sind – wie oben dargestellt – ihrem gesellschaftlichen Funktionssystem zuzuordnen und kommunizieren selbstreferentiell in dessen Code. Ihre Leistung besteht in der Abgabe der Qualifikationen, die für das Funktionieren der anderen gesellschaftlichen Subsysteme und der Gesellschaft im Ganzen erforderlich sind. Qualifikation meint in diesem Zusammenhang die Gesamtheit aller Kenntnisse, Fähigkeiten, Einstellungen und Verhaltensweisen, die als das Ergebnis des Bildungsprozesses anzusehen sind (vgl. Eichmann 1989, S.74). Nun zeigt aber die Erfahrung, daß sich Bildungsinstitutionen weitgehend von den Bedürfnissen ihrer Abnehmerumwelten abkoppeln und trotzdem weiterexistieren können. Operative Schließungsprozesse führen dazu, daß die Beschäftigung mit eigenen Problemen die Leistungserstellung für die Umwelt dominiert. Schulen arbeiten heute beispielsweise mit einer Lehrergeneration, die fast vollständig etwa 50 Jahre alt ist und sich von dem soziokulturellen Erfahrungshintergrund ihrer Schülerschaft zusehends entfernt. Zwischen dem Bildungs- und dem Beschäftigungssystem ist gegenwärtig eine enorme Diskrepanz festzustellen. Davon unbeeindruckt sind jedoch keine nennenswerten Reformanstrengungen in den Bildungsinstitutionen zu beobachten. Das Selbstkonzept der Bildungsinstitutionen kann sich sehr weit von der Bildungswirklichkeit entfernen, ohne daß dies als Irritation auf die eigene Arbeit zurückwirkt und Veränderungsbedarf bewußt macht. Luhmann ist sogar der Ansicht, daß interne Reformdiskussionen gewissermaßen einen Placebo-Effekt haben. Sie bestätigen die Ernsthaftigkeit der eigenen Bemühungen, den eigenen Idealen und dem eigentlichen Auftrag der Institution zu entsprechen, und erklären zugleich, warum alles so ist, wie es ist. „Reformen sind gleichsam das Überdruckventil für Systeme, die sich mit Ideen belasten, denen sie ex definitione nicht gerecht werden können ... Reformen dienen, könnte man sagen, der Anpassung des Systems an sich selber ... Sie können intern als Erfolge beschrieben werden, wenn es gelingt, die Reformideen dem bisher üblichen Verhalten anzupassen, so daß die Systemzustände vor und nach der Reform sich nicht wesentlich unterscheiden" (Luhmann 1996, S.45f.). Für weite Teile ihrer gesellschaftlichen Umwelt sind Bildungsinstitutionen gar nicht informationssensibel, wohingegen sie mit hoher Irritabilität auf eigene Probleme reagieren. Gesellschaftliche Ereignisse anderer Art bleiben oft nur ‚Rauschen' und werden nicht zu Informationen in der Organisation umgearbeitet. Die Ziele und die Leistungen von Bildungsinstitutionen werden meistens nicht evaluiert, so daß über den eigenen Erfolg bzw. über die Effizienz der eigenen Arbeit keine Angaben gemacht werden können. Die prinzipielle Unklarheit der eigenen Ziele, Leistungen und Erfolge führt dann zur Überforderung der Beschäftigten, zu einem Hin- und Herpendeln zwischen Allmachts- und Ohnmachtsgefühlen. Trotzdem wird intern kaum Anerkennung kommuniziert, und die Beschäftigten klagen über wechselseitige Mißachtungen.

Wenn also der empirische Befund in der Regel die Schwachpunkte von NPO hervorhebt, so handelt es sich aber noch lange nicht um deren *unveränderbaren* Regulationstyp. Bevor ich die systematischen Lernmöglichkeiten von NPO aufzeige, ist es erforderlich, ein Verständnis für die ‚organischen' Entwicklungsprozesse von Organisationen zu schaffen. Nur auf der Basis dieser Kenntnis kann man versuchen, gezielt in die autopoietische Selbstreproduktion des Systems einzugreifen, um ein Lernen der Organisation zu ermöglichen. Wiederum dafür ist es notwendig zu klären, wohin die Reise überhaupt gehen soll. Dies geschieht zunächst über eine Reinterpretation des Effizienzbegriffs für Non-Profit-Organisationen.

3. Effiziente Leistungserbringung in Non-Profit-Organisationen

3.1 Ein NPO-spezifischer Effizienzbegriff

Effizienz wird vielfach mit Wirtschaftlichkeit oder Produktivität gleichgesetzt, doch das ist sehr verkürzt. Unstrittig hingegen ist, daß Effizienz etwas mit dem Erfolg von Organisationen zu tun hat, und dazu gehört, daß sie mit den ihnen zur Verfügung stehenden Mitteln eine bestmögliche Erfüllung ihres Organisationszwecks erreichen. Duncan/Weiss (1979, S.89) sprechen – wie es im angloamerikanischen Raum üblich ist – von „organizational effectiveness", wenn sie die Gesamtleistungsfähigkeit der Organisation meinen; und Geißler (1994, S.30f.) übernimmt den Effektivitätsbegriff als Zielbestimmung für seine Theorie des Organisationslernens, wenn er Effektivität als „den Erfolg der Organisation in ihrem Umfeld" und Organisationslernen als „die Entwicklung des Wissens, das für die Effektivität der Organisation wichtig ist", definiert. Im „Ziel-Ansatz" aus der unternehmerischen Managementlehre (vgl. Staehle 1980, S.125ff.) wird als Effizienz der Grad der Zielerreichung angesehen. Schildknecht/Erb (1987, S.206ff.) behalten diese Definition im Grundsatz auch für NPO bei. Sie stellen aber fest, daß hier infolge des mangelnden Anpassungsdruckes, der langwierigen Entscheidungsmechanismen und der starren Strukturen die Steigerungsmöglichkeiten für Effizienz meistens verpaßt werden, ja sogar zunehmende Ineffizienz produziert wird. Dieses Problem halten sie nicht für personal-, sondern für strukturbedingt. Burla (1989, S.85ff.) unterscheidet in seinem Vorschlag für ein rationales Management in NPO Effektivität als technische Rationalität – das ist die Frage nach der Zweckerfüllung der Organisation – von Effizienz, die er mit wirtschaftlicher Rationalität gleichsetzt. Er ergänzt diese beiden Rationalitäten durch eine politische, weil besonders in NPO immer ein Interessenkonfliktausgleich der verschiedenen internen Anspruchsgruppen hergestellt werden muß. Diese unterschiedlichen internen Anspruchsgruppen haben auch eine unterschiedliche Auffassung davon, was unter Effizienz ihrer Organisation überhaupt zu verstehen ist. Schließlich soll soziokulturelle Rationalität die Verletzung sozialer Normen im Umfeld der Organisation vermeiden

bzw. die Durchsetzung soziokultureller Werte der NPO fördern. Diese Definitionsliste ließe sich unschwer fortsetzen; zur Klarheit würde dies aber nicht beitragen.
Die zutage tretende babylonische Sprachverwirrung gilt es zunächst aufzuklären, wenn wir Entwicklungsmöglichkeiten für NPO präzise bestimmen wollen:
- *Effektivität* bezieht sich auf den Effekt – d.h. die Wirkung, den Erfolg, das Ergebnis, den Nutzen – einer Maßnahme, also nicht der Organisationsleistung als ganzer. Effektivität ist also am besten mit Wirksamkeit zu übersetzen.
- Unter *Produktivität* ist die Wirtschaftlichkeit im Sinne einer Kostenminimierung zu verstehen, d.h. eine maximale Zielerreichung mit geringstmöglichem Mitteleinsatz.
- *Effizienz* wird nun von Schwarz (1992, S.46f. und S.402f.) als „Effektivität + Produktivität" definiert, also als in bezug auf die zur Verfügung stehenden Mittel rationellste Zielerreichung mit größtmöglichem Nutzen für die Klienten bzw. Kunden.

Eine ausreichende NPO-Spezifik ist mit diesen Definitionen aber noch nicht gegeben. Es ist jetzt deutlich, daß sich Effizienz auf die Gesamtleistung der Organisation zu beziehen hat und nicht auf Einzelmaßnahmen. Im Gegenteil kann es im Interesse der Gesamteffizienz durchaus nützlich sein, partiell teure Einzelmaßnahmen zu finanzieren, z.B. das phasenweise Hinzuziehen von Organisationsberatern, um auf ‚blinde Flecke' im Organisationshandeln aufmerksam zu werden, die man naturgemäß allein nicht sehen kann. Die Existenz von Organisationen ist kein Selbstzweck – obwohl Organisationen sich häufig so verhalten –, sondern ihre Funktion besteht in einer spezifischen Leistungserbringung für ihre gesellschaftliche Umwelt. Effizienz bezieht sich auf dieses Organisation-Umwelt-Verhältnis; und von der Spezifik, die hier für NPO gilt, ergibt sich auch ein NPO-adäquater Effizienzbegriff.
Das setzt schon an der ‚Produktion' der NPO-spezifischen ‚Güter' an. Gemeinhin unterscheidet man marktförmige von meritorischen Gütern, deren Produktion gesellschaftlich gefördert wird, sowie von Kollektivgütern, die vollends marktentkoppelt sind und einen undifferenzierten gesamtgesellschaftlichen Bezug haben. In NPO geht es durchweg um gemeinnützige Interessen und ideelle Werte, die sich nur schwer in finanziellen Gegenwerten bemessen lassen: Was ist ein nicht verhungertes, nicht mißhandeltes Kind wert? Wieviel dürfen Seelsorge und religiöse Orientierung kosten? Kann man den Wert von Demokratie und

Menschenrechten bezahlen? Bildung ist nur in Teilbereichen ein marktförmiges Gut; überwiegend wird es ohne öffentliche Förderung nicht seiner gesellschaftlichen Aufgabe gerecht. An den spezifischen Leistungen, die NPO für die Gesellschaft erbringen, wird deutlich: Sie sind unverzichtbar, aber nicht bilanzierbar. Bei begrenzten Ressourcen ist dennoch nicht egal, mit welchem wirtschaftlichen Aufwand die Leistung einer NPO erbracht wird. Im Gegenteil, gerade bei an menschlich-gesellschaftlichen Werten orientierten Organisationen sollte mit geringstmöglichem Aufwand ein höchstmöglicher Nutzen erzielt werden; gerade weil es wirklich ‚wertvolle' Werte sind, sollten sie sparsam, wirkungsvoll und ressourcenbedacht erwirtschaftet werden. Der vorfindliche Widerstand in NPO gegen Effizienzdenken widerspricht dem eigenen gesellschaftlichen Auftrag.

Nach allem ist deutlich: Effizienz in NPO ist keine ausschließlich zweckrationale Kategorie. Sie muß durch weitere Kriterien bestimmt werden. Hier kann die Tradition der Bildungsidee Pate stehen, denn es bietet sich die Anlehnung an die klassische Kantsche Trias der Aufklärung an: die Aufteilung des Allgemeinmenschlichen in kognitiv-instrumentelle, moralisch-praktische und ästhetisch-expressive Vernunft. Dies vor allem deshalb, weil NPO in besonderer Weise Idealen der Aufklärung und des Gemeinnutzes verpflichtet sind. In aktueller Form könnte hier die Habermas'sche „Theorie des kommunikativen Handelns" (1987) herangezogen werden. Im Begründungszusammenhang verständigungsorientierten Handelns weist Habermas drei Geltungskriterien aus: Auf der sachlichen Dimension geht es um objektive Wahrheit, auf der sozialen Dimension um normative Richtigkeit und auf der subjektiven Dimension um Expressivität und Wahrhaftigkeit. In Analogie zu diesen Gedanken würde ich die Effizienzdefinition in NPO erweitern:

– Auf der *sachlichen Dimension* geht es um *Zweckrationalität*. Hier gilt alles, was zu Effektivität und Produktivität gesagt worden ist. Auch in NPO geht es um Leistungserbringung für eine Umwelt, und diese ist kostengünstig und wirkungsvoll zu organisieren.

– Auf der *sozialen Dimension* geht es zudem noch um *Normrationalität*. NPO arbeiten gemäß moralischen Standards, die auch nicht aus Kostengründen unterschritten werden dürfen. Diese moralischen Normen müssen allerdings explizit und operational definiert sein. Gesamtgesellschaftlich sind NPO darüber hinaus der Gemeinnützigkeit verpflichtet.

- Auf der *individuellen Dimension* geht es schließlich um *Subjektrationalität*. Hier stellt sich die Frage, ob die Beteiligten an der NPO ausreichend qualifiziert sind und angemessen am Geschehen mitwirken/mitbestimmen/teilhaben, statt nur als ausführende Instanzen und Befehlsempfänger zu handeln. Weiterhin ist die Frage, ob den Bedürfnissen der Klientel/Kundschaft/Zielgruppen der NPO im Organisationshandeln entsprochen wird.

Effizienz in NPO ist also nicht ausschließlich über Kostengesichtspunkte, sondern nur über ein *ausgewogenes Verhältnis von Zweckrationalität, Normrationalität und Subjektrationalität* zu bestimmen. Wenn wir diese drei Rationalitäten noch jeweils für die Innenverhältnisse der Organisation und für die Außenverhältnisse der Organisation-Umwelt-Beziehung differenzieren, dann ergibt sich eine Sechsfeldermatrix für Effizienz.

Effizienzgesichtspunkte in NPO:

	Innenverhältnisse	*Außenverhältnisse*
sachliche Dimension / Zweckrationalität:	Kooperationsstruktur, Produktivität	Leistung, Erfolg, Zielerreichung
soziale Dimension / Normrationalität:	gemeinsame Vision und Werte	Gemeinnützigkeit, gesamtgesellschaftlicher Bezug
individuelle Dimension / Subjektrationalität:	Personalentwicklung, Beteiligung	Bedürfnisse der Klienten, Kunden, Zielgruppen

Effizienz in funktional (arbeitsteilig) differenzierten Organisationen setzt *Reflexionsfähigkeit* des Gesamtsystems und seiner Subsysteme voraus. Unter Reflexion ist die Fähigkeit eines sozialen Systems zu verstehen, sich selbst als abhängig von seiner Umwelt zu thematisieren und sich selbst, seine eigene Leistung, als notwendige Umweltbedingung für andere Systeme zu erkennen. Die Einheit einer Organisation wird durch Reflexion für ihre Teilsysteme zugänglich. „Reflexion ist insofern eine Form der Partizipation. Ein Teil kann das Ganze zwar nicht *sein*, kann es aber *thematisieren*, indem er es sinnhaft identifiziert und auf eine ausgegrenzte Umwelt bezieht" (Luhmann 1975, S.73). Effizienz ist für eine Organisation dann gegeben, wenn eine Kompatibilität (und keine Indifferenz oder Konkurrenz) der Teile besteht. Die funktional ausdifferenzierten Subsysteme einer Organisation finden so ihre Identität in ihrer spezifischen Funktion und Leistung für die Gesamtorganisation. Eine Teilautonomie von Subsystemen ist dabei an eine gesamtorganisatorische Abstimmung der Teile geknüpft, die sich wechselseitig als notwendige Bedingung füreinander begreifen. Dies schließt eine Selbstbegrenzung der Teile als Bedingung der Möglichkeit der Effizienzsteigerung des Ganzen ausdrücklich ein. Über den Umweg einer Effizienzsteigerung der Gesamtorganisation wachsen dann auch wieder die Möglichkeiten der Teile. Dies wird durch Reflexionsfähigkeit erkennbar. Die Reflexionsfähigkeit eines sozialen Systems korrespondiert also mit seiner Handlungs- respektive Leistungsfähigkeit.

„Selbst-Thematisierung erfordert, daß *in Systemen* das jeweilige System als *System-in-einer-Umwelt* themafähig wird. ... Thematisierung setzt einen ‚Horizont' anderer Möglichkeiten voraus und erschließt einen geordneten Zugang zu diesen Möglichkeiten" (ebd., S.74). Geleitet von Reflexion wählt eine Organisationseinheit aus den ihr zur Verfügung stehenden Handlungsoptionen diejenige Variante aus, die ihr zwar nicht den kurzfristig maximalen, dafür aber einen kontinuierlichen optimalen Nutzen bringt. Das Subsystem gewinnt durch diese Form der Selbstbeschränkung auf der Ebene der Gesamtorganisation und von dieser rückwirkend auch bezogen auf die eigenen Handlungsmöglichkeiten eine Effizienzsteigerung, die in einer Verstetigung des optimalen Nutzens anstelle eines immer gefährdeten maximalen Nutzens besteht. Durch Selbstthematisierung stellt ein System die Qualität seiner eigenen Leistung zur Debatte, um in bewußt gesteuerter Weise optimale Handlungsstrategien zu konzipieren, weil Kosten und Nutzen nicht in einem Nullsummenspiel zwischen den Subsystemen konkurrierend verteilt, sondern rational als Steigerungsverhältnis zwischen allen Beteiligten kalkuliert werden. Ein solches Verhalten von und in Organisationen schließt zwar Machtkämpfe um individuellen bzw. partiellen Nutzen innerhalb der Organisation nicht aus; es erhöht aber das Bewußtsein der damit verbundenen gesteigerten Kosten. Die Integration der Teilreflexionen in eine Reflexionsfähigkeit der Gesamtorganisation erhöht die emergenten Eigenschaften des Systems. Diese Integration ist die notwendige Vorbedingung einer Steuerbarkeit der Organisation. Nur integrierte Systeme sind daher zu einer kalkulierten Steigerung ihrer eigenen Leistungsfähigkeit in der Lage (vgl. Willke 1996, S.106ff.).

Ein großes Effizienzproblem besteht in NPO darin, daß Mitarbeiterinnen und Mitarbeiter faktisch auf Lebenszeit in unkündbaren Dauerarbeitsverhältnissen stehen, die in keiner Weise an ihre individuelle Leistungserbringung gekoppelt sind. Da also Zwang zur Arbeitsleistung in NPO nicht greift und Kontrolle ebenfalls abgelehnt bzw. nur in verschwindend geringem Maße ausgeübt wird, funktioniert Leistungsmotivation nur über ein zu schaffendes *Anreiz-Leistungs-System*. Zu lernen wäre von dem oben erläuterten amerikanischen kontinuierlichen Qualifizierungsprogramm in ‚nonprofits', wodurch Arbeitsplatzanforderung und Personalqualifikation gleichermaßen angereichert werden und deshalb mehr Befriedigung verschaffen. „Clear mission, careful placement, continuous learning and teaching, management by objectives and selfcontrol, high demands but corresponding responsibility, and accountability for performance and results" waren die Arbeitsmerkmale, die Leistungsanreiz boten und motivierten (vgl. Drucker 1989, S.93). Erfolg muß definierbar sein und honoriert werden, z.B. dadurch, daß ‚Karrieren' in der Organisation angeboten werden, die an Leistung geknüpft sind. Weiterhin sind Mitbestimmungsrechte an Verantwortungsübernahme und Arbeitsleistung zu knüpfen; auch Partizipation ist Gratifikation!

3.2 Effizienzanalyse als Selbstevaluation

Erfolge in Non-Profit-Organisationen sind schwer zu bestimmen – darauf wurde schon hingewiesen –, weil es überwiegend um die ‚Produktion' von meritorischen oder kollektiven ‚Gütern' geht, die nicht auf Märkten kalkulierbaren Austauschprozessen unterliegen. Organisationsleistung wird selten extern zurückgespiegelt. Auch die Ziele sind meistens ‚unermeßlich', so daß unklar ist, welche Teilschritte als Erfolge zu verbuchen sind. Objektivierbarkeit ist schwierig bis ausgeschlossen. „Effizienz, bzw. das Ausmass an Effizienz, ist .. ein Prädikat, mit welchem wir ein Ergebnis, einen Zustand oder einen Ablauf qualifizieren. Dieses Urteil basiert immer auf einem Vergleich zwischen Ergebnissen, Zuständen, Abläufen einerseits mit irgendwelchen Normen, Standards oder Zielen andererseits. Als effizient wird deswegen z.B. eine Organisation dann bezeichnet, wenn es ihr gelingt, relevante Normen einzuhalten, und mit den erzielten Resultaten einen vorher festgelegten Zielerreichungsgrad oder Indikator zu erreichen oder aber zu überschreiten. Anders ausgedrückt werden immer Mittel und Massnahmen, also Grössen, die von der Organisation beeinflusst und gestaltet werden können (= Gestaltungsvariablen), danach beurteilt, in wieweit sie in der Lage sind, gewissen Standards (Zielen) zu genügen" (Schwarz 1991, S.63). Die Schwierigkeit der Erfolgsmessung tritt insbesondere bei Organisationen auf, die Bildungs- und Informationsleistungen in Kommunikationsprozessen produzieren und für weitere, anschließende Kommunikationsprozesse bereitstellen. Hier ist es äußerst schwierig, die Wirkung der bereitgestellten Information zu beurteilen und sich Veränderungen des Informationsempfängers als Erfolg zuzurechnen.

Zwar können einzelne Mitglieder von NPO punktuelle Ineffektivitäten durchaus benennen, haben aber große Probleme, Leistungen und Schwächen ihrer Institution in einer Gesamtwertung zu beurteilen. Selbst wenn Einzelprobleme zutreffend diagnostiziert werden, fehlt trotzdem oft das verbandsinterne Know-how, um effektive Lösungsstrategien vorzuschlagen. Besonders virulent wird das Erfolgsmessungsproblem bei verbandsinternen Reorganisationsprozessen, wo beurteilt werden muß, ob die Organisationsleistung nach der Reform tatsächlich verbessert wurde. In diesem Fall wird es unerläßlich sein, die Erfolgsbeurteilung als Prozeßevaluation anzulegen, d.h. Standards aufzustellen, denen die Organisationsentwicklungsprozesse zu genügen haben. „Als *Grundsatz* gilt festzuhalten: Die Analyse und Kontrolle von Effizienz und Erfolg in sämtlichen Teilbereichen ist eine *permanente Führungsaufgabe*" (ebd., S.60).

Zunächst kann die angestrebte Zielerreichung selber ein Effizienzkriterium sein. Viele Ziele sind aber schwer objektiv operationalisierbar, weil kein unmittelbarer Wirkungszusammenhang mit den Gestaltungsvariablen der Organisation hergestellt werden kann. Leicht ist eine Erfolgsmessung bei den Kosten der hauseigenen Druckerei im Vergleich zu Fremdangeboten. Schwerer zu beurteilen ist bereits, ob ein angestrebter Teilnehmerzuwachs wirklich etwas mit der geschalteten Anzeigenkampagne zu tun hatte oder auf unkalkulierten externen Effekten beruhte. In vielen Fällen bleibt kaum etwas anderes übrig, als intern über die konsensuale Diskursorganisation theoretische und intersubjektiv konsentierte Kriterien einzuführen, die als Erfolgsindikatoren allgemein akzeptiert und anerkannt werden. Obwohl NPO-Produkte nicht präzise meßbar sind, ist auch das letzte Verfahren nicht bedeutungslos, weil es ein gemeinsames Bewußtsein der Organisationsleistung schafft, auch wenn letztere nicht im strengen Sinne meßbar ist.

Bei der Produktion von marktförmigen Gütern wirken die Entwicklungen in der Marktumwelt direkt auf die Möglichkeiten der Leistungsbemessung der Organisation zurück. Meritorische Güter haben nur eine eingeschränkte Marktabhängigkeit, weil sie zusätzlich an eine Förderum-

welt gekoppelt sind. Hier kann es sogar vorkommen, daß eine Marktschwäche gerade durch besondere Förderung, z.B. durch den Staat, ausgeglichen wird. Bei der Produktion von Kollektivgütern, z.B. Menschenrechten, sind Organisationshandeln als Ursache und gesellschaftliche oder gar internationale Veränderungen als Auswirkungen ganz entkoppelt. Weil also Effizienz in NPO nicht mit Rentabilitätsbilanzen gemessen werden kann, ist es in NPO erforderlich, die angestrebte Gesamteffizienz zwecks Überprüfbarkeit in Teileffizienzen zu zerlegen, für deren Kontrolle dann Indikatoren festzulegen sind. Dies muß nun für die jeweilige Organisation im einzelnen ausgewiesen werden. Effizienz in NPO ist nicht nur inhaltlich an das besondere Produkt gekoppelt, sie ist auch nicht allgemeingültig formal meßbar. Zur Orientierung können aber Fragen aufgeworfen werden, deren Beantwortung zu Effizienzbewertungen benutzt werden kann: Erhält der Klient/Kunde/Adressat die Leistung, die er braucht, überhaupt, rechtzeitig und adäquat? Oder wird er doch mehr als Versorgungsempfänger oder Bittsteller betrachtet? (Leistungsdimension) Hat die erbrachte Leistung bzw. das erstellte Produkt die erforderliche Qualität und wird in angemessener Zeit zu vertretbaren Kosten produziert? Oder gibt es permanente Verzögerungen bei dauerhafter Hektik, unbestimmtem Erfolg und unkalkulierbarem finanziellen Aufwand? (Produktivitätsdimension) Werden die nötigen Informationen rechtzeitig, ausreichend und aktuell an die richtigen Adressaten geleitet? Oder herrscht Uninformiertheit über die Positionen und/oder Angebote der Organisation? (Informationsdimension) Erhalten die qualifiziertesten Personen die zur Verfügung stehenden Arbeitsplätze, bzw. werden die Besten in entsprechende Stellen berufen? Oder gibt es ‚Vetternwirtschaft' bzw. interne Klientelpolitik? (Personaldimension) Sind Führungsentscheidungen sachlich, transparent und nachvollziehbar? Oder sind sie das Ergebnis von Machtkonstellationen und Formelkompromissen? (Entscheidungsdimension) Wird die Organisation über Zielvereinbarungen und beteiligungsorientiert gesteuert? Oder wird administrativ und hierarchisch regiert? (Managementdimension) An solchen – und weiteren – selbst aufgestellten Effizienzindikatoren kann auch eine NPO ihre Leistungsfähigkeit messen.
Auf externe Begutachtung reagieren NPO nicht veränderungssensibel. Dies bestätigen sogar Schildknecht und Erb (1987, S.208), die eine Methode zur externen Effizienzanalyse für NPO entwickelt haben. Effizienzanalysen in NPO haben einen eingeschränkten Bezug zum ‚Produkt'. Deshalb und wegen der mitarbeiterbezogenen Datenerfassung,

die leicht als Druckmittel empfunden und von den Betroffenen abgelehnt wird, werden die Ergebnisse der Analysen meistens auch nicht umgesetzt. Externe Evaluationen sind daher wenig erfolgversprechend. Marktentkoppelte Organisationen sprechen nur auf eigene Indikatoren an, nicht auf fremde. Effizienzbeurteilung in NPO muß deshalb über Selbstevaluation geschehen.

4. Organisationslernen

4.1 Naturwüchsige Evolutionen

Organisation und Entwicklung – ein Widerspruch in sich? Man könnte es annehmen, wenn man auf den bedauernswürdigen Zustand z.B. der Non-Profit-Organisationen schaut. Aber auch dieser heutige Zustand war nicht immer so; er hat sich entwickelt. Vor 20 Jahren war eine Schule vielleicht ein System engagierter Pädagoginnen und Pädagogen mit Reformzielen, alternativen Formen und Elan. Heute sitzen dieselben Personen zusammen und verwalten den Mißstand. Hier hat unfraglich Entwicklung stattgefunden – leider nur nicht zum Besseren! Organisationen verändern sich, zumeist jedoch rein ‚organisch' – sie evoluieren, sagt die Systemtheorie (vgl. Luhmann 1992, S.549ff., und 1995, S.341ff.).

Organisationen sind – wie wir sahen – operativ geschlossene Systeme, die auf der Basis einer eigenen Codierung und eines spezifischen Programms nur zu sehr begrenzten Umweltkontakten in der Lage sind. Das ist auch gut so, sie müssen diese Spezialisierung entwickeln, um von der Überkomplexität der Umwelt nicht ‚weggespült' zu werden. Aufgrund dieser Spezialisierung können Organisationen erst Leistungsfähigkeit hervorbringen. Durch erfolgreiche Leistungserbringung verstärken sich aber die diesbezüglichen Redundanzen, und Organisationen ‚verhärten'. Dennoch bleiben sie nicht unverändert – wie wir sahen. Organisationen als selbstreferentielle Systeme beziehen sich in ihren Operationen wesentlich auf sich selbst. Trotzdem ist ihre jeweils spezifische Operationslogik nicht im System als unveränderliche Konstante festgeschrieben. Vielmehr verändert ein System beim Operieren zugleich auch seine eigene Operationsweise unmerklich mit. Organisationen sind zwar nicht von außen durch Input zu steuern, dennoch reagieren sie auf ihre Umwelt. Umweltereignisse sind, wenn sie aus dem großen Rauschen über die Codierung des Systems herausgefiltert wurden, Irritationen bzw. Perturbationen für ein System, die es in seine Operationsweise aufnimmt und intern zu Informationen umarbeitet. In dieser Weise ist Umweltkontakt auch für selbstreferentielle Systeme unverzichtbar. Umweltperturbationen fungieren in einer Organisation als Transistoren, mit denen etwas gegen Widerstände übertragen wird (lat. transferre = hinübertragen und resistere = sich widersetzen), das dann modulierende, aber keine determinierenden Auswirkungen auf die Operationsweise der Organisation hat.

Eine ‚organische' Evolution folgt jetzt folgendem Muster: Irgendwo im System wird, vielleicht angeregt über eine Umweltperturbation, zufällig einmal etwas anders – d.h. nicht unbedingt besser – gemacht als sonst üblich. Die meisten Variationen verschwinden wieder nach ihrem Auftauchen, sie waren nicht funktional. Manche aber verstärken sich, weil sie auf interne Problemkonstellationen antworten, diese positiv weiterentwickeln oder restriktiv vermeiden helfen. Solche positiv oder negativ funktionalen Variationen werden dann in die Strukturen des Systems übernommen, sie werden ‚eingebaut', was allerdings nicht bewußt geschehen muß. Auf dieser leicht veränderten Basis beginnt das System sich zu restabilisieren, bis neue funktionale Variationen auftauchen. So evoluieren Organisationen dahin. Organische, evolutive Entwicklungsprozesse führen nur selten zu erweiterten Entwicklungen. Meistens verhärten sich traditionelle Formen, und die Divergenzen zur systemspezifischen Umwelt wachsen, was häufig wieder Abschottungsprozesse verstärkt. Weil NPO aber nicht von Marktressourcen abhängig sind, sondern wesentlich über Beiträge, Zuschüsse und Spenden alimentiert werden, führt dies sehr lange nicht zum eigentlich folgerichtigen ‚Kollaps' wie bei Organisationen im ‚reinigenden' marktförmigen Sektor unserer Gesellschaft, die leistungsabhängig existieren.

4.2 Was bedeutet Innovation?

Innovation in Organisationen ist ein kontrafaktischer Entscheidungsprozeß, der anders entscheidet als im gängigen Verfahren üblich (vgl. Zech 1997a). Innovation ist Strukturänderung, die auch zukünftig anderes Entscheiden ermöglicht. Innovation schafft Alternativen zum Bisherigen und ändert damit Erwartungen. Es ist einsichtig, daß Innovationsbereitschaft in einer Organisation an Alternativenbewußtsein gekoppelt ist, aber gerade dies ist in ‚verhärteten' Organisationen nicht gegeben. Innovatives Entscheiden sprengt Organisationsroutinen, enttäuscht Erwartungen und hat daher mit entsprechenden Widerständen zu rechnen. Wirksame Innovation in Organisationen ist daher nur möglich, wenn eine gleichzeitige Umstellung auf die angestrebte Alternative an den zentralen Stellen der Organisation vorgenommen wird. Andernfalls wird die Einmal-Innovation wieder in die traditionelle Ablauforganisation zurückgezogen. Das Scheitern einer Innovation ist generell wahrscheinlicher als ein Erfolg. Trotzdem ist ein Bemühen um Innovation nie umsonst, weil eine zurückgenommene Innovation in der Organisation das Bewußtsein hinterläßt, daß etwas anderes möglich wäre. Auch nach einer gescheiterten Innovation ist eine Organisation nicht mehr die gleiche wie zuvor, weil sie jetzt mit ihrer Geschichte der innovativen Resistenz leben muß. Zumindest durch die geschaffene Alternativensensibilität wird zukünftige Innovationsfähigkeit vorbereitet.

Innovationen in Organisationen sind also signifikante Erneuerungen des Status quo. Sie sind erforderlich, um gewandelten gesellschaftlichen Bedingungen weiterhin im Organisationshandeln entsprechen zu können. Weitergehend sind aber vor allem solche Innovationen, die gesellschaftliche Notwendigkeiten nicht nur nachvollziehen, sondern diese vorausschauend erkennen und deshalb Modernisierung aktiv gestalten. Wirksame Innovationen in Organisationen der Erwachsenenbildung beziehen sich immer zugleich auf die *Inhalte*, die pädagogischen *Methoden*, die organisatorischen *Strukturen*, die verwaltungstechnischen *Ablaufprozesse*, die sachlich-personalen *Kooperationsformen* und die *Finanzierung*. Kriterien, an denen die Qualität von Innovationen gemessen werden kann, sind weiterhin:

- das Aufgreifen gesellschaftlicher Schlüsselthematiken mit Zukunftsrelevanz,
- ein multidisziplinärer Zugriff auf die Thematik,
- Transfermöglichkeit bzw. Verallgemeinerbarkeit der Veränderung,
- eine Subjekt- und Beteiligungsorientierung bei der Durchführung,
- Erfolgs- und Qualitätssicherung über (Selbst-)Evaluation,
- eine Allseitigkeit der angestrebten Lernprozesse,
- die Berücksichtigung moderner Lerntypen vor allem bei jungen Lernenden,
- breite organisationsexterne Kooperationsformen,
- gute Öffentlichkeitsarbeit und gelungenes Innovationsmarketing.

Diese Liste erhebt keinen Anspruch auf Exklusivität und Vollständigkeit. Sie soll nur anregen, die Items selbst zu bestimmen, mit denen Innovationen in der je eigenen Organisation geplant und evaluiert werden können. Zwei Gesichtspunkte sind m.E. jedoch nicht in das Belieben der Innovation anstrebenden Organisation gestellt: 1. Organisationen sind Teil unseres demokratischen Gemeinwesens. Es ist daher nicht egal, wie demokratisch sie intern funktionieren. 2. Organisationen existieren zum Zweck der Leistungserbringung für ihre spezifische gesellschaftliche Umwelt. Es ist daher nicht egal, welche Leistung sie mit welchem Ressourcenverbrauch produzieren. *Innere Demokratisierung* und *effiziente Leistungserbringung* sind daher die beiden zentralen Kriterien bei Innovationen in Organisationen.

4.3 Lernen von Organisationen

Beim Lernen von Organisationen geht es um Verfahren, wie ein System seine Sensibilität gegenüber der Umwelt erhöhen und seine Leistungsfähigkeit verbessern kann. Dies kann grundsätzlich nur über ein sogenanntes ‚re-entry' geschehen: Das System muß seine System-Umwelt-Differenz als Selbstbeobachtungsmechanismus wieder in das System einführen (vgl. Luhmann 1991, S.640). Das kann über externe Beratung geschehen, was auch punktuell angebracht ist. Da Lernen – von Subjekten ebenso wie von Organisationen – heute aber als permanenter, nie endender Prozeß erforderlich ist, ist dauerhafte externe Beratung erstens zu kostspielig und schwächt zweitens die Selbstentwicklungskräfte des Systems. Ein anderer Weg ist die Schaffung einer eigenen Zuständigkeit für Mitarbeiterfortbildung und Organisationsentwicklung, ggf. auch eine entsprechende dauerhafte Leistung des Dachverbandes. Dieses Zentrum muß allerdings autonom arbeiten dürfen, um nicht von den Systemredundanzen ‚eingefangen' zu werden. Es muß eigene Umweltkontakte haben, um seine Spiegelungsfunktion (Reflexionsfunktion) von Fremdreferenz aus der Umwelt in die Organisation überhaupt wahrnehmen zu können.

Aufgabe dieses Zentrums für Bildung und Organisationsentwicklung ist nun zweierlei:

1. Im Bereich *Bildung* geht es um Personal-, Team- und Managemententwicklung. Hier werden Fähigkeiten auf personaler Ebene herausgebildet und trainiert, die veränderten Umweltanforderungen ad-

äquat sind. Auch Trainee- und Assessmentprogramme für neu zu besetzende Arbeitsplätze gehören in diesen Bereich.
2. Im Bereich *Organisationsentwicklung* wird sichergestellt, daß veränderte Handlungsfähigkeiten der handelnden Rollenträger mit Änderungen der strukturalen Ebene des Systems korrespondieren, so daß verändertes Handeln auch durch veränderte Operationsweisen der Organisation abgefordert wird.

Nur wenn Personalentwicklung mit Organisationsentwicklung verbunden wird, ist sie nützlich und führt zum Lernen der Gesamtorganisation. Bildung ohne Strukturveränderung bereichert die Subjekte – was ehrenwert ist –, trägt aber nicht zu einer erweiterten Reproduktion der Organisation und zu einer Verbesserung der Leistungserbringung bei – insofern ist sie nutzlos.

Auch das geplante Lernen von Organisationen folgt dem Muster von Variation, Selektion und Restabilisierung, wie es oben für ungeplante Evolutionen beschrieben wurde:

1. Die *Variation* findet auf der Ebene der Ereignisse des Systems statt, indem Erwartungen enttäuscht oder durchkreuzt werden. Bei sozialen Systemen geschieht dies durch die Nein-Variante der Kommunikation, bei Organisationen durch unübliche Entscheidungen. Hier entsteht Unerwartetes, Unübliches, Neues. Variationen haben aber keinen Bestand, weil die Ereignisse vergehen, wenn sie stattgefunden haben. Dies gilt auch für die Variationen, die durch Bildungsprozesse bei den Fähigkeiten und Erwartungen der Individuen hervorgerufen wurden. Erst wenn die Struktur das Neue zuläßt, wird es für eine Entwicklung des Systems bedeutsam.
2. Die *Selektion* findet auf der Strukturebene von Systemen statt, indem neue Formen eingebaut oder abgelehnt werden. Aber auch bei abgelehnten Änderungen ist das System nicht mehr das gleiche, weil es jetzt mit der Tatsache der Ablehnung weiterleben muß. Auch Ablehnungen von Veränderungsvorschlägen und gescheiterte Organisationsentwicklungsversuche werden im Systemgedächtnis gespeichert. Viele abgelehnte Reformen ergeben zwar eine negative Lerngeschichte; sie schärfen aber auch das Bewußtsein für die Möglichkeit von Reformen. Bei späteren Lernversuchen kann man auf diese Tatsache zurückkommen, kann Alternativenbewußtsein einrechnen, muß aber auch entstandene Widerstände berücksichtigen. Die Kriterien, nach denen Variationen hingegen positiv selektiert werden, müssen die Zeit einrechnen. Nur was Stabilität auf Dauer verspricht, ist für das Sy-

stem funktional. Paradox wird diese Forderung in einer Gesellschaft, wo nur noch der permanente Wandel Stabilität verheißt, das Sich-nicht-Verändern aber zur Anschlußlosigkeit führt. Hier müssen Variationen selektiert werden, die versprechen, Strukturen zu schaffen, die Wandel ermöglichen und selbst wandlungsfähig sind.
3. Die *Restabilisierung* ist erforderlich, damit ein System trotz einer Veränderung genügend Redundanzen behält, um seine eigene Autopoiesis fortsetzen und im System-Umwelt-Verhältnis bestehen zu können. Überhaupt ist stets die Balance von Redundanz und Varietät bei geplantem Lernen zu beachten. Ohne genügend Redundanzen wird ein System zerfallen bzw. zerstört; ohne genügend Varietät wird es verhärten oder absterben.

Für Geißler (1994) ist Organisationslernen eine Veränderung des organisationskulturellen Identitätswissens, inklusive des Wissens über interne Kooperationsbedingungen und die diese bedingenden Organisationsstrukturen. Dieses Lernen bezieht sich ebenso auf das Wissen über die Ziele der Organisation, auf das Können und Wollen der Individuen wie auf die durch kollektive Glaubensgewißheiten getragenen Deutungen und Bewertungen. Dieser Lernbegriff ist wissensorientiert, dabei spielt es keine Rolle, ob sich dieses Wissen auf Fähigkeiten oder auf die tragenden Annahmen der Organisationskultur bezieht. Konsequenterweise geht es also bei Geißler zentral um die Weiterentwicklung dieses Wissens als ‚kleines Organisationslernen', wenn vorhandenes Wissen anderen in der Organisation zugänglich gemacht wird, und als ‚großes Organisationslernen', wenn die Organisation neues Wissen aus der Umwelt importiert.

Zuzustimmen ist dieser Definition in der Hinsicht, daß Lernen der Organisation ohne ein Lernen der in ihr handelnden Subjekte nicht denkbar ist. Diese subjektive Orientierung hat aber auch ihre problematische Seite, da aus der Systemtheorie bekannt ist, daß die Organisationsstruktur das Verhalten der Handelnden übermäßig stark beeinflußt. Der aktuelle amerikanische ‚Papst' des Organisationslernen stellt hierzu lakonisch fest: „Innerhalb von ein und demselben System produzieren alle Menschen, so verschieden sie auch sein mögen, tendenziell die gleichen Ergebnisse" (Senge 1996, S.57, Hervorh. entf.). Es wurde gerade darauf hingewiesen, daß individuelles Lernen in Organisationen ohne gleichzeitige Veränderung organisatorischer Strukturen nicht zur Weiterentwicklung des Gesamtsystems beiträgt. Ich würde das Verhältnis sogar umkehren und behaupten, ein verändernder Eingriff in die

Aufbau- und Ablaufstrukturen einer Organisation zieht in der Folge auch ein verändertes Verhalten der Subjekte nach sich. Diese Umkehrung hat strategisch enorme Folgen für einen geplanten Wandel von Organisationen.

Man kann verschiedene *Wissensdimensionen* unterscheiden, über die effiziente Wissensarbeiterinnen und -arbeiter verfügen sollten: Sachwissen, Sozialwissen, Personenwissen, Methodenwissen und Steuerungswissen. Der produktive Gehalt dieser Wissensdimensionen rührt wesentlich aber nicht von den einzelnen Wissenspartikeln her, „welche in den Köpfen von Personen oder sonstwie dokumentiert vorhanden sind, *sondern von den Regeln und Verknüpfungsmustern zwischen den Wissenselementen*. Denn in die Art der Verknüpfungen, der Bahnung, Prägung, Konfirmierung und Institutionalisierung bestimmter Muster, gehen die Lernerfahrungen der Organisation als System ein" (Willke 1995, S.295). In den personenunabhängigen, formalen und informellen Spielregeln, die die Operationsweise des sozialen Systems definieren und leiten, steckt ein spezifisches Wissen. Dieses *organisationale Wissen*, das über die einzelnen Operateure hinausgeht, das ihnen noch nicht einmal bewußt sein muß, rechtfertigt es, von ‚intelligenten' (oder von ‚dummen') Organisationen zu sprechen (vgl. ebd., S.291). Die Intelligenz eines Systems steckt in der Intelligenz der Muster der Relationierung der Wissensdimensionen. Sie geben das Raster vor, in dem die Praxis der Organisation abläuft. Intelligente Menschen produzieren in dummen Organisationen daher dumme Resultate. Allerdings schaffen nur Menschen *neues* Wissen. Hier kann Personalentwicklung eingreifen, oder die Organisation integriert systematisch neue Personen. Für beide Fälle müssen aber auch neue Regeln geschaffen werden, sonst richten sich die Organisationen die Menschen so zu, wie sie sie für ihre unveränderten Ablaufmuster brauchen. Nur im Zusammenspiel von individuellem und organisationalem Wissen kann man vom Lernen einer Organisation sprechen.

Jede Organisation hat vier *Realitätsebenen* (vgl. Senge 1996, S.427f.). Da ist zunächst die sichtbare Ebene der *Ereignisse*; dies sind in Organisationen Entscheidungen und Handlungen. Dem Verhalten zugrunde liegen bestimmte Muster bzw. *Schemata oder mentale Modelle*, die sich in der Praxis einmal bewährt und deshalb verfestigt herausgebildet haben. Diese Schemata waren einmal nützlich, können unter veränderten Bedingungen aber auch restriktiv wirken. Organisational gibt es *Strukturen*, in denen bestimmte Ablaufprozesse festgeschrieben sind. Hier kann man formelle und informelle Strukturen unterscheiden. Insgesamt hat jede Organisation eine *Sinngeschichte*, von der sie stärker determiniert wird als von aktuellen Umweltgegebenheiten, die sie auch nur durch die in ihrer Geschichte herausgebildeten Kategorien wahrnimmt. Alle diese Realitätsebenen muß ein Lernen der Organisation berücksichtigen.

4.4 Lern- und Entwicklungsdimensionen von Non-Profit-Organisationen

Organisationslernen bezieht sich insgesamt, d.h. ohne die Notwendigkeit der angeführten Reihenfolge, auf folgende Dimensionen:
– „Es gibt keine lernende Organisation ohne eine gemeinsame Vision" (Senge 1996, S.256). Eine *Vision* ist das die Organisation tragende Ethos, das Wozu. Von hierher beziehen die handelnden Subjekte ihre Sinnaufladungen, die über die Alltagsroutine hinausgehen und die sie zu ihrem Engagement motivieren. Ohne eine gemeinsame Vision gibt es keine Lernbereitschaft, keine Experimentierfreudigkeit, keine Offenheit, Herkömmliches in Frage zu stellen. Ohne eine gemeinsame Vision ist Organisationsentwicklung bestenfalls technokratische Strukturreform, die – wie die Erfahrung lehrt – in den offenen und heimlichen Widerständen innerhalb der Organisation ‚versandet'. Visionen sind keine ‚Luftschlösser'; sie haben persönliche Aspekte im Sinne eines individuellen Ethos, soziale Aspekte bezüglich der anderen Menschen und strukturelle Aspekte in bezug auf die Organisation. Aus der Vision legitimiert sich auch das gemeinsame Wertesystem, das eine Organisation trägt. Die Vision fundiert die Mission, welche mehr ist als der Zweck, die Aufgabe einer Organisation. Ihre Mission ist ihr Beitrag zur Zukunftsgestaltung. Im normativen Management von ‚vision and mission' wird Lernen begründet. Visionen in NPO haben allerdings einen anderen Charakter als in Profit-Unternehmen. Sie sind weniger einsinnig auf einen zentralen Organisationszweck ausgerichtet, sondern integrieren mehr Subjektivität. Dies allerdings nicht in anschlußloser individueller Beliebigkeit, sondern in anschlußfähiger und konsentierter Vielfalt.
– Die anzustrebenden *Ziele* geben einer Organisation ihre Ausrichtung. Ohne Klarheit der Ziele und ohne Zielkonsens wird eine Organisation schwerlich effizient arbeiten können, weil unterschiedliche Kräfte nicht in die gleiche Richtung ziehen, vielleicht sogar gegeneinander arbeiten und sich blockieren. Die Schaffung eines klaren Zielkon-

senses ist gewissermaßen das Grundprinzip von effizientem Organisationsmanagement (management by objectives) ebenso wie von erfolgreicher Organisationsentwicklung. Über die Ziele bestimmt sich, welche Leistungen eine Organisation erbringen muß. Dafür ist eine erhöhte Umweltsensibilität erforderlich.

– Ziele definieren das Organisation-Umwelt-Verhältnis und richten die Leistungsfähigkeit auf Erfolg aus. Organisationsentwicklung wird also die Instrumente bereitstellen oder verbessern, mit denen ein Erfolg in der Zielerreichung zu messen ist. Nur aus ihrer Leistung für ihre Abnehmerumwelt definiert sich die Existenzberechtigung einer Organisation. Den diesbezüglich abrechenbaren Erfolg auszuweisen, d.h. eine Ziel- bzw. *Erfolgsevaluation* durchzuführen, ist der Maßstab von Effizienz.

– Aus der Zielausrichtung ergeben sich die Formen der innerorganisatorischen Kooperation. Die *Kooperationsstrukturen* bestimmen die Fähigkeit einer Organisation zur Zielerreichung, d.h. ihre Handlungsfähigkeit. Bei der Verbesserung dieser Strukturen ist darauf zu achten, daß sie zweierlei sicherstellen: 1. Ist das organisationsinterne Wissen dort zusammengezogen, wo es gebraucht wird? 2. Kann neues Wissen aus der Systemumwelt zur erforderlichen Selbststeuerung der Organisation aufgenommen werden? Veränderung der Organisationsstruktur bedeutet Veränderung der Formen, wie in Organisationen Wissen produziert, kommuniziert und verarbeitet wird, d.h. wie kooperiert wird und wie wirtschaftlich dies geschieht. Hier müssen die Regelsysteme geändert werden, die die organisationalen Abläufe steuern. Mit der Aufstellung von Regeln für die Erzeugung und Verwendung von Regeln wird ein System reflexiv und erreicht die Ebene des generativen Lernens und damit die Fähigkeit, seine eigene Zukunft zu gestalten. Erst diese Ebene rechtfertigt es, von lernenden Organisationen zu reden (vgl. Willke 1995, S.305f.).

– Das Lernen einer Organisation bemißt sich schließlich daran, wie eine Organisation selbst mit ihrer *System-Umwelt-Differenz* umgeht. Hier setzt die Frage einer systemtheoretischen Rationalität an. Ein System produziert selbst die Unterscheidungen, mit denen es die Umwelt beobachtet und so für die Operationen des Systems verfügbar macht. Die Art, wie eine Organisation diese Unterscheidung von System und Umwelt handhabt und in ihrem internen Ablauf berücksichtigt, entscheidet über ihre Leistungsfähigkeit. Organisationsentwicklung hat die Orientierungsfähigkeit eines Systems gegenüber seinen relevanten Umwelten zu erhöhen. Dabei geht es um die Herausbildung größerer Umweltsensibilität, um ein Lernen, was die Organisation angeht und was sie daher in ihren eigenen Operationen berücksichtigen muß. Einer leistungsstarken Organisation gelingt es, die relevanten Umweltdifferenzen in entsprechenden Systemoperationen widerzuspiegeln. Eine Erhöhung von Systemrationalität basiert auf der Einführung der System-Umwelt-Differenz als Selbstbeobachtungsmechanismus ins System. Nur eine ausgeprägte Sensibilität für die Umwelt stellt sicher, daß den Bedürfnissen der Klienten, Kunden, Zielgruppen entsprochen und der gesamtgesellschaftliche Nutzen gemehrt wird.

– Schließlich muß die Ebene der *Personalentwicklung* mit den strukturellen Veränderungen korrespondieren. Sie hat diese vorzubereiten, abzusichern und zu flankieren. Sie hat die Individuen für veränderte Anforderungen zu qualifizieren. Die Persönlichkeitsentwicklung – oder wie Senge sagt, die „Personal Mastery" (1996, S.171ff.) – ist ein Eckpfeiler lernender Organisationen, sie bezieht sich aber nicht nur – wie bei Senge – auf die Führungskräfte einer Organisation. Allerdings müssen die Strukturen einer Organisation auch auf die Persönlichkeitsentwicklung der Arbeitenden ausgerichtet sein, diese fördern und nutzen, sonst richtet sich individuelle Entwicklung irgendwann gegen die Organisation. Vor allem Räume strukturell abgesicherter Informalität setzen Kreativität frei. Ohne Persönlichkeitslernen ist auch nicht vorstellbar, wie sich gemeinsame Visionen entwickeln sollen, denn von oben dekretiert werden können sie nicht. Gemeinsame Visionen sind immer auch die persönlichen Visionen der Individuen. Zu diesem Bereich gehört weiterhin sowohl die individuelle Entwicklung von Teamfähigkeit als auch die Weiterentwicklung der Teams selbst. Nur mit der Organisation identifizierte Personen werden sich in ihr nach besten Kräften für das Ganze engagieren und ihre Teilverantwortung anschlußfähig an die Gesamtentwicklung der Organisation halten, d.h. sich nicht auf deren Kosten profilieren. Die Diversität der gesellschaftlichen Umwelt und die strukturierte Vielfalt der NPO-Vision müssen ihren Ausdruck finden in der Vielfältigkeit der Persönlichkeitsstrukturen der beteiligten Individuen.

Diese Lern- und Entwicklungsdimensionen für NPO beziehen sich – das sollte deutlich geworden sein – auf die vorne vorgestellten Effektivitätsgesichtspunkte bzw. nehmen deren Sechsfeldermatrix im Grundsatz wieder auf. Um es aber abschließend noch einmal zu wiederholen: Nachhaltige Veränderungen gibt es nur auf der Strukturebene von Organisationen, weil hier etwas auf Dauer gestellt werden kann. Ereignisse, Entscheidungen, Pläne, Vorsätze, selbst Wissen und individuelle Fähigkeiten haben keine Dauer. Alles dies vergeht wieder, nachdem es aktualisiert wurde und stattgefunden hat. Was bleibt, ist einzig die Struktur!

4.5 Lernbedarf bei der Organisationssteuerung

Vorne wurde gezeigt, daß NPO ein eigener Organisationstypus sind. Die Abkopplung von einem realen Markt, die die Produktion kollektiver oder meritorischer Güter zwingend mit sich bringt, schlägt sich organisationsintern als besonderer Steuerungsmodus nieder. „Steuerung beinhaltet jene Form der Organisation von Konditionalitäten relativ autonomer Akteure, welche diese Akteure (auf eine bestimmte Umwelt bezogen) zielorientiert handlungsfähig macht. ... Steuerung zielt auf einen modus procedendi des Systems gegenüber seiner Umwelt und bezeichnet eine Qualität der Systementwicklung. Aus der Sicht des Systems ist die Steuerung gut, welche längerfristig Konkurrenzfähigkeit und Überleben des Systems in seiner Umwelt nicht nur ermöglicht, sondern verbessert, mithin die weitere Evolution des Systems erlaubt" (Willke 1996, S.113f., Hervorh. entf.). Die Integration der Subsysteme in einer bestimmten Qualität des Gesamtsystems ist die Voraussetzung der Steuerbarkeit einer Organisation. „Integration beinhaltet eine solche Form der Organisation des Zusammenspiels zwischen differenten Teilen, welche den Zusammenhang eines gemeinsamen Ganzen mit emergenten Eigenschaften zuläßt" (ebd. S.113, Hervorh. entf.). Integration ist der modus vivendi einer Organisation und Bedingung des modus procedendi der Steuerung dieser Organisation. Desintegrierte Systeme sind nicht steuerbar.

Auch in der Steuerungsfrage ist ein Lernbedarf bei NPO auszuweisen, und auch hier wäre der Versuch fatal, Instrumente, die dem Markt oder dem Staat entlehnt sind, einfach zu übertragen, weil dies destruktive Folgen für die Leistungserbringung der NPO hätte. Es bleibt wiederum nur der Weg, NPO-spezifische Steuerungsformen aus der Praxis herauszudestillieren und sie von ihren problematischen Seiten zu ‚reinigen', um sie dadurch in ihrer Wirksamkeit zu optimieren. Zunächst werden – aus verschiedenen empirischen NPO-Studien des Instituts für kritische Sozialforschung und Bildungsarbeit verallgemeinert und daher im Detail nicht für jede NPO zutreffend – typische Steuerungsformen in ihrer produktiven und ihrer problematischen Seite vorgestellt. Optimierungen finden in NPO oft deshalb nicht statt, weil man als Alternative zum vorhandenen Zustand der Untersteuerung nur deren abstrakte Negation einer auf Hierarchie basierenden Übersteuerung denken kann. Deshalb wird diese phantasierte Negativfolie zum Vorhandenen mitgenannt, um aus allem schließlich die Richtung anzugeben, in die NPO-Steuerung zu optimieren wäre.

Wie vorne dargelegt, zeichnen sich NPO insgesamt in ihrer Steuerungsspezifik dadurch aus, daß sie als Gesamtsystem eher untersteuert sind und die Subsysteme sich jeweils selbst regieren. Tendenziell kann jedes Subsystem machen, was es will, ohne sich übermäßig mit den anderen Subsystemen abstimmen zu müssen. Die Gesamtsteuerung erfolgt z.B. über wenig effektive, turnusmäßige Vollversammlungen oder Konferenzen, deren Beschlüsse wenig verbindliche Auswirkungen auf das konkrete Geschehen in den Subsystemen haben.

Ein auf den eigenen Stärken basierender Lernprozeß hätte hier in folgende Richtung zu gehen:

- Die Autonomie der Subsysteme nach innen ist durchaus produktiv. Ihr Separatismus, d.h. die Tatsache, nicht mit einer verpflichtenden Interdependenz nach außen untereinander genügend verbunden zu sein, ist allerdings problematisch. Als abstraktes Gegenbild werden zu schnell gleich der Verlust der eigenen Selbständigkeit bzw. die Abhängigkeit der Subsysteme von einer übergeordneten Instanz beschworen. Dabei sollte Autonomie nach innen mit Anschlußfähigkeit nach außen verknüpft werden. Über- und Unterordnung sind dafür nicht erforderlich.
- Das hohe Selbstbestimmungsbedürfnis in NPO ist als produktiv anzusehen. Daß dies aber zu einer generellen Ablehnung von Hierarchie führt, ist problematisch. Diese wird nicht in ihrer Schutzfunktion verstanden und abstrakt mit Herrschaft verwechselt. Darunter leiden klare Zuständigkeitsbereiche und eindeutige Stellenbeschreibungen, die notwendig wären.
- Dabei gibt es in NPO vergleichsweise wenig Hierarchie, und nur in besonderen Fällen sind Dienstwege vorgeschrieben. Allerdings werden auch diese noch zu umgehen versucht. Die ausgeprägte Informalitätstendenz läßt vieles dann als Willkür erscheinen, was nur in-

transparent ist. Gleich werden starre Dienstvorgänge befürchtet, wo doch nur formale Transparenz zur Sicherstellung der Zirkulation von Information und Wissen benötigt wird, damit qualifizierte Entscheidungen getroffen werden können.

- Die breite Partizipation in der tendenziell basisdemokratischen Entscheidungsstruktur führt auch zu der problematischen Seite, daß mit ziemlich hohem Zeitaufwand nur relativ unverbindliche Beschlüsse gefaßt werden. Die Angst, selbst gar nicht mehr beteiligt zu sein, verhindert demokratisch kontrollierte und nach Betroffenheit und Kompetenz differenzierte Beteiligungsstrukturen.
- Der Versuch der Berücksichtigung immer möglichst aller Interessen ist in der Tendenz produktiv. Jedoch ist der Wunsch, berücksichtigt zu werden, nicht mit einer Verantwortungsübernahme gekoppelt, was sich problematisch auswirkt. Dienstverpflichtungen sind negativ besetzt. Hiergegen wird abstrakt Freiheit reklamiert. Selbstverpflichtungen wären ein Weg, Freiheit mit Verantwortungsübernahme zu kombinieren.
- Die überwiegend heterarchischen Arbeitsstrukturen sind produktiv zu beurteilen. Allerdings ist es problematisch, daß Führung generell abgelehnt wird. Der Führungsverzicht leitender Instanzen verhindert aber gerade nicht, daß von Zeit zu Zeit versucht wird, über dann als Willkür erscheinende Maßnahmen ‚von oben durchzugreifen'. Die Führungsablehnung der Beschäftigten führt (vor allem bei Neuen) zu Desorientierung und (bei allen) zu Beliebigkeit. Bei Führung wird gleich ein Befehl-Gehorsam-Verhältnis vermutet. Management über Zielvereinbarung und kollegiale Controllings wären hier angemessen.
- Die verbreiteten kollegialen Umgangsformen sind als produktiv zu betrachten. Der Umschlag in einen Gleichheitsmythos, wo man sich kaum noch profilieren und unterscheiden darf, ohne mit Kritik oder Sanktionen rechnen zu müssen, ist jedoch problematisch. Ungleichheit wird abstrakt mit Rangordnung identifiziert. Dadurch wird eine leistungssteigernde funktionale Differenzierung verhindert.
- Der große Anspruch auf Selbstregulation ist wieder produktiv. Er führt aber auf der problematischen Seite zur Ablehnung jeglicher Kontrolle. Weil diese nur als externe Fremdkontrolle imaginiert wird, kommt es nicht zur erforderlichen kollektiv konsentierten Selbstevaluation zur Qualitätsverbesserung der Leistungen.

- Die großen individuellen Gestaltungsräume in der Arbeit sind produktiv. Allerdings führt dies zu der Problematik, daß die Subjektivität der Arbeitenden den Arbeitsprozeß dominiert. Bei jedem Selbstverzicht wird gleich Entfremdung befürchtet. Hierunter leiden der Sachbezug und die Qualität des Produktes. Eine klare Zielorientierung könnte Abhilfe schaffen und die Orientierung an der gemeinsamen Sache erhöhen, wobei die individuellen Bezüge auf die gemeinsame Sache durchaus ihre Berücksichtigung finden sollten. Gerade in Sacherfolgen sind die Subjekte aufgehoben, und mit diesen können sie sich identifizieren.
- Die persönlichen Beziehungen in der Arbeit sind ein produktiver Aspekt. Es kommt allerdings dadurch auch leicht zu problematischen Personalisierungen und Distanzlosigkeiten. Die abstrakte Ablehnung formalisierter Arbeitsbeziehungen verhindert auch die sinnvolle Herausbildung von positiven Konventionen, klaren Regeln und persönlich schützenden Formen.
- Durchgängig ist die große Identifikation der Beschäftigten mit der Arbeit eine Produktivkraft. Dies führt aber zu einer intensiven bis schonungslosen Nutzung der humanen Ressourcen. Große Indifferenzzonen in der Arbeit sind nicht denkbar. Daher muß mit Klärungen, wofür jeder verantwortlich ist und wofür nicht, einem Burnout vorgebeugt werden. Manchmal ist auch eine selbstironische Haltung eine Alternative zur subjektiven Bedeutungsüberschätzung.

Die in der vorhandenen Praxis insgesamt weitgehend ungeregelte Struktur der Gesamtorganisation muß gegenwärtig vor allem durch Identifikation der Subjekte mit ihrer Arbeit ausgeglichen werden. Dies ist eine starke Belastung für die Beschäftigten. Diese gesamtorganisatorische ‚Anarchie' und Formalitätslosigkeit wird allerdings auch durch informelle Machtbeziehungen negativ kompensiert. Die stark ausgeprägten Ansprüche auf unmittelbare oder doch wenigstens repräsentative Mitbestimmung verhindern nicht die Manipulation von Entscheidungen und machen Entscheidungsprozeduren umständlich, zeitaufwendig und ineffektiv. Die Organisationsziele sind nur lose mit dem ‚Kundenbedürfnis' gekoppelt; der ‚Kunde' wird nicht als der Kundige mit selbstbewußten und gerechtfertigten Ansprüchen angesehen, sondern als der zu Versorgende mit möglicherweise sogar noch ‚störenden' Erwartungen. Um die Leistungsfähigkeit von NPO zu verbessern, sind Optimierungen in der angedeuteten Richtung dringend erforderlich.

4.6 Prämissen einer systemischen Lernberatung von Non-Profit-Organisationen

Wie das systematische Lernen von Subjekten muß auch das Lernen von Organisationen angeleitet werden. Die Erfahrung, daß NPO, die heute verstärkt unter Modernisierungsdruck geraten sind, immer wieder versuchen, über die Kopie von Rezepten aus dem Profitbereich ihre Probleme zu lösen, läßt es notwendig erscheinen, hier noch einige Worte zur Spezifik von NPO-Lernen und einer diesbezüglichen Beratung zu verlieren (vgl. Zech 1993, S.34f.):

- Der Unterschied zwischen Profit- und Non-Profit-Organisationen beginnt sich schon auszuwirken, wenn externe Berater die Organisation betreten, um in Gesprächen ihre Organisationsanalyse vorzubereiten. Profit-Organisationen sind an externe Personen in einem weitaus größeren Maße gewöhnt. Die Mitarbeiterschaft von NPO begegnet Beratern mit einem zumindest verhaltenen Mißtrauen, wenn nicht sogar mit Ablehnung. Dieses Phänomen verschärft sich, wenn die Berater dem Profit-Unternehmensbereich zugeordnet werden. Die Berater spüren dieses Mißtrauen, diagnostizieren es aber häufig als Widerstand gegen Modernisierungsprozesse. Hier liegt bereits ein erster möglicher Fehler: Es handelt sich um Widerstand gegenüber den Beratern, deren Fremdreferenz abgewehrt wird. Es handelt sich nicht notwendigerweise um Widerstand gegen Veränderung.
- In der Regel ist alles, was Personen einer Organisation tun, vom Berater als Kooperation zu werten. Widerstände produzieren die Berater selbst, nämlich dann, wenn die Kunden nicht so handeln, wie die Berater es für richtig halten. Widerständige Prozesse sollte man vielmehr als Signal bedeutsamer Handlungsfelder werten, in denen starke Energien konzentriert sind. Den beteiligten Personen ist zu unterstellen, daß sie das für ihre Organisation tun und wollen, was sie für das Beste halten. Widerstand aus ‚schlechten‘ Motiven ist kaum vorstellbar. Eher ist unklar oder umstritten, was das Beste ist. Innovation kann nur in der diskursiven Auseinandersetzung gelingen, nicht im Machtkampf.
- Reorganisationsprozesse in NPO sind nur möglich, wenn sich die objektive Funktionalität der angestrebten Verbesserung zur subjektiven Funktionalität der bisherigen individuellen Arbeitssituationen mindestens neutral verhält, besser noch, wenn die Beschäftigten auch in ihrer subjektiven Wahrnehmung einen ideellen Gewinn für sich

durch die Reorganisation ‚verbuchen' können. Das Durchsetzen von ‚objektiven' Notwendigkeiten gegen die ‚subjektiven' Interessen der Beschäftigten scheitert – zu Recht.

- Jegliches starre Phasenmodell von Reorganisation bricht sich an den informellen Prozessen innerhalb der Organisation. Organisationsentwicklung ist im klassischen Sinne nicht im voraus zu planen, weil jede Intervention – und bereits die Analyse- und Diagnosephase ist eine Intervention – die Organisation verändert. Systemische Organisationsentwicklung arbeitet mit einem permanenten, spiralförmigen Rückkoppelungsverfahren. Jede weitere Intervention wird erst geplant, wenn die Organisation auf die vorherige reagiert hat. Und dies braucht Zeit und Geduld. Analyse, Diagnose, Intervention und Evaluation finden praktisch immer wieder und jeweils zur gleichen Zeit statt.
- Gerade Zeit haben die internen und externen Veränderer häufig nicht. Der Modernisierungsdruck aus der Umwelt scheint ein schnelles Verändern zu verlangen. Trotzdem ist Zeitdruck für die innere Logik von NPO-Systemen kontraproduktiv. Organisationsentwicklung ist keine Neben- und keine Einmalaufgabe, sondern heute in der sich ständig wandelnden Welt in Permanenz notwendig. Diese Zeit ist im offiziellen Zeitbudget der Organisation auszuweisen. Das Eilige darf nicht das Wichtige dominieren. Leider ist gerade dies nicht die Praxis. Eine Organisationsentwicklung kann aber nicht als belastende Zusatzaufgabe gelingen. Zeitdruck führt zu Qualitätsverlust. Modernisierung von NPO funktioniert nicht im Eiltempo. Kurzfristige Scheinlösungen vergrößern die Probleme oder führen zu Problemverschiebungen. Operative Hektik ist ein Zeichen dafür, daß nicht gelernt wird.
- Man kann andere nicht verändern, nur sich selbst. Diese Aussage gilt für psychische und für soziale Systeme. Auch die Macht der Subsysteme innerhalb einer Organisation – und seien es sogar formal vorgesetzte – bricht sich an der Eigenlogik der anderen Subsysteme. Hier ist gerade in NPO auf Vorbild zu setzen, nicht auf Vorschrift. Jeder kann nur seinen Kompetenzbereich verändern. Kompetenz meint im umfangreichen Wortsinne Zuständigkeit, Verantwortungsbereitschaft und Fähigkeit. Hier ist Einsicht in die individuellen und formalen Möglichkeiten und Grenzen geboten.
- Fragen stellen, Probleme benennen, Beschwerden äußern, Lösungsmöglichkeiten suchen und Entscheidungen fällen sind verschiedene

und getrennt zu behandelnde Phasen eines Prozesses. Nichts ist unkreativer und auch unnützer, als z.B. Problemanalysen und Entscheidungen über Lösungswege zu koppeln. Die Angst, bei möglichen Lösungen im je eigenen Terrain zu verlieren, wird bereits die Analysephase so beeinträchtigen, daß Unvoreingenommenheit verhindert und Ideenreichtum blockiert werden. Es ist geradezu ein Problemindikator in Organisationen, wenn es keine Kultur des Fragenstellens gibt, sondern wenn Positionen ausgetauscht werden. Man braucht Offenheit für das Erkunden von Problemen ohne Entscheidungsdruck, sonst verkommen die Diskussionen zum Plädieren für konkurrierende Lösungen.

- Oft geht es gar nicht darum, Probleme mit viel Aktion zu aufwendigen Lösungen zu bringen, sondern nur darum, Prozesse zu stören, die Probleme immer wieder reproduzieren. Weniger (Handeln) ist hier mehr. Lösungshandeln steht in Gefahr, strukturell ähnlich zu sein wie das Handeln, das zu den Problemen geführt hat. Kompensatorische Rückkoppelungseffekte machen Erfolge von Interventionen häufig wieder zunichte. Oder neue Probleme entstehen als Folgen von vorangegangenen Problemlösungen. Handlungsverzicht kann kreativ sein, vor allem dann, wenn starke Kontrollbedürfnisse von Individuen und Gremien involviert sind. Organisationsentwicklung muß nicht viel mit großem Aufwand ändern, sondern die ‚Druckpunkte' der Organisation suchen und finden, wo mit wenig Energie ein großer Effekt produziert wird. Die Frage, was man unterlassen muß, damit das Ganze besser funktioniert, ist häufig sehr viel erfolgversprechender als die, was man zusätzlich unternehmen muß, um ein Problem loszuwerden.
- Bedenken sollte man, daß es Grenzen des Wachstums gibt, jenseits derer Wachstumskräfte destruktiv werden. Organisationen bauen interne Komplexität dadurch auf, daß sie Komplexität gegenüber der Umwelt reduzieren. Darauf beruht ihre Leistungsfähigkeit in ausgewählten Bereichen. Jede Innovation, jede Rationalisierung, jede Demokratisierung steigert die Menge der Entscheidungsnotwendigkeiten und damit die Komplexität der Organisation. Bei jeder Rationalisierung entstehen Strukturen, die nicht mitrationalisiert werden; bei jeder Demokratisierung entstehen Bereiche, die nicht mitdemokratisiert werden (vgl. Luhmann 1993). Durch diese Komplexitätssteigerungen können die Qualität der sachlichen Entscheidungen und die Qualität der Beteiligung sogar sinken. Damit werden Subopti-

malität und Enttäuschung vorprogrammiert. Dies führt zur Notwendigkeit von Stoppregeln auch bei Innovationen auf der Basis der Reflexion über die Grenzen sinnvollen Wachstums der Organisation. Optimierung läuft vielfach über Limitierung.
- Positive Entwicklungen brauchen oft gar nicht zusätzlich zum Bestehenden oder gegen dieses erkämpft zu werden. Die Entwicklungspotenzen liegen gebunden in den Problemen selbst. Es kommt darauf an, sie dadurch freizusetzen, daß man Begrenzungsfaktoren eliminiert. Hier kann auch nach dem Prinzip der positiven Abweichungsverstärkung gearbeitet werden. Man macht sich bei Veränderungen die Realität zum Verbündeten – anstatt zum Feind –, wenn man danach fragt, welche bereits vorhandenen, aber rezessiven Faktoren man positiv unterstützen muß, damit sie sich selbst verstärken und zu gestaltbildenden Kräften werden.
- Ein Denken in Dichotomien ist schädlich. Ob jemand als Reformblockierer oder als Bestandssicherer anzusehen ist, ist eine Frage der Perspektive. Auch die Unterscheidung in Modernisierer und Traditionalisten ist nicht konstruktiv. Organisationsentwicklung gelingt in NPO nicht als Nullsummenspiel und nicht konfrontativ als Machtkampf. Organisationen ohne ausreichende Redundanz zerfasern in ineffizienten Prozessen. Organisationen ohne genügend Varietät verhärten in bürokratischen Strukturen. Systemisches Denken geschieht in Zusammenhängen und sieht, daß beides notwendig ist. Bestandssicherung ist die Basis von Veränderungsbereitschaft.
- Die Formen der Reorganisation präjudizieren den Inhalt, der Prozeß die Ergebnisse. Organisationsentwicklung muß quer zu den bzw. jenseits der traditionellen Strukturen verlaufen, sonst verdoppelt sie diese. Modernisierungsgremien dürfen nicht nach Repräsentativität und Proporz zusammengesetzt sein, sondern müssen problem- und ressourcenorientiert nach Betroffenheit, Zuständigkeit und Qualifikation besetzt werden und arbeiten. Das verhindert nicht, daß die zuständigen Instanzen den erarbeiteten Vorschlägen zustimmen müssen. Es ermöglicht aber, daß Ideen entstehen, die der normale, alltägliche Arbeitsprozeß nicht hervorbringt. Aber gerade diese Ideen sind gefragt. Wer seine Organisation verändern will, muß (Funktions-)Regeln brechen und ändern.
- An strategisch wichtigen Punkten ist die Beteiligung externer Experten einzuplanen. Diese haben als Supervisoren einen anderen Blick auf die Organisation, sind nicht in deren Machtspiele verwoben und

teilen nicht deren ‚blinden Fleck'. Externe Berater können als Moderatoren auch Katalysatorenfunktion wahrnehmen und Interessengegensätze ausgleichen, schwache Positionen zur Sprache bringen und schützen sowie das kompromißlose Durchsetzen zu starker Partialinteressen bremsen. Jedoch darf externe Beratung nie selbst im zu beratenden System handeln. Alle Kompetenz muß bei den Systemträgern verbleiben. Beratung hat nur Sinn, wenn sie die Selbstorganisationskräfte des Systems stärkt.

- Auch Visionen sind nicht von außen in ein System zu implantieren. Beratung muß dazu beitragen, daß blockierte Visionen wieder zirkulieren; sie muß das System sozusagen auf seine eigenen Ideen bringen. Besonders im Profitbereich wird von Beratern – auch hier zu Unrecht – die Lösung der Probleme erwartet. Mit dieser Haltung treten dann viele Berater auch an Non-Profit-Organisationen heran. NPO glauben jedoch – zu Recht – stärker an die eigenen Kräfte. Externe Berater haben sich inhaltlich und interpersonal strikt neutral zu verhalten. Sie sind nicht Partei und dürfen auch nicht Partei beziehen.

Reorganisation in NPO ist – unterstützte – Selbstorganisation! Die meisten beteiligten Individuen wehren sich nicht gegen Veränderungen; sie wehren sich dagegen, verändert zu werden!

Literatur

Burla, Stephan: Rationales Management in Nonprofit-Organisationen. Bern, Stuttgart 1989: Haupt

Drucker, Peter F.: What Business Can Learn from Nonprofits. In: Harvard Business Review 1989, July-August, S.88-93

Duncan, Robert; Weiss, Andrew: Organizational learning: implications for organizational design. In: Research in Organizational Behavior 1979, vol.1, S.74-123

Eichmann, Rainer: Diskurs gesellschaftlicher Teilsysteme. Zur Abstimmung von Bildungssystem und Beschäftigungssystem. Wiesbaden 1989: Deutscher Universitäts-Verlag

Geißler, Harald: Grundlagen des Organisationslernens. Weinheim 1994: Deutscher Studien Verlag

Geißler, Karlheinz A.; Orthey, Frank Michael: Im Strudel des Etikettenschwindels. Sprachspiel-Desperados erfanden die „lernende Organisation". In: Süddeutsche Zeitung vom 29./30. Juni 1996, Nr.148, S.V1/1

Habermas, Jürgen: Theorie des kommunikativen Handelns. Band 1: Handlungsrationalität und gesellschaftliche Rationalisierung, Band 2: Zur Kritik der funktionalistischen Vernunft. Frankfurt am Main 1987, 4. Aufl.: Suhrkamp

Horch, Heinz-Dieter: Selbstzerstörungsprozesse freiwilliger Vereinigungen: Ambivalenzen von Wachstum, Professionalisierung und Bürokratisierung. In: Rauschenbach, Thomas; Sachße, Christoph; Olk, Thomas (Hrsg.): Von der Wertgemeinschaft zum Dienstleistungsunternehmen. Jugend- und Wohlfahrtsverbände im Umbruch. Frankfurt am Main 1995: Suhrkamp

Horch, Heinz-Dieter: Der deutsche Verein und die japanische Firma. Was For-Profit-Organisationen von Nonprofit-Organisationen lernen können. Unveröffentlichtes Manuskript vom 2. Internationalen Colloquium der NPO-Forscher in Linz (Österreich), 26.-27. September 1996, Johannes Kepler Universität

Luhmann, Niklas: Selbst-Thematisierung des Gesellschaftssystems. Über die Kategorie der Reflexion aus der Sicht der Systemtheorie. In: ders.: Soziologische Aufklärung 2. Opladen 1975: Westdeutscher Verlag

Luhmann, Niklas: Soziale Systeme. Grundriß einer allgemeinen Theorie. Frankfurt am Main 1991, 4. Aufl.: Suhrkamp

Luhmann, Niklas: Die Wissenschaft der Gesellschaft. Frankfurt am Main 1992: Suhrkamp

Luhmann, Niklas: Organisation und Entscheidung. In: ders.: Soziologische Aufklärung 3. Opladen 1993, 3.Aufl.: Westdeutscher Verlag

Luhmann, Niklas: Die Kunst der Gesellschaft. Frankfurt am Main 1995: Suhrkamp

Luhmann, Niklas: Das Erziehungssystem und die Systeme seiner Umwelt. In: Luhmann, Niklas; Schorr, Karl-Eberhard (Hrsg.): Zwischen System und Umwelt. Fragen an die Pädagogik. Frankfurt am Main 1996: Suhrkamp

Schäffter, Ortfried: Erwachsenenbildung als „Non-Profit-Organisation"? In: Erwachsenenbildung 1995, Heft 1, S.3-88

Schildknecht, Markus; Erb, Andreas: Effizienzsteigerung in Nonprofit-Organisationen. In: io Management Zeitschrift 1987, Heft 4, S.206-209

Schwarz, Peter: Mehr Management-Effizienz in Verbänden. In: Schweizerische Technische Zeitschrift 1987, Heft 7, S.11-21

Schwarz, Peter: Effizienzanalyse – Grundstein für den Verbandserfolg. In: Verbandsmanagement. Sammelwerk zum zehnjährigen Bestehen der Forschungsstelle für Verbands- und Genossenschafts-Management. Universität Freiburg/Schweiz 1991, 2. Aufl.

Schwarz, Peter: Management in Nonprofit Organisationen. Eine Führungs-, Organisations- und Planungslehre für Verbände, Sozialwerke, Vereine, Kirchen und Parteien usw. Bern, Stuttgart, Wien 1992: Haupt

Schwarz, Peter; Purtschert, Robert; Giroud, Charles: Das Freiburger Management-Modell für Nonprofit-Organisationen (NPO). Stuttgart, Wien 1995: Haupt

Seibel, Wolfgang: Funktionaler Dilettantismus. Erfolgreich scheiternde Organisationen im ‚Dritten Sektor' zwischen Markt und Staat. Baden-Baden 1994, 2. Aufl.: Nomos

Senge, Peter M.: Die fünfte Disziplin. Kunst und Praxis der lernenden Organisation. Stuttgart 1996, 2. Aufl.: Klett-Cotta
Staehle, Wolfgang H.: Management. Eine verhaltenswissenschaftliche Perspektive. München 1980: Vahlen
Willke, Helmut: Systemtheorie III: Steuerungstheorie. Grundzüge einer Theorie der Steuerung komplexer Sozialsysteme. Stuttgart, Jena 1995: UTB
Willke, Helmut: Systemtheorie I: Grundlagen. Eine Einführung in die Grundprobleme der Theorie sozialer Systeme. Stuttgart 1996, 5. Aufl.: UTB
Zapotoczky, Klaus: Die freien Wohlfahrtsverbände im Rahmen des Dritten Sektors. Unveröffentlichtes Manuskript vom 2. Internationalen Colloquium der NPO-Forscher in Linz (Österreich), 26.-27. September 1996, Johannes Kepler Universität
Zech, Rainer (Hrsg.): Professionalisierung gewerkschaftlicher Politik und Bildung. Probleme gewerkschaftlicher Politik 3. Hannover 1993: Expressum
Zech, Rainer (1997a): Organisation und Innovation. In: DIE Zeitschrift für Erwachsenenbildung 1997, Heft 1, S.24-27
Zech, Rainer (1997b): Mittelmäßigkeit als Machtressource. Über die Lernunfähigkeit politischer Organisationen. In: Zeitschrift für Politische Psychologie 1997, Heft 1 (im Druck)

Jörg Angermüller/Christiane Ehses

Marketing als Bildungsprozeß

Erwachsenenbildung findet heute auf turbulenten Märkten statt. Turbulenz zeigt sich darin, daß ein wachsender Bedarf und ständig wechselnde Nachfragen an Bildung sowie eine wuchernde und konkurrierende Anbietervielfalt die Situation für die einzelnen Bildungseinrichtungen bestimmen. Die Institutionen der Erwachsenenbildung sind diesen Turbulenzen nicht hilflos ausgeliefert, sondern tragen eine Verantwortung für die Gestaltung dieser ‚Märkte'. Sie können Turbulenzen selbstbestimmt beeinflussen, wenn sie sich ihrer eigenen Identität bewußt sind. Im folgenden wird ein Marketinggedanke entwickelt, der sich aus der Bildungsidee als Kern der Erwachsenenbildungseinrichtungen speist. Bildung wird hier nicht als eine zu transferierende Dienstleistung verstanden, sondern als ein kooperativer Prozeß zwischen Anbietern und sich am Bildungsprozeß beteiligenden Adressaten. Wenn Bildung kein Produkt, sondern unterstützte Selbsttätigkeit der Lernenden ist, dann impliziert dies spezifische Fragestellungen und Wege, den Bildungsgedanken zu kommunizieren. Bei der Organisation von Lernprozessen handelt es sich nicht um einen wertfreien Äquivalententausch zwischen Anbietern und Kunden, sondern um einen Kooperationsprozeß, innerhalb dessen unterschiedliche Eigenlogiken kommuniziert werden. Es wird deshalb bei unseren Überlegungen auch nicht um die Frage einer Vermarktung von Bildung im Sinne eines Produkts bzw. einer Dienstleistung gehen. Marketing im hier verstandenen Sinne entwickelt sich aus der Kernidee der Bildung und darauf basierenden Kernprozessen ihrer Einrichtungen. Dabei wird Marketing als Gestaltungsprozeß in einem doppelten Sinne gedacht: zum einen als Bildung einer Identität von Einrichtungen und zum anderen als eine aus dieser Selbstbildung folgende Gestaltung von Bildungsprozessen der jeweiligen Umwelten. Dieser Gestaltungsprozeß, der einen normativ aufgeladenen Bildungsgedanken zum Inhalt hat, wirkt somit selbst nach innen und nach außen bildend.

Zunächst sollen die veränderten Umweltanforderungen und die damit verbundenen Gestaltungsaufgaben der Erwachsenenbildungsorganisationen beschrieben werden. Gesellschaftliche Modernisierungsprozesse bilden den Hintergrund für die Notwendigkeit eines Marketings dieser

Einrichtungen. Im nächsten Schritt werden Spezifika der Erwachsenenbildung als Non-Profit-Organisation aufgezeigt. Es wird dabei deutlich, daß die Strukturmerkmale der Erwachsenenbildung sich einer verwertungsorientierten Marktförmigkeit entziehen und mit ausschließlich betriebswirtschaftlichen Kategorien nicht erfaßt werden können. Im Anschluß daran werden Verkürzungen aufgezeigt, die in einer abstinenten Haltung von Erwachsenenbildungseinrichtungen gegenüber Marketing einerseits und einer sich anschmiegenden Haltung an den Markt um den Preis des Substanzverlusts von Bildung andererseits begründet liegen. Schließlich soll der Gedanke von Marketing als Bildungsprozeß entfaltet werden. Diesem theoretisch begründeten Versuch, ein Marketing der Kernidee in die Einrichtungen hinein und von dort nach außen zu gestalten, folgt die Erläuterung einiger Instrumente, die für die eigene Praxis genutzt werden können. Abschließend wird die theoretische Fragestellung noch einmal aufgegriffen.

1. ... doch was war die Frage?

In der Befriedigung erhöhter Lern- und Orientierungsbedarfe aufgrund sich dynamisch verändernder Anforderungen wächst Bildung – und nicht nur im engen Sinne Qualifizierung – eine wichtige Bedeutung zu. Die Notwendigkeit zur Selbstverortung in der Welt, zur autonomen Urteilsbildung, zu Mobilität und Flexibilität wird zugleich als Wunsch und Zwang zu Persönlichkeitsbildung und beruflicher Weiterqualifikation erfahren. Schließlich soll Bildung dazu verhelfen, gesellschaftliche Anschlußfähigkeit zu vermitteln – ist doch die Herrschaftslinie der kapitalistischen Moderne im wesentlichen durch Ausschluß (Exklusion) und Dazugehörigkeit (Inklusion) markiert.
In einer Gesellschaft, deren funktionaler Differenzierungsprozeß so weit fortgeschritten ist wie in der hiesigen, fällt Organisationen eine zentrale Rolle zu. Alle gesellschaftlichen Subsysteme – ob Wirtschaft, Wissenschaft, Politik, Recht, Religion oder Bildungswesen – sind strukturiert durch Organisationen und deren Fähigkeit zur Leistungserbringung, das heißt auch deren Anpassungsfähigkeit an Wandel. In diesen gesellschaftlichen Funktionssystemen können Leistungen nur organisiert bereitgestellt werden. Die Funktionsfähigkeit der gesellschaftlichen Teilbereiche leitet sich aus dem Leistungsniveau ihrer jeweiligen Organisationen ab. Auch Bildung muß aufgrund der Erfordernisse des schnellebigen Wan-

dels organisiert stattfinden. Bildungsinstitutionen sind darüber hinaus gefordert, den Wandel selbst zu erzeugen. Die Modernisierungsprozesse produzieren in den gesellschaftlichen Lebensbereichen Turbulenzen, denen gegenüber sich die Organisationen der Erwachsenenbildung nicht verschließen können. Dies gilt für jene Organisationen, die ihre Umwelten als Märkte wahrnehmen, aber vor allem auch für jene, die für sich einen gesellschaftlichen, wertorientierten Auftrag definieren. So führen Individualisierungsprozesse zu einer Diversifizierung von Bedürfnissen auf seiten der Kundinnen/Kunden bzw. Adressatengruppen, auf die mit entsprechenden Angeboten zu reagieren ist. Notwendig wird für die Anbieter von Erwachsenenbildung eine äußerst sensible Wahrnehmungsfähigkeit von Umweltveränderungen. Dies setzt eine hohe Kommunikationsbereitschaft gegenüber den potentiellen – d.h. auch neu zu erschließenden – Teilnehmergruppen voraus. Um die jeweilige ‚Klientel' zu erreichen, sind die Institutionen darauf angewiesen, an die unterschiedlichen Bedürfnisse und Handlungslogiken ihrer potentiellen Adressaten anzukoppeln. Die auch in den Erwachsenenbildungsinstitutionen vorherrschende Anbieterorientierung gegenüber einem diffusen Markt muß sich stärker wandeln zu einer Verwenderorientierung. In ihrer Innenperspektive sind die Organisationen herausgefordert, Diversifizierungsprozesse und daraus resultierende Phänomene der Vereinzelung mit dem Ausbau einer Organisationsidentität, der Herausbildung eines ‚Wir-Gefühls' zu beantworten. Rationalisierungsprozesse mit ihrer ausgeprägten Zweckdominanz rufen Defizite hervor, die mit erhöhter Sozialkompetenz auf seiten der Organisationen kompensiert werden müssen. Notwendig wird eine normative Verortung von Erwachsenenbildungseinrichtungen, die mit entsprechenden Sinn- und Identifizierungsangeboten für die Beschäftigten verknüpft ist. Zweckrationalität muß mit Humanrationalität gekoppelt werden. Als Antwort auf die Beschneidung subjektorientierter Kommunikation infolge fortschreitender gesellschaftlicher Mediatisierung müssen Orte und Wege der Kommunikation zur Verfügung gestellt werden, die neben der Sachdimension auch die normative Beziehungs- und die emotionale Subjektdimension mit einbeziehen. Um Außenwirkungen zu erzielen, wird die zielgerichtete Nutzung von Medien überlebenswichtig. Erforderlich wird ein schneller Informationstransfer von den Organisationen zu deren Umwelten und vice versa. Die notwendigen Anpassungsleistungen von Organisationen der Erwachsenenbildung sind letztlich Anpassungen an sich selbst, denn nur durch das Netz von Organisationen und deren

wechselseitige Bezugnahme entsteht Bewegung und kann Bewegung gestaltet werden.
Die Institutionen der Erwachsenenbildung werden schon alleine durch Restriktionen in der öffentlichen Förderung von Bildung sowie durch die wachsende Konkurrenz von Weiterbildungsanbietern zu einer offensiveren Selbstbehauptung in der gesellschaftlichen Öffentlichkeit gezwungen. Etablierte Einrichtungen unterliegen der Gefahr, im konkurrierenden Wettbewerb um Weiterbildung an Bedeutung zu verlieren. Die zunehmend marktförmige Strukturierung der Erwachsenenbildung zwingt die Anbieter, aber auch die Adressaten, sich an Marktprinzipien zu orientieren. Karlheinz A. Geißler spricht von einem „stummen Zwang des Marktes", der auf seiten der Individuen zu einer Selbstverpflichtung lebenslänglichen Lernens führt und auf seiten der Anbieter einen Druck zur permanenten Erschließung neuer Teilmärkte erzeugt (vgl. Geißler 1994, S.106f.). Wer sich in diesen Gefilden als Anbieter von Bildung nicht bemerkbar macht, wird nicht beachtet. Als Nachfrager von Bildung treten nicht nur die Individuen selbst, sondern auch das System der Wirtschaft und in den letzten Jahren verstärkt der Staat in Erscheinung. Letzterer wendet sich an die Bildung auch in der Hoffnung auf eine Kanalisation bzw. Schlichtung von Konflikten, die er selbst zu verantworten hat.
Erwachsenenbildung ist nicht nur genötigt, auf die wachsende Komplexität mit Marktorientierung zu reagieren, sie profitiert auch von dieser Komplexität. Darüber hinaus ist sie an der Erzeugung von (Markt-)Turbulenzen beteiligt, indem sie die Bedarfe, auf die sie antwortet, selbst fördert. Turbulenz beruht auf Zirkulation, denn dieser Begriff meint Rückkoppelungen, bei denen nicht mehr nachvollziehbar ist, woher sie kommen (vgl. Baecker 1995, S.211). „Erwachsenenbildung wird im Prozeß der Modernisierung nachgefragt, um sich von den eigenen Unsicherheiten in einer unsicheren Welt nicht allzusehr verunsichern zu lassen. ... Und gleichzeitig – auch hier wieder eine Paradoxie – produziert sie Ungleichgewichte, verstärkt die Komplexität und fördert jene Individualisierung, von deren Folgen sie lebt" (Geißler 1994/95, S.13). Insofern sind Institutionen der Erwachsenenbildung nicht nur unfreiwillig betroffen vom Markt, sondern erzeugen und gestalten ihn auch mit.
Plädoyers für eine bewußte und strategische Marktorientierung der öffentlichen Weiterbildungsträger erfolgen schon seit Beginn der 80er Jahre (vgl. z.B. Sarges/Haeberlin 1980, Gottmann 1985). Rekurriert

wird in diesem Kontext auf die Notwendigkeit einer gezielten Ansprache vor allem der bildungsfernen bzw. weiterbildungsabstinenten Bevölkerungsschichten. Der Einsatz des Marketings wird gefordert, damit die öffentlichen Weiterbildungsträger ihrer Zielsetzung, Chancenungleichheiten in der Bildung abzubauen und potentiell alle Teilnehmergruppen an Bildung partizipieren zu lassen, gerecht werden können. Im Prinzip der Freiwilligkeit der Teilnahme an Bildungsangeboten und im Adressatenbezug (= Kundenorientierung) der Erwachsenenbildungsinstitutionen werden dabei Analogien zu kommerziellen Marktanbietern aufgezeigt, um die Marktsituation der Erwachsenenbildung auszuweisen. Kritiken an einer Implementierung der Marketingidee in der Erwachsenenbildung gründen dagegen auf der Sorge, daß die ‚Marktgängigkeit' von Angebotsprogrammen zu einer Mißachtung bildungs- und gesellschaftspolitischer Positionen führen könnte und die Erwachsenenbildung dabei ihres aufklärerischen Impetus verlustig gehen würde. Hier wird das Risiko gesehen, daß mit der Übernahme von Marketingkonzeptionen – bewußt oder unbewußt – auch die monetären Zielsetzungen des kommerziellen Marketings in die Institutionen Eingang finden, die zu einer Überlagerung der Bildungsidee führen könnten (vgl. Baumeister 1980, S.63f.). Die skizzierten Positionen verweisen auf die schwierige gegenwärtige Verortung der Erwachsenenbildung „zwischen Marktorientierung und Aufklärung" (vgl. Geißler 1993).

2. Die spezifische Strukturlogik der Erwachsenenbildung

In die Semantik der Erwachsenenbildung hat sich in den letzten Jahren vermehrt eine betriebswirtschaftliche Terminologie eingeschlichen. Es scheint, als habe die Ökonomie ihren Siegeszug auch bis in die Selbstbeschreibungen des Bildungswesens hinein gehalten. Eine rein betriebswirtschaftliche Sicht verstellt jedoch den Blick auf die Besonderheiten der Erwachsenenbildung als Non-Profit-Organisation. Ortfried Schäffter sieht „Störungen und Schwächungen im fachlichen Selbstverständnis der Erwachsenenbildung" hervorgerufen durch „ökonomische Leitbilder und Deutungsmuster" (1995, S.3). Er macht darauf aufmerksam, daß zum Beispiel die Metapher des ‚Bildungsmarktes' suggeriert, die Vermittlung von Bildung folge einer ausschließlich ökonomischen Steuerungslogik. Das Strukturproblem einer Abhängigkeit von Erwachsenenbildungseinrichtungen durch wechselnde politische Vorgaben, durch die sie mitgesteuert werden, gerät hierbei aus dem Augenmerk. Erwachsenenbildung ist in dem gesellschaftlichen Funktionssystem des Bildungswesens angesiedelt. Hier hat sie ihre Geschichte, und von hier aus reproduziert sie sich immer wieder neu. Entwicklung und Wandel der Erwachsenenbildung können nur durch die sie erzeugenden und bestimmenden Elemente geschehen, oder das System stirbt. Deshalb lassen sich Öffnungen der Erwachsenenbildungsinstitutionen zu den Umwelten im Sinne eines verstärkten Marketings nur aus dem Kern ihrer Strukturgeschichte – der Idee der Bildung – heraus praktizieren. Es sind mehrere Spezifika der Erwachsenenbildung zu nennen, die ihre Gestaltung als nicht – oder zumindest nicht ausschließlich – marktförmige Organisation nahelegen:

– Zum einen setzt das Funktionieren von Markt voraus, daß der Käufer der alleinige Nutznießer des Gutes ist. Bildung jedoch ist ein Kollektivgut und kein ausschließlich exklusives Individualgut. Erwachsenenbildung als organisierter intermediärer Prozeß zwischen den Individuen und den gesellschaftlichen Systemen hat dafür Verantwortung zu tragen, daß ein prinzipiell freier Zugang zum öffentlichen Diskurs möglich ist. Pädagogisch verantwortete Vermarktungsstrategien müssen immer auch die zumutbaren Grenzen reflektieren, die das Gut ‚Bildung' öffentlich zugänglich machen oder aber exklusiv reservieren.

– Zum anderen transportiert Bildung – im Unterschied zu Qualifikation – einen normativen Gehalt. Einrichtungen der Erwachsenenbildung kommunizieren einen Anspruch auf Wertorientierung. Die primäre Zielsetzung ist nicht Profitmaximierung, sondern Befriedigung bzw. Förderung von Lernbedarfen. Bildung bezieht sich auf Gesellschaft, Wirtschaft und die Individuen. Ihre Ziele sind bezogen auf die Gesellschaft Demokratisierung, bezogen auf die Wirtschaft Qualifizierung und bezogen auf die Individuen Emanzipation. Diese mehrdimensionale Zielsetzung von Bildung läßt sich nicht auf Anpassungslernen der Individuen nach Vorgaben des Staates bzw. der Wirtschaft verkürzen. Institutionen der Erwachsenenbildung, die sich dem Bildungsgedanken mit seinem normativen Gehalt verpflichtet fühlen, orientieren ihre Leistungen an ihrem selbstdefinierten Auftrag, was ihnen gegenüber dem Diktat des Marktes eine gewisse Autonomie verleiht.

– Bildung in dem von uns verstandenen Sinne ist in hohem Maße Selbstbildung. Ein Ethos der Moderne, darauf weist der einleitende Aufsatz in diesem Band hin, kann nur als Arbeit von uns an uns selbst verstanden und entwickelt werden. Das erwachsenenpädagogische Personal verliert seine angemaßte oder zugeschriebene Autorität als allwissende und wissensvermittelnde Instanz, was bedeutet, daß Bildungsprozesse nicht nur von den Lehrenden, sondern in zunehmendem Maße auch von den Lernenden gesteuert werden. Dies führt so weit, daß Lehrende und Lernende sich ständig wechselseitig beobachten. „Alles steht zunehmend unter Beobachtung, alle beobachten sich gegenseitig und gleichzeitig. Damit wird die Prozeßsteuerung der Bildungsmaßnahmen erheblich schwieriger und komplexer" (Geißler 1994, S.118). Die Teilnehmenden von Bildungsveranstaltungen sind keine konsumierenden ‚Kunden' des fertigen Produkts ‚Bildung', sondern Ko-Produzenten des gesamten Lernprozesses. „Wirkung als Ergebnis von pädagogischer Einflußnahme auf erwachsene Lerner ist daher nicht produkthaft, sondern nur über eine konstitutive Selbstbeteiligung der Adressaten am Bildungsprozeß erreichbar" (Schäffter 1995, S.4).

– Ein weiteres spezifisches Merkmal liegt in der Leistungsstruktur von Erwachsenenbildungsorganisationen begründet. Sie unterliegen einer doppelten Leistungsanforderung, denn die Bestimmung eines vagen und offenen, zunächst unbestimmten Bedarfs muß kombiniert werden mit einem optimalen Mitteleinsatz. Die Bedarfserhebung ist aufwendiger und schwieriger als bei Marktunternehmen. Gleiches gilt für die Leistungsbemessung. Hier müssen spezifische Kriterien als Qualitätsmerkmale entwickelt werden. Eine Zielorientierung bzw. deren Maßstäbe ergeben sich nicht aus dem Zuwachs von Adressaten bzw. aus erwirtschafteten Gewinnen, sondern müssen von jeder Institution erarbeitet werden. Erforderlich sind ein spezifischer Effizienzbegriff und ein hierzu geeignetes Instrumentarium zur Effizienzsteigerung (vgl. Zech in diesem Band). Einige Aspekte des Leistungsprofils der Erwachsenenbildungsinstitutionen unterliegen der Marktsteuerung, andere der gesellschaftlichen Bedarfsdeckung bzw. der normativen Gestaltung.

– Schließlich liegt ein Aspekt, der sich der Marktlogik entzieht, in der Aufgabe einer Gegensteuerung gegenüber wechselhaften Entwicklungen. Die Unterstützung der Subjekte in ihrem Autonomieanspruch erfordert eine eigensinnige Zeitlogik. Die Eigenzeitlichkeit als ein nicht-aufgebbares Moment im Selbstanspruch der Erwachsenenbildung sperrt sich gegen eine ausschließlich verwertungsorientierte Marktförmigkeit.

- Schlußendlich entzieht sich Erwachsenenbildung aufgrund ihrer intermediären Aufgabe zumindest teilweise dem ökonomischen Marktgedanken. Die Vermittlungsposition zwischen unterschiedlichen Subsystemen erfordert eine Mehrfachcodierung. Diese wird durch eine Kommunikation mit vielen Umwelten notwendig und läßt sich unter eine ökonomische Verwertungslogik nicht vollends subsumieren.

Die spezifischen Leistungsmerkmale der Erwachsenenbildung machen ein bildungstheoretisch – und kein ökonomisch – begründetes Selbstverständnis ihrer Einrichtungen erforderlich. Die pädagogische Selbstdefinition muß auch im Austausch der Institutionen mit ihren Umwelten kommuniziert werden. Dieser – allerdings für alle Einrichtungen der Erwachsenenbildung notwendig gewordene – Austausch vollzieht sich nicht in einem homogenen diffusen ‚Bildungsmarkt', sondern muß auf die vielen unterschiedlichen Umwelten der Erwachsenenbildung hin spezifiziert erfolgen. Vielleicht ist deshalb die Frage nach *dem* Markt oder Nicht-Markt für die Erwachsenenbildung schon von ihrem Ansatz her verkürzt.

3. Verkürzungen: Zwischen Feld-Wald-und-Wiesen-Marketing und paßförmiger Marktbedienung

Traditionsgemäß verfolgen zumindest die öffentlichen Einrichtungen – wenn überhaupt – ein sehr unorganisches und nicht ausgewiesenes Marketing sowohl ihres Images als auch ihrer Produkte. Gedanken über geeignete Formen, das eigene Profil und die eigene Leistungspalette in der Öffentlichkeit zu kommunizieren, sind erst in den letzten Jahren überhaupt in das Bewußtsein getreten. Marketing galt bis in die 80er Jahre hinein als anrüchig in der erwachsenenpädagogischen Szene. Man sah hierdurch zugleich den aufklärerischen Impetus vermarktet und das Gut ‚Bildung' zur Ware degradiert, seines emanzipatorischen gesellschaftlichen und individuellen Wertes beraubt. Bildung sollte für sich sprechen. Ihr idealer Anspruch und Nutzen brauchte nicht ‚marktschreierisch' verkauft zu werden. Noch 1985 konstatiert Gottmann als Ergebnis seiner Studie zum Marketing von Volkshochschulen, daß das Marketing-Niveau der von ihm untersuchten Einrichtungen durchweg niedrig sei. „Ein Volkshochschulmarketing im Sinne einer marktorientierten Führung von Volkshochschulen existiert kaum" (Gottmann 1985, S.335).

Mit dem Brüchigwerden der Autoritätslegitimation von Erwachsenenpädagogen als Aufklärer der Nation, mit der Segmentierung von Teilnehmergruppen in mannigfaltige Szenen mit unterschiedlichen Ansprüchen an Bildung, mit der Konkurrenz vieler Anbieter von Weiterbildung schließlich beginnt sich eine Trendwende allmählich durchzusetzen. Die Einrichtungen der Erwachsenenbildung bekommen zu spüren, daß es heute nicht mehr ausreicht, ungezielt Programmhefte zu verstreuen, aus denen den Lesern ein wildwüchsiges Konglomerat aus Kochkursen, EDV-Einführungen und Entspannungsseminaren entgegenwächst. Je pluraler die Vorstellungen von Bildung geworden sind, desto notwendiger ist ein identifizierbares Profil, das eine Einrichtung von den anderen unterscheidet und das in je spezifischen Sprachen Adressatenbedürfnisse anspricht. Nun scheint der Zwang zum Markt zwei gegenläufige Tendenzen zu produzieren: Bei einem Teil der Bildungseinrichtungen ist nach wie vor eine nahezu puritanische Abwehr gegenüber Marketinganforderungen zu verspüren, andere Einrichtungen scheinen sich diesem Markt bereitwillig anzuschmiegen, insbesondere dort, wo zahlungskräftige Nachfrager aus der Wirtschaft als Kunden erhofft werden[1] oder Subventionstöpfe seitens des Staates in Aussicht stehen. Den ersteren Einrichtungen droht das Verschwinden in Bedeutungslosigkeit, weil sie nicht mehr identifiziert werden als kompetente Instanzen zur Wissensvermittlung, Orientierung und Problemlösung; bei letzteren droht der Anspruch auf Bildung reduziert zu werden auf eine nicht-gestaltende Anpassung an vorherrschende Trends. Die vorauseilende Anpassungsbereitschaft an erahnte Vorgaben von außen kann schließlich zum Aufgeben des eigenen Profils führen. Hier liegt auch die Gefahr einer Verschärfung von Ressort-Egoismen, was im Falle der Volkshochschulen zu einer Marginalisierung von Fachbereichen bzw. Bildungsangeboten führen könnte, die aufgrund geringer Nachfrage oder finanzschwacher Adressatengruppen nicht lukrativ sind, aber dennoch im Sinne der demokratischen Gestaltungsaufgabe erforderlich bleiben. Sowohl die puritanische als auch die mit Omnipotenzphantasien besetzte Haltung von Erwachsenenbildungseinrichtungen zeugen von einer Verunsicherung in der Standortbestimmung gegenüber den gesellschaftlichen Anforderungen der Gegenwart. Es ist offensichtlich für die Einrichtungen der Erwachsenenbildung wichtig geworden, eine Selbstdefinition vorzunehmen *und* zu transportieren, die das Eigene bewahrt und anschlußfähig bleibt, indem sie selbst gestaltend ihre Umwelten beeinflußt.

4. Allgemeines zum nicht-kommerziellen Marketing

Mit dem Begriff ‚Marketing' wird das Management von Austauschprozessen zwischen einer Organisation und ihrer Umwelt bezeichnet. „Marketing umfaßt die Analyse, die Planung und die Kontrolle sorgfältig ausgearbeiteter Programme, deren Zweck es ist, freiwillige Austauschvorgänge in spezifischen Märkten zu erzielen und somit das Erreichen der Organisationsziele zu ermöglichen. Dabei stützt sich das Marketing in starkem Maße auf die Gestaltung des Organisationsangebotes mit Rücksicht auf die Bedürfnisse und Wünsche der Zielgruppen sowie auf effektive Preisbildungs-, Kommunikations- und Distributionsmaßnahmen, durch deren Einsatz die Zielgruppen auf wirksame Weise informiert, motiviert und versorgt werden können" (Kotler 1978, S.5f.). Marketing als Organisation von Austauschprozessen meint weit mehr als die Vermarktung von Gütern oder Dienstleistungen, nämlich eine Denkhaltung, die zugleich eine Führungs- und eine Handlungskonzeption von Organisationen kennzeichnet. Moderne Marketingansätze verorten die Schnittstelle von Marketing nicht an den Grenzen der Organisation, sondern begreifen es als Austausch der *ganzen* Organisation mit ihren Umwelten. Mit Hilfe von Marketingkonzeptionen soll ermöglicht werden, Funktionsbereiche bzw. Aktivitäten von Organisationen an den Märkten sowie der gesellschaftlichen Umwelt auszurichten und darüber hinaus selbst gestaltend in die direkten und indirekten Umweltbeziehungen einzugreifen. Ein Marketingkonzept umfaßt zunächst als Grobplan das Marketing der gesamten Organisation und dient als Leitlinie oder Rahmenauftrag für die Erstellung der Marketingkonzepte in den einzelnen Teilbereichen. Marketing wurde zunächst nur für kommerzielle Unternehmen gedacht, dann aber auch als nicht-kommerzielles Marketing für Non-Profit-Organisationen adaptiert. Im Zentrum steht hierbei der Gedanke, daß auch nicht-kommerzielle Organisationen mit Märkten bzw. Umwelten in Beziehung treten. Bei den Einrichtungen der Erwachsenenbildung zeigt es sich, daß sie sogar mit vielen verschiedenen Umwelten bzw. Interessengruppen kommunizieren. Als eine wichtige Aufgabe des Marketings von Non-Profit-Organisationen werden wirksame „Wertetransaktionen" gesehen, und dies meint über eine Befriedigung von ‚Märkten' hinaus auch die ideelle Beeinflussung der direkten oder weiteren gesellschaftlichen Umwelt (vgl. Gottmann 1985, S.44). Insofern zeigt sich gerade bei den wertorientierten Organisationen die Notwendigkeit, nicht nur ein bedarfsdeckendes, passives Marketing zu betreiben, sondern selbst offensiv den Markt zu gestalten. Marketingstrategien aus der Wirtschaft lassen sich dabei jedoch nicht ohne weiteres auf die Einrichtungen der Erwachsenenbildung als normativ orientierte Non-Profit-Organisationen übertragen. Zum einen geraten die konventionellen Marketingstrategien von Unternehmen nun selbst an ihre Grenzen. Angesichts komplexer und dynamischer Märkte werden hier erste Kritiken laut, die die dahinterliegende Vorstellung einer linearen und langfristigen Steuerung von Umwelten als unterkomplex betrachten und einen „Perspektivenwechsel vom Instrumentenkasten zum Prozeß" (Sutrich 1993, S.218) als notwendig erachten. Zum anderen – und dies ist noch entscheidender – transportiert der Bildungsbegriff immer mehr als nur sachliche Qualifikationen, denn er enthält in seiner Substanz die Vorstellung von individueller Emanzipation und demokratischem Zusammenleben. Vermittelt wird also ein normatives Produkt, das nicht beliebig für jegliche Kundenbedürfnisse maßgeschneidert werden kann, ohne selbst Substanzverlust zu erleiden. Anbieter von Erwachsenenbildung kommunizieren deshalb immer auch eine normative Eigenlogik ihres Produktes ‚Bildung', die nicht aufgebbar ist. Wir konzentrieren uns im folgenden auf das Prozessieren dieses Kerns – der Bildungsidee – von Erwachsenenbildungseinrichtungen. Dieser Prozeß soll in zwei Bewegungen nachvollzogen werden, nach innen (Identität der Organisation) und nach außen (Adressatinnen/Adressaten). Die Art und Weise, in der die Kernidee nach innen und außen kommuniziert wird, muß die Qualität dieses Kerns widerspiegeln. Ausgehend vom Bildungsgedanken sollen Vorschläge zu einer Profilbildung von Einrichtungen der Erwachsenenbildung erfolgen. Strategien eines Marketings von konkreten Einzelangeboten der Erwachsenenbildung werden hier nicht erörtert. Wir stimmen Nuissl/von Rein (1995a) zu, wenn sie in ihrer Darstellung einer Corporate Identity (CI) von Erwachsenenbildungseinrichtungen auf den Unterschied von CI und Marketing verweisen, weil die Zielsetzung sich in dem einen Fall auf die ‚Unternehmenspersönlichkeit' und im anderen Fall auf einen definierten Markt konzentriert. Dennoch müssen hier die Berührungspunkte zwischen beiden Konzepten gesehen werden: Die Vermarktung des Images von Bildungsinstitutionen muß gleichbedeutend sein mit dem Marketing ihrer Kernidee. Voraussetzung des Marketings von Dienstleistungen und Produkten ist deshalb die Klärung der Identität und der darauf basierenden Kernprozesse einer Institution. Erst wenn diese Identität wirksam in den Umweltbeziehungen kommuniziert werden kann, ist die Basis für Dienstleistungs- und Produktmarketing geschaffen.

5. Marketing als Transfer der Bildungsidee

Die Notwendigkeit, die Bildungsidee selbst zum Zentrum von Marketing zu machen, ergibt sich schon aus der Strukturdeterminierung der Einrichtungen des Bildungssystems. Jedes System definiert sich aus seinen eigenen Kernprozessen heraus und sensibilisiert sich für seine Umwelt gemäß dieser Selbstdefinition. Was eine Organisation sich von ihrer Umwelt erklärt, beruht auf den Leitunterscheidungen der eigenen Operationsweise. Sämtliche Unterscheidungen, mit denen später die Umwelt wahrgenommen wird, werden vom System selbst produziert. Mittels dieser Unterscheidungen macht ein System sich die Welt verfügbar. Die Unterscheidungen bilden sich sekundär aus der jeweiligen Codierung heraus. Systeme beobachten, selektieren und bewerten ihre Umwelt nach ihren selbsterzeugten Kriterien. Insofern können Umweltverhältnisse nicht fremdbestimmt, sondern nur durch die Struktur der Systeme selbst reguliert werden. Ratschläge von externen Marketingexperten, die an dieser Struktur vorbeizielen und die spezifischen Selektionskriterien nicht berücksichtigen, verhallen im Leeren.

Der Kern, der die Existenz und Reproduktion von Erwachsenenbildungseinrichtungen begründet, ist die Idee der Bildung. Wir erwähnten bereits, daß die Eigenlogik von Bildung sich immer aus den drei Dimensionen von Qualifikation, Demokratisierung und individueller Emanzipation speist. Der mehrdimensionale Gehalt des ‚Produkts' Bildung muß Differenzierungen im Umweltverhältnis von Einrichtungen der Erwachsenenbildung zur Folge haben. Von diesem Kern aus beobachtet, teilen sich die Umwelten der Erwachsenenbildung auf in Märkte, Quasi-Märkte und Nicht-Märkte. Zu verwertungsorientierten Abnehmern von Bildung stehen Einrichtungen durchaus in einem Marktverhältnis. Gewünscht wird Qualifikation zur Verbesserung der beruflichen Position bzw. zur Anpassung an sich verändernde Anforderungen im betrieblichen Bereich. Bei der beruflichen Qualifikation besteht eine enge strukturelle Koppelung der Erwachsenenbildung an die Wirtschaft. Adressaten von Qualifizierungsmaßnahmen sind hier Kunden im klassischen Sinne, zum Beispiel Betriebe als Abnehmer eines spezifischen Leistungsangebots der Erwachsenenbildung. Ganz anders verhält es sich beispielsweise bei der Zielgruppenarbeit mit finanzschwachen Teilnehmenden, wie z.b. mit Arbeitslosen oder mit Migrantinnen und Migranten. Diese können nie im klassischen Sinne als Kunden eines ökonomischen Austauschverhältnisses betrachtet werden und bleiben als Teilgruppen von Erwachsenenbildung trotzdem relevant. Der Bildungsanspruch umfaßt schließlich auch Angebote an breite Bevölkerungsschichten, die je individuellen Problemlösungen dienen, sowie Angebote, die dazu beitragen, eine selbstbewußte politische Öffentlichkeit zu bilden. Dahinterliegende Vorstellungen sind hier in der Stärkung der Subjekte im Sinne einer höheren Autonomie und in der Aufklärung im Sinne einer bewußten Interessenwahrnehmung von Bürgerinnen und Bürgern begründet. Alle diese Angebote sind an die Individuen mit ihren Emanzipationsbedürfnissen und an die Gesellschaft mit ihrem Demokratisierungsbedarf gekoppelt. Hier liegt kein oder zumindest kein reines Marktverhältnis begründet. Die Differenzierung von Markt-, Quasi-Markt- und Nicht-Markt-Situationen der Erwachsenenbildung im Verhältnis zu ihren Umwelten muß auch in einem differenzierten Preissystem ihren Niederschlag finden. Qualifizierungsangebote, die an Betriebe verkauft werden, fordern demnach marktgerechte Preise, andere Angebote unterliegen weiterhin der öffentlichen Subvention. Wichtig ist die Aufrechterhaltung der Einheit dieser Elemente von Bildung: Wenn nur eine der Dimensionen verfolgt oder in den Vordergrund gerückt wird, verliert das Produkt Bildung seine Eigenlogik.

Die Gesamtidee der Bildung muß als Prozeß in die Umwelten der Erwachsenenbildungseinrichtungen kommuniziert werden. Dieser Transfer kann durchaus als Marketing im Sinne einer normativen Gestaltung von ‚Märkten' verstanden werden. Hierbei müssen von den Einrichtungen Items entwickelt werden, die aus der Bildungsidee eine Gestaltungsaufgabe machen. Gemäß der Eigenlogik des Produkts müßte angekoppelt werden an Wirtschaft, Gesellschaft und Individuen. Die intermediäre Verortung der Erwachsenenbildung kann in diesem Prozeß als Ressource genutzt werden. Der systemische Gedanke des Prozeßmarketings beruht auf der vielsprachigen Kommunikation. Anschlußfähigkeit wird dann möglich, wenn *im* Bildungs*produkt* sowohl die Anbieterlogik als auch die Abnehmerlogik strukturell gekoppelt werden. Wenn dieser Koppelungsprozeß dem Anbieter nicht gelingt, dann kann der Bildungsprozeß als gescheitert angesehen werden.

Die Bildungsidee als Kern der Selbstdefinititon von Erwachsenenbildungseinrichtungen schließlich muß von den Institutionen sowohl nach innen als auch nach außen vermittelt werden. Nuissl und von Rein machen am Beispiel der Öffentlichkeitsarbeit darauf aufmerksam, daß die spezifische Form dieser Kommunikation von Einrichtungen mit ihren Umwelten darin besteht, „daß Öffentlichkeitsarbeit schon selbst bildend sein muß, Form und Inhalt den Charakter von Bildung umsetzen müssen" (Nuissl/von Rein 1995b, S.6). Wir möchten den Gedanken dahingehend erweitern, daß dieser Gestaltungsprozeß von Öffentlichkeitsarbeit sich nicht nur auf die Umwelten bezieht, sondern auch nach innen bildend wirken muß. Erforderlich ist eine diesbezügliche Profilbildung von Institutionen. Ausgehend von der Bildungsidee erfolgt ein zweifacher Bildungsprozeß: Nach innen wird über sie die Bildung der eigenen Identität gesteuert, nach außen werden über sie Lernprozesse der Abnehmerinnen/Abnehmer organisiert und Umwelten gestaltet. Die Bildungsidee ist deshalb die Voraussetzung von Transferprozessen im dreifachen Sinne: Den Institutionen der Erwachsenenbildung ermöglicht sie den Prozeß der Profilbildung im Sinne einer Corporate Identity und die daraus resultierende Definition von Unterscheidungen für Umweltbeobachtungen, bezogen auf die Adressatinnen/Adressaten bzw. Abnehmerinnen/Abnehmer bildet sie die Voraussetzung für Lernprozesse.

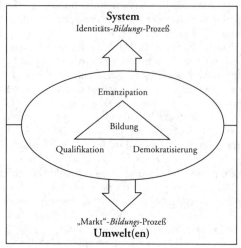

Abb. 1: Identitätsbildung und Marktbildung

Eine gezielte Gestaltung der Organisationsidentität beeinflußt die Wahrnehmung der Austauschpartner im engeren sowie der gesellschaftlichen Umwelt im weiteren Sinne und formt zugleich ein Wir-Gefühl der Mitarbeiterinnen und Mitarbeiter von Institutionen. Das Profil von Erwachsenenbildungseinrichtungen ist das pädagogisch geleitete Selbstverständnis, das innen erlebbar und außen erkennbar ist. Corporate Identity ist dabei die im System konsentierte Selbstbeschreibung, wenn sie in der Lage ist, die Operationsweise des Systems nach innen und außen zu leiten. Es geht also um eine „nach außen und nach innen stimmige Identität" (Nuissl/vonRein 1995a, S.5), die sich aus der Bildungsidee speist und diese zu transportieren vermag. Dies meint keine Zwangsfusionierung von autonomen und kompetenten Subsystemen der Einrichtungen. Vielmehr kann und sollte die Pluralität der Ressortbereiche als Potenz genutzt werden, um eine Einheit konsentierter Vielfalt nach innen und nach außen wachsen zu lassen. Ein solches Profil wäre eine zeitgerechte pädagogische Antwort auf gesellschaftliche Modernisierungen. Marketing als Bildungsprozeß bedeutet organisationsintern zunächst das Kommunizieren pädagogischer Selbstbeschreibungen aus Sicht der Ressorts. Hier sind Identifikation und Verantwortlichkeit aller gefragt, die ihre Teilbereiche anschlußfähig machen müssen an die Idee der Gesamtinstitution. Bildung als Gestaltungsaufgabe konstituiert sich erst über einen Selbstverständigungsprozeß. An diesem müssen alle Mitarbeitenden beteiligt werden. Die Organisation von Leitbildentwicklungen ist eine Führungsaufgabe, sie mit Inhalten zu füllen die Sache aller Beteiligten. Marketing der Bildungsidee organisiert sich im Inneren der Einrichtungen und wird in ihrer Vielgestaltigkeit nach außen in die Umwelten kommuniziert.

6. Analyseinstrumente und Methoden

An dieser Stelle sollen einige methodische Vorschläge[2] erfolgen, die der Klärung des je eigenen Profils und Standorts von Erwachsenenbildungseinrichtungen als Voraussetzung für ein Marketing der Bildungsidee dienen können. Hierbei muß analog unserer Ausführungen gefragt werden, ob die Operationsweise der Institutionen der Bildungsidee entspricht und diese nach außen kommuniziert. Die Instrumente können dazu genutzt werden, die Prozeßqualität einrichtungsintern und im Austausch mit den Umwelten zu verbessern. Das Verfahren, das Einrichtungen durchlaufen sollten, beinhaltet analytisch als logische Abfolge zunächst die Entwicklung einer Corporate Identity (CI), die die Leitunterscheidungen bestimmt, mit denen im nächsten Schritt eine Sensibilisierung für Umweltbeobachtungen wie auch eine Differenzierung des Unterscheidungsinstrumentariums ermöglicht werden, um schließlich Austauschprozesse mit den Umwelten gemäß dem eigenen normativen Anspruch gestalten zu können. Um aber eine CI entwickeln zu können, müssen wiederum zunächst die Umwelten eruiert werden, zu denen sich die Einrichtung in ein Verhältnis setzt. Eine CI entsteht schließlich nicht im luftleeren Raum und kann nicht nur aus sich selbst heraus begründet werden. Die hier dargestellten Instrumente sind deshalb in der umgekehrten Reihenfolge angeordnet und beginnen mit der Klärung des Austauschsystems einer Einrichtung. Die einzelnen Methoden können als mögliche Schritte auf dem Weg zu einer CI-Konzeption bearbeitet werden, um dann mit der entwickelten CI wieder die umgekehrte Richtung bis zur Gestaltung des Austauschsystems zu verfolgen.

6.1 Klärung des Austauschsystems

Unter Austauschprozessen werden Tauschbeziehungen verstanden, wie z.B. der klassische marktliche Austauschprozeß Produkt (Ware) gegen Geld oder in der Dienstleistungssituation die besondere Zweierbeziehung zwischen Dienstleistungsnehmer und Dienstleistungsersteller, die in einem gemeinsamen Dienstleistungserstellungsprozeß eintreten. Jede Non-Profit-Organisation unterliegt einer Vielzahl von Austauschprozessen. Während sich Unternehmen in schlüssigen Tauschbeziehungen bewegen, sind viele Institutionen der Erwachsenenbildung durch nichtschlüssige Tauschbeziehungen gekennzeichnet, in denen Leistungsadressat und Finanzmittelgeber nicht identisch sind.
Mittels der Beschreibung ihres Austauschsystems verortet sich die Einrichtung innerhalb ihrer Umwelten. Die Frage richtet sich dabei auf gegenwärtige Märkte/Austauschpartner und auf zukünftig zu erschließende Märkte/Austauschpartner. Zum Austauschsystem von Erwachsenenbildungseinrichtungen zählen nicht nur die Abnehmerbereiche (Output), sondern auch die Bereiche der Ressourcenbeschaffung (Input). Beim Outputbereich sollten alle bedacht werden, die Adressaten der Einrichtungen sind. Dazu gehören nicht nur die Teilnehmergrup-

pen der Veranstaltungen, sondern auch kooperierende Einzelpersonen bzw. Institutionen, Medien, interessierte Öffentlichkeit, mögliche Multiplikatoren usw. Beim Inputbereich wird nach allen Ressourcen gefragt, also nach staatlich-öffentlichen Zuschüssen, Teilnehmerbeiträgen, Spenden, Geldern von Förderern, Mitarbeiterinnen- und Mitarbeiterbeschaffung etc. Innerhalb dieser Bereiche von Input und Output ist die jeweilige Einrichtung angesiedelt. Auch deren Innenbereich muß expliziert werden. Hier wird geklärt, wen die Einrichtung zu ihrem Innenbereich zählt (z.B. Vorstand/Leitung, hauptberufliche Mitarbeiterinnen/Mitarbeiter, nebenberufliche Mitarbeiterinnen/Mitarbeiter usw.). Die Beschreibung des Austauschsystems einer Einrichtung verdeutlicht dieser ihre Position innerhalb des ‚Bildungsmarktes'. Bei der Verbesserung dieses Austauschsystems ist es notwendig, die eigene Logik mit den jeweiligen Logiken der Austauschpartner zu verbinden. Die Auswahl der Umwelten erfolgt aufgrund der Leitunterscheidungen, die ein System für sich trifft. Hier ist die Frage des Selbstanspruchs wichtig, mittels der geprüft wird, aufgrund welcher Unterscheidungen eine Einrichtung mit welchen Umwelten in Austauschprozesse treten möchte und welche Qualität bzw. Intensität diese Prozesse beinhalten sollen. Die Klärung dieser Frage gilt sowohl bezüglich der Outputseite (z.B. Wen wollen wir ‚bedienen'?) als auch bezüglich der Inputseite, von der die Einrichtung die Ressourcen erhält (Welche neuen Adressatenkreise wollen wir erschließen? Mit wem wollen wir um Zuschüsse verhandeln? usw.). Werden diese Unterscheidungen von der Einrichtung selbst getroffen, so muß sie in bezug auf ihre Austauschpartner deren Logiken begreifen und bereit sein, an diese anzuknüpfen. Die Codierungen der Umwelt müssen sich in den Kommunikationsprozessen wiederfinden. Kommunikation basiert nicht nur auf den selbst produzierten Unterscheidungen, sondern auch auf den Unterscheidungen, die die Umwelten getroffen haben. Eine Institution der Erwachsenenbildung muß ein hohes Differenzierungsvermögen entwickeln, um an die verschiedenen Sprachen und Denkweisen ihrer Austauschpartner anzukoppeln, wenn sie ihren eigenen normativen Anspruch ernstnehmen und Kooperationsprozesse gestalten will.
Die folgende Graphik soll exemplarisch einige mögliche Elemente eines Austauschsystems von Bildungsinstitutionen aufzeigen, um das Modell zu verdeutlichen.

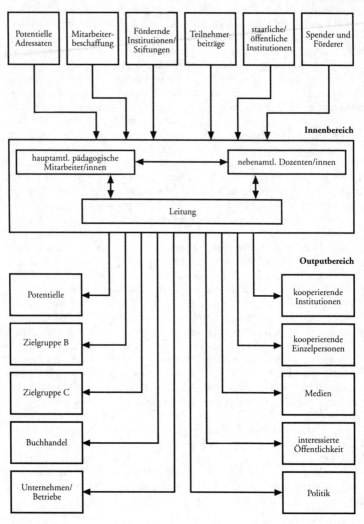

Abb. 2: Fiktives Beispiel für ein Austauschsystem

6.2 Stärken-Schwächen-Profil nach innen und nach außen

Bei der Erstellung eines Stärken-Schwächen-Profils werden zunächst sämtliche Items aufgeführt, die der Einrichtung für die Gestaltung ihres Bildungsauftrags wichtig sind. Hier können zum Beispiel die Themenvielfalt der Angebote, der Verbreitungsgrad der Programme, die Fortbildung der eigenen Mitarbeiterinnen und Mitarbeiter, die Qualifikation des nebenberuflichen Personals, das Niveau der Veranstaltungen, die Qualität von Beratung, die Betreuungsqualität während der Seminare, der Kooperationsgrad mit anderen Institutionen, die Akquisition von Ressourcen (materiell/ideell) etc. aufgelistet werden. Die Items werden dann jeweils einer skalierten Bewertung unterzogen. Die Bewertungsskala umfaßt die Beurteilungen ‚sehr gut', ‚gut', ‚befriedigend', ‚ausreichend' und ‚mangelhaft'. Durch Verbindung dieser Items entsteht das Gesamtleistungsprofil der Institution. Damit wird nach innen die Identität der Organisation herausgearbeitet sowie nach außen das zu kommunizierende Profil konturiert. Die Erstellung des Stärken-Schwächen-Profils kann darüber hinaus dazu genutzt werden, die Bereiche zu definieren, in denen die Einrichtung sich zukünftig verbessern will. Schließlich kann mittels dieser Analyse auch eine Bewertung der eigenen Position im Vergleich zu Konkurrenten vorgenommen werden. Damit werden der Organisation nach innen eine Profilbildung und nach außen die Bestimmung ihrer Marketingbereiche ermöglicht.

Am Beispiel zweier möglicher Items visualisiert die folgende Graphik das Instrument des Stärken-Schwächen-Profils:

	sehr gut	gut	befriedigend	ausreichend	mangelhaft
Qualität der Beratung					
Themenvielfalt der Angebote					

Abb. 3: Fiktives Stärken-Schwächen-Profil

6.3 Gesamtpositionierung und Positionierungskreuz

Die Austauschpartner, d.h. die Adressatinnen/Adressaten und Kooperationspartnerinnen und -partner, nehmen eine Einrichtung nicht isoliert wahr. Sie begegnen ihr mit bestimmten Vorstellungen bzw. haben bereits eine Einstellung zu ihr. Sie vergleichen sie möglicherweise mit Konkurrenzorganisationen oder verfügen bereits über eigene Erfahrungen im Kontakt mit ihr. Durch eine gezielte Gestaltung der Organisations-Identität wird der Wahrnehmungsprozeß der Austauschpartner beeinflußt. Ziel ist die Entstehung eines positiven Bildes der Organisation und ihrer Philosophie. Ein wesentliches Element in diesem Prozeß ist dabei die Positionierung einer Erwachsenenbildungseinrichtung in ihrer Umwelt. Zu diesem Zweck muß festgelegt werden, aus welchen Identitätselementen die Einrichtung bestehen soll, und hierbei ist zu klären, *als was* bzw. *als wer* die Einrichtung wahrgenommen werden will. Die einmal bestimmte Positionierung muß dann in allen Zusammenhängen, d.h. bei sämtlichen Aktivitäten oder Leistungsangeboten, vertreten und kommuniziert werden.

Für die Gesamtpositionierung ist zunächst der *Name* der Einrichtung von Bedeutung. Ist er einprägsam? Was transportiert er? Die verbale Positionierung der Organisation soll deutlich und klar den ideell-gesamtgesellschaftlichen Auftrag kommunizieren und dabei das allgemeine Interesse, das dieser Auftrag verfolgt, hervorheben. Die *Hauptpositionierung* enthält die Mitteilung, für welches Angebot (bspw. Bildung für bestimmte Zielgruppen oder Bildung für alle) die Einrichtung steht. *Ergänzende Positionierungen* sollen Spezifika benennen (z.B. unsere Einrichtung arbeitet in enger Kooperation mit xy; verknüpft Bildung mit Forschung). Das *mission statement* soll die spezifische Philosophie der Einrichtung in der Gestaltung der Bildungsidee zum Ausdruck bringen. Mit dem Positionierungskreuz werden die wichtigsten Charakterisierungen der Einrichtung mit ihren relevanten Merkmalen und Bezugsgrößen im Verhältnis zur Konkurrenz, zum Leistungsprogramm, zu den Zielgruppen und zu CI/Selbstverständnis festgelegt und dargestellt. Die CI soll in Stichworten die Charakteristika der Einrichtung vermitteln (positive Kennzeichen, Mission). Die Seite der Leistungen soll die Angebote aufführen (Bildung, Beratung etc.). Außerdem sollten die Adressaten/Zielgruppen des Leistungsangebots benannt werden, und schließlich wäre es sinnvoll, die Vorteile der eigenen Einrichtung (im Hinblick auf mögliche Konkurrenzorganisationen) zu benennen. Die mit dem Positionierungskreuz ermittelten Charakteristika einer Erwachsenenbildungseinrichtung werden als Identitätsmerkmale in die Marketing-Konzeption der CI aufgenommen. Als ein Beispiel für die Nutzung dieses Instruments soll hier das Positionierungskreuz dargestellt werden, das

das Institut für kritische Sozialforschung und Bildungsarbeit im Rahmen seines CI-Konzepts erstellt hat.

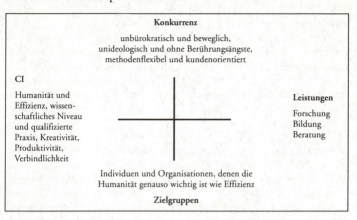

Abb. 4: Positionierungskreuz des ‚Instituts für kritische Sozialforschung und Bildungsarbeit e.V.'; in Anlehnung an Schwarz/Purtschert/Giroud 1995, S. 77

Die CI betont den Zusammenhang von Humanität und Effizienz, den das Institut in seiner Arbeit als unlösbare und wichtige Einheit begreift, sowie weitere Merkmale, mit denen sich das Institut identifiziert und mit denen es identifiziert werden will. Mit Forschung, Bildung und Beratung werden die Leistungen des Instituts aufgeführt. Außerdem werden die Zielgruppen, für die das Institut arbeiten möchte, präzisiert. In Abgrenzung zur institutionellen Konkurrenz, z.B. der Universitätsbürokratie, werden an dem vierten Eckpfeiler die Merkmale der Flexibilität, des unbürokratischen Handelns, der Kundenorientierung und der Beweglichkeit benannt.

6.4 Corporate Design, Corporate Communications und Corporate Behaviour als Bestandteile der Corporate Identity

Wie schon erwähnt (vgl. Abschnitt 4), umfaßt die *Corporate Identity* (CI) die nach außen und innen identifizierbaren ‚Wesensmerkmale' einer Einrichtung, die sich durch die Gesamtheit aller wahrnehmbaren Manifestationen dieser Einrichtung ergeben. Es handelt sich also um eine Selbstbeschreibung, die die Operationsweise der Organisation einerseits bewußt leitet und andererseits die Operationen der Organisation auf die Realisierung der Corporate Identity hin ausrichtet. Das heißt, daß die Corporate Identity sowohl intern erlebt als auch extern zugeschrieben werden muß. Sie kann durch eine gewisse Variationsbreite der Regeln und Standards, durch Symbole und Riten sowie durch die Übertragung der Organisationsphilosophie auf neue Mitarbeiterinnen und Mitarbeiter geprägt werden. Die CI einer Einrichtung wird durch das Design, die Kommunikation und das Mitarbeiterverhalten gestaltet und findet hierin ihren Ausdruck.

Corporate Design (CD), Corporate Communications (CC) und Corporate Behaviour (CB) sind Bestandteile der CI und bilden gemeinsam die Grundlage für konkrete Marketing-Maßnahmen.

– Das *Corporate Design* beinhaltet alle gestalterischen Maßnahmen von tangiblen Objekten. Dies reicht vom Signet oder Logo der Organisation über die Farbgestaltung der Druckerzeugnisse bis zur Einrichtung der Büroräume oder dem Aussehen von Gebäuden der Organisation. In der Beurteilung des CD wird danach gefragt, ob das Logo die Philosophie der Organisation ausdrückt, ob die Programme ansprechend gestaltet sind, ob bei den jeweiligen Drucksachen eine einheitliche Gestaltung vorliegt, ob die Räume einladend wirken usw. Nach innen soll durch die Qualität des CD ermöglicht werden, daß die Mitarbeiterinnen und Mitarbeiter sich mit den Manifestationen ihrer Einrichtung identifizieren können, nach außen soll die CD zu einer Wiedererkennung der Einrichtung führen.

– Unter *Corporate Communications* sind strategisch geplante Kommunikationsmaßnahmen zu verstehen, die das Ziel verfolgen, die Einstellung der Umwelt gegenüber der eigenen Organisation zu beeinflussen und/oder zu verändern. Strategisch bedeutet in diesem Zusammenhang, daß die Corporate Communications neben einer übergeordneten auch gleichzeitig eine ordnende Funktion haben. Sie umfassen sämtliche Kommunikationsmaßnahmen der Organisation (vom Telefonkontakt bis zur gezielten Werbung) und sollten nach Möglichkeit synergetisch wirken. Die Corporate Communications beinhalten Image- und Produktwerbung, die sowohl kontinuierlich als auch anlaßbezogen ausgerichtet sind, wobei auch die je aktuellen Werbemaßnahmen auf die CI der Einrichtungen rückbezogen werden sollten. Die CC sollten in den Dienst eines Marketings der Philosophie einer Bildungseinrichtung gestellt werden, weil hierdurch Präsenz der Bildungseinrichtungen markiert wird und Interesse, Akzeptanz und Sympathie in der Öffentlichkeit für die ‚Mission' der Einrichtungen aufgebaut werden können. Auch hier müssen von den Organisationen der Erwachsenenbildung Kommunikationswege und -instrumente genutzt werden, die ihrer Kernaufgabe entsprechen. Bei der Beurteilung bzw. Effektivierung der Corporate Communications könnte gleichfalls der Gedanke der relativ autonomen Subsysteme der Einrichtungen mit ihren mannigfaltigen Umwelten Beachtung finden. Kommunikationskanäle und Formen der Vermittlung des Produkts ‚Bildung' können in ihrer Unterschiedlichkeit hier durchaus die – konsentierte – Vielfältigkeit der Gesamtorganisation unterstreichen. Schlußendlich gilt auch für die Corporate Communications, daß sie sowohl nach außen als auch in die Einrichtungen hinein bildend wirksam werden müssen. Maßstab für gelungene CC ist deshalb nicht nur die Qualität der Kommunikation mit den Umwelten, sondern auch die Qualität der einrichtungsinternen Kooperation. Eine Institution, die nach innen kooperationsunfähig ist, kann auch keine glaubwürdige Kooperation nach außen praktizieren. Da Kooperation den Grundgedanken des Bildungsprozesses bildet, müssen die CC den Kern der Bildungsidee realisieren.

- Schließlich enthält auch das Mitarbeiterverhalten eine kommunikative Komponente. Es beeinflußt ebenfalls die wahrnehmbare Identität einer Organisation. Zum *Corporate Behaviour* gehören sowohl das Verhalten der Mitarbeiterinnen und Mitarbeiter untereinander, welches intern als Individual-, Gruppen- und Organisationsverhalten wirkt, wie auch als externe Wirkung die Beziehungen der Mitarbeiterinnen und Mitarbeiter zu den Austauschpartnern der Organisation. Die interne ‚Atmosphäre' einer Einrichtung bleibt den externen Beobachtern nicht verborgen. Sie kann als positive Außenausstrahlung der Institution spürbar werden oder Störungen und Spannungen transportieren. Im Austausch zu den Umwelten vermittelt sich die Qualität der Institution durch Kompetenz, Engagement und Identifikation ihrer Mitarbeiterinnen und Mitarbeiter. Kontakte mit Bildungseinrichtungen existieren auf seiten der Teilnehmerinnen und Teilnehmer von Bildungsveranstaltungen meist nur durch die Begegnung mit einzelnen Personen der Institution. Diese repräsentieren die Einrichtung und werden mit ihr identifiziert. Die Corporate Identity, die ja quasi das ‚Persönlichkeitsbild' einer Or-

ganisation darstellt, muß sich in der Handlungsfähigkeit der Beschäftigten ausdrücken.
Für das Erscheinungsbild einer Bildungseinrichtung generell gilt, daß sie meist nur ausschnitthaft erfahren wird und daß dieser spezifische Nahbereich, der erfahren wird, mit der Institution gleichgesetzt wird. Dies relativiert jedoch nicht die Wichtigkeit der Ausstrahlung der Institution in ihrem Gesamtbild. Schon beim Betreten des Gebäudes ist für jede/n spürbar, ob man eine Behörde betritt oder einen Ort der Begegnung und Kommunikation.

7. Kernprozesse sichtbar machen

Wir haben soeben erwähnt, daß sich die Kompetenz von Mitarbeiterinnen und Mitarbeitern der jeweiligen Subsysteme/Ressorts von Erwachsenenbildungseinrichtungen in deren direkten Kontakten zu ihren Umwelten bemerkbar macht und die Austauschpartner meist nur den Nahbereich kennen, über den sie die Gesamtorganisation beurteilen. Hier könnte ein Gedanke nutzbar gemacht werden, der aus dem systemischen Prozeßmarketing entwickelt wurde. Mario Weiss macht darauf aufmerksam, daß diejenigen Bereiche von Unternehmen, die mit den Kunden in unmittelbarem Kontakt stehen, häufig in den Marketingkonzepten vernachlässigt werden, obwohl gerade diese Begegnungsqualität von besonderer Bedeutung ist. Weiss schlußfolgert: „Das beste Marketingkonzept, die raffinierteste Marketingforschung oder die auffallendste Werbekampagne hat an sich keinen oder keinen eigenständigen Nutzen für den Kunden" (Weiss 1995, S.24). Dagegen betont er die Wichtigkeit, die Abläufe zu evaluieren, die zur eigentlichen Leistungserbringung führen. In diesen Abläufen drücken sich die gelebten impliziten Strategien und Grundsätze einer Einrichtung aus. Eine Bewertung und eine bewußte Gestaltung dieser Prozesse wären ein sinnvolles Unterfangen zum Zwecke eines Marketings. Die Kernprozesse in Erwachsenenbildungseinrichtungen entspringen der Bildungsidee; in ihrer Gestaltung drückt sich die Qualität des Bildungsgedankens sowohl in der Identitätsbildung nach innen als auch in der ‚Marktbildung' nach außen aus. Es ist deshalb sinnvoll, die Frage danach zu stellen, welche Tätigkeiten im Bereich der Erwachsenenbildung für die Kundinnen/Kunden bzw. Adressatinnen/Adressaten sichtbar und welche unsichtbar sind. Wahrnehmbar ist zum Beispiel der Kontakt mit der Einrichtung bei der Anmeldung und natürlich bei den Kurseinheiten selbst. Zunächst unsichtbar für die Teilnehmenden von Bildungsangeboten sind dagegen die Kommunikationen der Mitarbeiterinnen und Mitarbeiter untereinander, es sei denn, sie produzieren Störungen in den sichtbaren Abläufen. So müßte der Blick auf die Prozesse gerichtet werden, die der Wahrnehmung der Austauschpartner unterliegen, aber auch auf jene Prozesse, die eine wichtige Bedeutung für die Identitätsbildung einer Einrichtung einnehmen. Diese Analyse könnte zum Ergebnis haben, daß eine Einrichtung bestimmte Tätigkeitsabläufe oder interne atmosphärische Prozesse sichtbar machen möchte, die aus der Perspektive der Institution eine besondere Stärke darstellen und die vielleicht bisher nicht nach außen sichtbar sind. Dann müßte bei der Evaluierung der Abläufe in der Leistungserbringung die Frage gestellt werden: Welche Bereiche, die in die Leistungserbringung für die Adressatinnen und Adressaten von Bildungsangeboten hineinreichen, wollen wir gerne sichtbar machen? Welche Bereiche sollen abgedunkelt bleiben? Diese Entscheidungen können weitreichende Folgen haben und bis in die Planungsprozesse der Bildungsprogramme selbst hineinreichen. Zu fragen wäre hierbei, welcher Grad an Partizipation in der Gestaltung von Bildungsprozessen gewünscht wird bzw. welche Erwartungen an die Adressatinnen und Adressaten von den Mitarbeiterinnen und Mitarbeitern der Einrichtung formuliert werden. Generell ist bei der Frage einer höchstmöglichen Übereinstimmung von Leistungsangeboten der Institution und den ‚Kundenerwartungen' der gelungene Anschluß eigener normativer Vorstellungen an die Lernbedürfnisse der Adressatinnen und Adressaten von Bedeutung. Das eigene Selbstverständnis und die eigenen Ansprüche in bezug auf Bildung zu klären und sie anzukoppeln an die Bedarfe der Umwelten ist die hohe Kunst und Notwendigkeit in der Erwachsenenbildung. Um diesen Anschluß herzustellen, bedarf es aber der internen Verständigung über den Kern der Leistungsangebote der Institution und über die von den Mitarbeiterinnen und Mitarbeitern als dafür wichtig erachteten Kompetenzen.

Bei allen Überlegungen zum Marketing der Bildungsidee zeigt sich die Notwendigkeit einer Selbstbeschreibung der Erwachsenenbildungseinrichtungen. Fragen danach, wer sie sind oder sein möchten und als wer bzw. was sie wahrgenommen werden und wahrgenommen werden wollen, sind zentrale Fragen im organisierten Austauschprozeß von Erwachsenenbildung und ihrer Institutionen. Interne Kommunikationen, die diese Fragestellungen thematisieren, sollten zunächst innerhalb der Subsysteme (Fachbereiche/Ressorts) stattfinden, um in einem weiteren Schritt die unterschiedlichen Zugänge zu einer gemeinsamen Idee von Bildung der Einrichtung zu kondensieren. Selbstaufklärung der Erwachsenenbildungseinrichtungen ist ein Bildungsprozeß. Kommunikationen in diese Richtung sollten deshalb entfaltet und nicht abgeschnitten werden. Erst wenn die eigene Anbieterlogik bezüglich des ‚Produkts' Bildung geklärt ist, ist ein fruchtbarer Austausch mit der Abnehmerlogik möglich. Dieser Austauschprozeß erfordert ein Pendeln zwischen der Binnenperspektive und den Außensichten.

Anmerkungen

1 So berichtet Karlheinz A. Geißler von kirchlichen Institutionen und Volkshochschulen, die mit dem Motto: „Ihr müßt uns sagen, was Ihr braucht, und das machen wir dann", den Firmen ihrer Region maßgeschneiderte Angebote suggerieren (vgl. 1994, S.110).
2 Die hier erläuterten Instrumente sind in Anlehnung an einen Lehrgang zum ‚Verbands- und Nonprofit-Management' beim Forschungsinstitut für Verbands- und Genossenschaftsmanagement (VMI), Universität Freiburg/Schweiz, entwickelt und gemäß unserer systemtheoretischen Denkweise reformuliert worden.

Literatur

Baecker, Dirk: Durch diesen schönen Fehler mit sich selbst bekannt gemacht: Das Experiment der Organisation. In: Managerie. Systemisches Denken und Handeln im Management. 3. Jahrbuch. Heidelberg 1995: Auer

Baumeister, Ulf: Öffentlichkeitsarbeit für die Erwachsenenbildung. Reihe: Selbststudienmaterial der Pädagogischen Arbeitsstelle des Deutschen Volkshochschul-Verbandes. Bonn 1980, 2. Aufl.: PAS/DVV

Geißler, Karlheinz A.: Es bleibt alles beim Neuen – Erwachsenenbildung zwischen Marktorientierung und Aufklärung. In: Erwachsenenbildung 1993, Heft 2, S.4ff.

Geißler, Karlheinz A.: Erwachsenenbildung zwischen Geld und (Zeit-)Geist. In: Lenz, Werner (Hrsg.): Modernisierung der Erwachsenenbildung. Wien, Köln, Weimar 1994: Böhlau

Geißler, Karlheinz A.: Erwachsenenbildung in der Moderne – moderne Erwachsenenbildung. In: Filla, Wilhelm; Heilinger, Anneliese; Knaller, Hans (Hrsg.): Zur modernen Volkshochschule. Jahrbuch Volkshochschule 1994/95. Verband Österreichischer Volkshochschulen, Pädagogische Arbeits- und Forschungsstelle (PAF)

Gottmann, Gosbert: Marketing von Volkshochschulen: Eine Analyse von Volkshochschulen unter besonderer Berücksichtigung der Ergebnisse einer empirischen Studie an Volkshochschulen in Baden-Württemberg. Thun, Frankfurt am Main 1985: Harri Deutsch

Kotler, Philip: Marketing für Nonprofit-Organisationen. Stuttgart 1978: C. E. Poeschel

Nuissl, Ekkehard; von Rein, Antje: Corporate Identity. Reihe: Studientexte für Erwachsenenbildung. Frankfurt am Main 1995 (a): Deutsches Institut für Erwachsenenbildung

Nuissl, Ekkehard; von Rein, Antje: Öffentlichkeitsarbeit von Weiterbildungseinrichtungen. Reihe: Studientexte für Erwachsenenbildung. Frankfurt am Main 1995 (b): Deutsches Institut für Erwachsenenbildung

Sarges, Werner; Haeberlin, Friedrich (Hrsg.): Marketing für die Erwachsenenbildung. Hannover, Dortmund, Darmstadt, Berlin 1980: Hermann Schroedel

Schäffter, Ortfried: Erwachsenenbildung als „Non-Profit-Organisation"? In: Erwachsenenbildung 1995, Heft 1, S.3-88

Schwarz, Peter; Purtschert, Robert; Giroud, Charles: Das Freiburger Management-Modell für Nonprofit-Organisationen (NPO). Bern, Stuttgart, Wien 1995: Haupt

Sutrich, Othmar: Prozeßmarketing. Oder: das Ende des Marketing-Mix?! In: Managerie. Systemisches Denken und Handeln im Management. 2. Jahrbuch. Heidelberg 1993: Auer

Weiss, Mario: Marketing als Prozeß – die Prozesse des Marketing. In: Managerie. Systemisches Denken und Handeln im Management. 3. Jahrbuch. Heidelberg 1995: Auer

Michaela Rißmann

Kooperationslernen in heterarchischen Teamstrukturen

1. Renaissance der Teamarbeit

In den neunziger Jahren ist mit dem rasanten gesellschaftlichen Wandel auch die Diskussion um Teams und Teamentwicklung in eine neue Phase getreten. Während sie in den siebziger Jahren vor allem unter der Prämisse der Humanisierung der Arbeitswelt gesehen wurde, ist die Wiedereinführung von Teamarbeit heute ein zentrales Element der Modernisierung und Effektivierung der Produktion, ja der Gesellschaft schlechthin. Schlagworte wie Lean Management, Teamentwicklung, teilautonome Arbeitsgruppen, Lernstatt, MBO (management by objectives), Qualitätszirkel und Projektgruppen treten immer mehr in den Vordergrund.
Im internationalen Wirtschaftssektor war Japan bei der Einführung teamorientierter Arbeit der Vorreiter, inzwischen hat auch in Deutschland ein Umdenken begonnen. Baecker (1995, S.210) bezeichnet den ablaufenden Prozeß als eine „Revolution der Organisation, der Umstellung von Bürokratie und Fließband auf ein offenes Netzwerk von Information, Kommunikation und Produktion". Ein Kennzeichen dabei ist der Aufschwung von Managementphilosophien, „die sich nicht mehr am Leitbild der Hierarchie, sondern am Leitbild der Teams orientieren".
Gegenwärtig werden überall Organisationsstrukturen radikal verändert. Hierarchieebenen werden abgebaut und durch Netzwerke mit horizontalen und diagonalen Verbindungen ersetzt, damit kurze, direkte Informationswege quer durch die gesamte Organisation entstehen und Kosten gesenkt werden können. Wunsch ist es, Flexibilität und Innovation zu fördern, die Formalisierung zu verringern, Entscheidungen zu delegieren, Transparenz herzustellen und nach außen offene Informationsbeziehungen zu erhalten. Bestandteile des modernen Organisationsverständnisses sind Dezentralität, Flexibilität und Evolution. Dabei wird durch neue Arbeitsformen und eine lose Verkoppelung einzelner Organisationsebenen die Erhöhung der Beweglichkeit der Unternehmen und Organisationen angestrebt, um Kundenwünsche schneller bedienen und auf Unvorhergesehenes rasch reagieren zu können. Durch eine stärkere Problemnähe und klare Verantwortungsbereiche soll die Handlungsfä-

higkeit der Organisationen und Unternehmen gestärkt werden. Zwecks Leistungs- und Qualitätssteigerung und der Ausnutzung des gesamten Potentials der Erwerbstätigen greift man immer mehr zu Gruppen- und Teamarbeit. Dies läuft jedoch nicht ohne Schwierigkeiten ab, ist doch unsere Gesellschaft nicht auf Gemeinschaftsdenken, sondern auf das Individuum und seinen Privategoismus ausgerichtet. Wir sind geprägt von Individualisierung, Wettbewerb, Konkurrenz, Karrierestreben und Statusdenken, welches durch auf Einzelpersonen ausgerichtete und individualisierte Stellen- bzw. Aufgabenbeschreibungen, Leistungsbewertungen und Vergütungsformen gefördert wird. Die Zusammenarbeit mit anderen und die Teamfähigkeit sind Dinge, die im Verlauf der Sozialisation, zumindest in den alten Bundesländern, meist keine Rolle gespielt haben und die unter heutigen Bedingungen erst von den Menschen in einem mühsamen Prozeß angeeignet werden müssen.

Die Verringerung von Hierarchieebenen und die Hinwendung zu eigenverantwortlichen Teamprozessen hat aber auch Schattenseiten. Die gewachsene Verantwortung ist für nicht wenige mit Ängsten verbunden, weil im Team größere Anforderungen gestellt werden, denn Verantwortung und Zweifel lassen sich nicht mehr so leicht auf andere abwälzen. Die Streßbelastung der Menschen hat in diesem Prozeß nicht zuletzt deshalb zugenommen, weil mit dem Abbau von Hierarchien zweierlei verlorengeht: die Autonomie der Ebenen und die wechselseitige Konditionierbarkeit, d.h. die Möglichkeit, sich gegenseitig zu beeinflussen und Aufträge zu erteilen: „Weder weiß man dann noch, woran man ist, noch weiß man, wen man wie dazu bewegen kann, eine Vorleistung zu erbringen, die für die eigene Arbeit erforderlich ist" (Baecker 1995, S.217).

Im alltäglichen Sprachgebrauch wird das Wort ‚Team' sehr häufig verwendet. Bei genauerem Hinsehen stellt man jedoch fest, daß damit z.B. oft Arbeitsgruppen bezeichnet werden, die den Ansprüchen an Teams nicht genügen. Garfield (1993, S.191) schreibt dazu: „Was in den Unternehmen der alten Art als ‚Team' bezeichnet wurde, hat wenig Ähnlichkeit mit Teams (wie ich sie verstehe, M.R.) ... . Die Arbeitsgruppen alten Stils waren ein Mikrokosmos, der das maschinenorientierte Unternehmen spiegelte, das sie hervorgebracht hatte: starr, mit starken hierarchischen Strukturen, bestimmt von kleinkariertem Denken und Machtkämpfen, gefangen in einer unbeweglichen Bürokratie und Hierarchie ...". Eine echte Teamarbeit wird seltener erbracht, denn so manche Gruppe leistet weniger als die Summe der Mitglieder und ist mehr mit sich selbst beschäftigt als mit ihrer eigentlichen Aufgabe. In Stellenanzeigen ist neben hohen fachlichen Kenntnissen immer wieder die Forderung nach Teamfähigkeit enthalten. Zukünftige Mitarbeiterinnen und Mitarbeiter sollen flexibel, lernfähig, einsatzbereit, leistungsorientiert, mobil und belastbar sein. Diese enormen Ansprüche üben einen hohen Druck auf die Menschen aus.

Eine wirkliche und effektive Teamarbeit läßt sich nicht per Dekret verordnen, sie muß in einem längerfristigen Prozeß wachsen. Hier sind ganz neue Herangehensweisen gefragt. „Um mit den Herausforderungen in Zukunft fertig zu werden, brauchen wir eine innere Reform der Gruppenarbeit und -führung, d.h. eine neue Gruppenkultur muß entstehen, in der das geistige Potential und die schöpferischen Fähigkeiten jedes Einzelnen voll zur Geltung kommen können, und dann in eine gemeinsame Entwicklung einmünden. Wir brauchen weder eine Solisten-Mentalität noch ein informierendes Kollektiv, sondern Teams mit engagierten, aktiv beteiligten Partnern. Die Gruppe ist das Fundament einer partnerschaftlich ausgerichteten Organisation, die ständig in Fluß, d.h. in der Entwicklung begriffen ist. Selbstbestimmung, Selbstentwicklung, permanentes Lernen (Lernentwicklung), stetiger, unreglementierter Kommunikationsfluß, Ideenaustausch und gute Beziehungen sind Voraussetzungen der flexiblen, dynamischen Gruppe der Zukunft" (Dekker 1994, S.5).

Von Fachleuten gestützte Teamentwicklungsprozesse, die von Maßnahmen zur Teambildung – z.B. Seminaren – begleitet werden, können in einem Veränderungsprozeß hin zu einer neuen Qualität von Teamarbeit Unterstützung bieten. Mit Trainingsveranstaltungen kann ein Beitrag geleistet werden, Veränderungen in Organisationen oder Unternehmen in Gang zu bringen.

2. Die Realität von sogenannten Teams – ein Beispiel

Vor einigen Jahren wurde in einer hierarchischen Organisation ein Projekt‚team' geschaffen, das altbewährte Arbeitsformen fortsetzen und gleichzeitig den Anstoß für die Reformierung der Organisation geben sollte. Der Auftrag war allgemein formuliert. Es existierten keine präzisen Zielvorgaben, keine Aufgabenbeschreibungen. Die Projektarbeit war damit von vornherein zur Ineffizienz ‚verdammt'.

Durch die Mitglieder des Projektes selbst erfolgte auch nachträglich keine Zielfestlegung. Das war für einzelne funktional, denn so gab es den Freiraum zum Setzen von persönlichen Zielen und zum Arbeiten nach Stärken und Vorlieben. Dies ist nicht grundsätzlich negativ zu bewerten, denn dadurch wurde für einige die Möglichkeit geschaffen, ganz neue Wirkungsbereiche auszuprobieren. So konnte flexibel auf eine neue Entwicklung eingegangen werden, die von der Gesamtorganisation noch nicht als beachtenswert erkannt worden war. Eine Corporate Identity gab es nicht, folglich wurde die Gruppe nicht als ein Team, sondern innerhalb der Organisation vorwiegend nur in Teilgruppen und als Personen wahrgenommen.

Das Projekt war quasi quer zu den Hierarchieebenen gelagert und sollte u.a. den Informationsfluß innerhalb der Organisation verbessern helfen. Die Arbeit war nicht wirklich autonom, immer wieder versuchten Angehörige der höheren Hierarchieebenen, in die Arbeit ‚hineinzudirigieren' oder Nutzen für eigene Machtinteressen daraus zu ziehen.

Mit der Zeit hatten sich Konfliktlinien innerhalb des Projektes ritualisiert und zogen sich durch die gesamte Dauer der Arbeit. Sie bewirkten ineffektive Arbeitsweisen, weil die Beziehungsebene häufig das Sachproblem überlagerte. Konflikte wurden nie gänzlich bearbeitet und konstruktiv aufgelöst. In der Gruppe erfolgte nicht selten eine Beschäftigung mit sich selbst. Schließlich spiegelten sich die Realität und die Krise der Gesamtorganisation mit ihren Problemen in der Gruppe wider. Hierarchische Strukturen blieben nicht aus, Entscheidungen wurden auch zur Demonstration von Macht getroffen. Mißtrauen und der Verdacht der ‚Profilierungssucht' schlichen sich unter den Projektmitgliedern ein. Teilgruppen hatten nur abschnittsweise Teamcharakter, sie wurden wieder instabil. Die Potenzen, die in der Projektgruppe lagen, kamen kaum zum Tragen. Im Ergebnis hatten sich die alten Arbeitsformen der Gesamtorganisation durchgesetzt, das Projekt zerfiel.

An diesem Beispiel ist ersichtlich, daß hier von einem Team nicht gesprochen werden kann, sondern allenfalls von einer Arbeitsgruppe. Ein Teamentwicklungsprozeß hat nicht stattgefunden, dazu waren die Voraussetzungen nicht gegeben. Das soll jedoch nicht als ‚abschreckendes Beispiel' dienen, sondern Hinweise geben, mit welchen Schwierigkeiten man beim Entstehen eines Teams zu rechnen hat und worauf sich eine gezielte Teamentwicklung einstellen muß. Ein Team ist in bestimmten Bereichen in der Lage, ein besseres Ergebnis zu erzielen als Einzelpersonen oder Arbeitsgruppen. Es ist aber festzustellen, daß die Chancen, die Teamarbeit bietet, selten genutzt werden.

3. Gruppe oder Team?

Die Begriffe ‚Gruppe' und ‚Team' werden häufig als Synonyme verwendet, bzw. es wird keine klare Grenzziehung vorgenommen. So z.B. beschränken sich Brunner/Zeltner (1980, S.211) bei der Erklärung von Teams auf den Hinweis, daß es sich hierbei besonders um solche Gruppen handelt, die aufgabenorientiert sind. Dies ist meiner Ansicht nach eine unscharfe Trennung der beiden Begriffe.

Betrachten wir zunächst erst einmal den Begriff *Gruppe*: Nicht jede Ansammlung von Menschen kann bereits als Gruppe bezeichnet werden. Es soll unter „Gruppe eine Mehrzahl von Personen verstanden werden, die relativ überdauernd in direkter Interaktion stehen, durch Rollendifferenzierung und gemeinsame Normen gekennzeichnet sind und die ein Wirgefühl verbindet" (von Rosenstiel/Molt/Rüttinger 1995, S.119).

Gruppen sind kleine soziale Einheiten, die weiter durch folgende Merkmale gekennzeichnet werden können: physische Nähe (im Zeitalter der Telekommunikation muß dieses Kriterium relativiert werden), gemeinsame Ziele, Normen, Werte, Rollendifferenzierung und gegenseitige Beeinflussung (vgl. Staehle 1994, S.247ff.).

Die Zugehörigkeit zu Gruppen hat für die Sozialisierung der Menschen eine große Bedeutung. Gruppen lassen sich nach verschiedenen Kriterien unterscheiden, wie Größe (Kleingruppe, Großgruppe), Ausmaß an Intimität (Primär-/Sekundärgruppe), Zugehörigkeit (Eigen-/Fremdgruppe), Bezug zur Gruppe (Mitgliedschafts-/Bezugsgruppe), Entstehung und Bedürfnisse (formelle, informelle Gruppen) (vgl. Staehle 1994, S.247ff., Brunner/Zeltner 1980, S.88f.). Außerdem lassen sich Gruppen auch nach dem Tätigkeitszusammenhang differenzieren (z.B. Sportgruppe, Arbeitsgruppe). Bei einer Unterscheidung von Gruppen nach ihrer Organisationsform lassen sich besonders in Unternehmen Projektgruppen, teilautonome Arbeitsgruppen, Qualitätszirkel, Lernstätten, Lean Teams, Future Circles und programmgesteuerte Projektkreise differenzieren. Die Merkmale dieser Gruppen sind in der einschlägigen Literatur nachzulesen.

Die Entstehung von Gruppen erfolgt dann, wenn die Mitgliedschaft mit einer Belohnung – welcher Art auch immer – verbunden ist, positive Konsequenzen für den einzelnen daraus resultieren und/oder eine Ähnlichkeit zwischen den Gruppenmitgliedern vorhanden ist. Außerdem steigt die Wahrscheinlichkeit der Gruppenbildung mit der Kontakthäufigkeit (vgl. von Rosenstiel/Molt/Rüttinger 1995, S.122ff.). Die Menschen sind bei der Befriedigung von Bedürfnissen meist von anderen abhängig, eine Gruppe kann ihren Mitgliedern die Verwirklichung einer Reihe von Zielen erleichtern. Die Gruppe erlaubt den Mitgliedern meist auch die Befriedigung solcher sozialen Bedürfnisse wie Gesellung, Freundschaft und Anerkennung sowie einigen Mitgliedern die Erfüllung des Führungs- und Machttriebes. Durch die Gruppenmitgliedschaft erfahren die Mitglieder ein Gefühl der Zugehörigkeit und Unterstützung. Gruppen bilden sich, weil sich dadurch die Menschen den Halt geben, den sie zur Entwicklung ihres Selbstwertgefühls brauchen. Daraus entsteht auch die Macht der Gruppe, die Einstellungen, Wertvorstellungen und Verhaltensweisen ihrer Mitglieder zu beeinflussen (vgl. Mann 1991, S.51).

Ein *Team* hingegen ist eine besondere Entwicklungsstufe einer formellen Gruppe, welche in einem Tätigkeitszusammenhang steht. Eine herausfordernde Aufgabe bzw. ein Vorhaben, begleitet von gegenseitiger Sympathie der potentiellen Teammitglieder, sind Auslöser für Teambildungen. Staehle (1994, S.251) bezeichnet ein Team als eine formelle Arbeitsgruppe mit besonderen Merkmalen. Die Beschränkung auf den Bereich der Arbeit erscheint mir aber zu eng gefaßt, denn z.B. auch im Freizeitbereich, im Sport oder in der Politik gibt es Teams. „Ein Team ist eine aktive Gruppe von Menschen, die sich auf der Basis einer Vision vereinbarten Zielen verpflichtet weiß, Strategien entwickelt, konstruktiv zusammenarbeitet und im Arbeitsalltag Freude an der individuellen und gemeinschaftlichen Arbeit hat und als Verantwortungsgemeinschaft hervorragende Leistungen vollbringt" (Meier 1996, S.64). Auch bei dieser Begriffsklärung halte ich die Beschränkung auf den Arbeitsalltag für erweiterungsbedürftig. Grochla/Wittmann (vgl. Comelli 1985, S.365) betonen, daß es sich bei einem Team um eine leistungsorientierte Gruppe (Arbeitsgruppe, task oriented group) handelt.

Kennzeichnend für ein Team sind die funktionale Leistungs- und Aufgabenorientierung und die intensive Beziehung zwischen den Mitgliedern, wodurch eine starke Gruppenkohäsion mit einem stark ausgeprägten Gemeinschaftsgeist entsteht. Ziele, Strategien, Normen und Wertvorstellungen bilden sich in einem gemeinschaftlichen Prozeß heraus. Auch in Teams ist eine Rollendifferenzierung festzustellen, die allerdings flexibel gehandhabt wird und sich nicht nur auf die Arbeitsteilung[1] bezieht. Dabei werden die Stärken der einzelnen Teammitglieder genutzt. Die Verantwortung für die Tätigkeit des Teams wird gemeinsam getragen. Bei der Bewältigung von Aufgaben zeigt ein Team ein hohes Maß an Flexibilität, Produktivität, Selbstorganisation und Selbststeuerung. Die Kommunikation ist geprägt von gegenseitiger Anerkennung, Achtung und Vertrauen.

Das flexible Abweichen von festgefahrenen Denkmustern, das Neudefinieren vorhandenen Problemlösungswissens und das Erarbeiten sowie Realisieren von neuen Problemlösungen, Techniken und Produkten sind wichtige, zu fördernde Stärken im Team. Alle Teammitglieder verfügen über die Einsicht, daß ständiges Lernen und Verlernen, eine Bereitschaft zur Flexibilität und die Rücknahme alter Kontroll- und Steuerungsansprüche Merkmale des Teams sind (vgl. Bardmann 1994, S.355ff.).

In funktionierenden Teams herrscht ein Prozeßdenken vor, welches Kleingliedrigkeit, flexible und fließende Aufgabenzuordnungen und fallweise vereinbarte Spielregeln zur Folge hat. Die Arbeitsweisen sind zielbezogen, relativ vielfältig und werden unter Berücksichtigung von Einflußfaktoren und Abhängigkeiten eingesetzt. Kontrolle, Reflexion, Koordination und Motivation werden weitgehend selbst gesteuert. Dies hat zur Folge, daß Leistungen auch unter schwierigen Bedingungen mit einer relativ kurzen internen Anlaufphase bewältigt werden können. Die Menschen innerhalb eines Teams halten stark zusammen, fühlen sich mitverantwortlich und entwickeln eine große Loyalität dem Team gegenüber. Kritik erfolgt in einer Atmosphäre des Vertrauens, die Offenheit erlaubt (vgl. Voigt 1993, S.36f.). Destruktive Umgangsformen mit Konflikten sind in einem Team selten anzutreffen, denn Konflikte werden als normale Aspekte der Interaktion betrachtet, die auch eine Chance zur Entwicklung von Kreativität und Ideen sein können (vgl. Maddux 1995, S.10f.). Auch in Teams gibt es Hierarchien, die aber nicht einer herkömmlichen, mechanistischen Auffassung verhaftet sind, sondern einen anderen Charakter haben (Näheres dazu vgl. Abschnitt 5).

Unter den gegenwärtigen gesellschaftlichen Bedingungen kommen auf Teams auch neue Anforderungen zu. „Die neuen Teams sind organische, lebende Systeme, die sich durch Partnerschaft auszeichnen, autonome Handlungseinheiten darstellen mit aktiven Lern- und Kommunikationsprozessen. Es sind intelligente, flexible Teams mit Dynamik ..." (Dekker 1994, S.34).

Ebenso betont auch Garfield (1993, S.192ff.), daß ein wichtiges Merkmal von echten Teams die Partnerschaft ist, bei der die verhaltensbestimmenden Normen von den Mitgliedern selbst aufgestellt werden. Ein Team stellt eine autonome Handlungseinheit dar, die spezielle interne

Lern- und Kommunikationsprozesse entwickelt. Es ist ein ‚intelligentes', flexibles Team mit eigener Dynamik. Merkmale sind: Selbstbestimmung, Selbsterneuerung und Selbstvernetzung.

Merkmale einer Gruppe	Merkmale eines Teams
– direkte Interaktion zwischen den Mitgliedern	– intensive Beziehung zwischen den Mitgliedern
	– gemeinsam entwickelte Visionen
– relative physische Nähe	– relative physische Nähe
– Wir-Gefühl	– starke Gruppenkohäsion, Gemeinschaftsgeist, partnerschaftliches Verhalten, Teamloyalität
– gemeinsame Ziele, Normen, Werte	– gemeinsam entwickelte Ziele, Strategien, Normen und Werte
– Rollendifferenzierung, Arbeitsteilung kann, aber muß nicht sein, auch voneinander unabhängige Tätigkeit möglich	– flexible Rollendifferenzierung und Arbeitsteilung
– gegenseitige Beeinflussung	– gegenseitige Anerkennung, Achtung und Vertrauen, wenig Rivalitäten
– relativ überdauernd	– relativ überdauernd
	– funktionale Leistungs- und Aufgabenorientierung
	– Nutzen der Stärken einzelner
	– gemeinsam getragene Verantwortung
	– Flexibilität
	– hohe Produktivität und Innovationsfähigkeit
	– Selbststeuerung und Selbstorganisation, Autonomie
	– ständiges Lernen
	– hohe Motivation
	– Kritikfähigkeit, konstruktive Konfliktbewältigung

Abb. 1: Merkmale von Gruppen und Teams

4. Entwicklung einer Gruppe zum Team

Anhand der oben aufgeführten Merkmale von Teams ist erkennbar, daß diese sich nur in einem längeren Prozeß formieren können. In der Literatur werden im allgemeinen vier Phasen bei der Entstehung eines Teams unterschieden (vgl. z.B. Staehle 1994, S.261f., Voigt 1993, S.45, Motamedi 1996, S.72f.):

(a) *Forming*
In dieser Phase erfolgt innerhalb der Gruppe eine Orientierung. Auffällig sind Unsicherheit und die Abhängigkeit von einem Führer bzw. Initiator der Handlungen. Es wird getestet, welches Verhalten in welcher Situation akzeptabel ist. Die Mitglieder der Gruppe versuchen, ihre Position innerhalb der Gruppe zu finden. Sie tauschen Meinungen bezüglich Arbeitsstil und Einstellungen aus und definieren Regeln sowie Aufgaben. Für die Entwicklung einer Gruppe zum Team ist es entscheidend, daß in dieser Phase gemeinsam und möglichst genau das Ziel der Arbeit bestimmt wird.

(b) *Storming*
Unmittelbar nach der ersten Orientierungsphase kommt es innerhalb eines entstehenden Teams zu Konflikten zwischen Personen oder Untergruppen, zur Polarisierung der Meinungen. Jetzt wird die Art und Weise der Zusammenarbeit bestimmt. In dieser Phase haben die Teammitglieder die Aufgabe, dafür zu sorgen, daß Konflikte bearbeitet werden und das gemeinsame Ziel der Arbeit weiter verfolgt wird.

(c) *Norming*
Die Gruppenkohäsion des Teams entwickelt sich, Gruppennormen werden festgelegt, das Verhalten ist kooperativ und von gegenseitiger Unterstützung geprägt. Meinungen und Gefühle werden offen ausgetauscht und akzeptiert, Kompromisse werden geschlossen. Das Ziel des Teams wird gegebenenfalls präzisiert.

(d) *Performing*
Diese Phase ist die eigentliche Teamphase, denn interpersonelle Probleme sind gelöst, die Teamstruktur ist funktional zur Aufgabenerfüllung, das Rollenverhalten ist flexibel und adäquat. Aufgaben und Probleme werden konstruktiv gelöst. Die Merkmale, die ein Team kennzeichnen,

kommen zur vollen Entfaltung. Das Team arbeitet einheitlich und orientiert sich am gemeinsamen Ziel.

Diese Darstellung des Entwicklungsprozesses eines Teams ist kein Dogma, sondern eher ein theoretisches Modell. Die einzelnen Etappen dauern bei den Teams unterschiedlich lange; einzelne Phasen können auch übersprungen werden. Eine exakte Trennung zwischen den Phasen ist nicht möglich, denn diese gehen stufenlos ineinander über bzw. laufen partiell parallel ab. Die Phase des Storming ist meiner Ansicht nach die entscheidendste bei der Entwicklung des Teams. Kommt es hier zu keiner konstruktiven Auflösung der Konflikte und Gegensätze, ist das Team gescheitert. Es bleibt auf der Niveaustufe einer Gruppe stehen und pendelt zwischen Phase 1 (Forming) und 2 (Storming), arbeitet ineffektiv oder zerfällt – ein in der Praxis nicht selten anzutreffendes Phänomen. Meiner Meinung nach kann man erst von einem Team sprechen, wenn die Phase des Performing erreicht ist. Aber auch dann ist ein Team niemals endgültig organisiert, und die Entwicklung ist nie abgeschlossen. Jede neue Aufgabe, die an ein Team herangetragen wird, verlangt eine erneute Orientierung, das heißt, bei mißglückter Neuorientierung kann ein Team zerfallen. Das gilt genauso, wenn sich das Team verkleinert oder vergrößert oder wenn Teammitglieder wechseln.

5. *Vorteile von Teams und Teamarbeit*

Obwohl nicht jede Anforderung für Teams und deren Tätigkeit geeignet ist, so weist ein Team doch eine Reihe von Vorzügen auf.
Teams sind in der Lage, Aufgaben zu lösen, die ein einzelner nicht zu lösen vermag. Komplexe Probleme können unter Einbeziehung unterschiedlicher Fähigkeiten und Stärken bewältigt werden. In Teams sind ein großes Entdeckungspotential und ein breites Wissensspektrum zu finden, die Informationsübermittlung funktioniert einfacher und besser. Dadurch können die individuellen Assoziationen stimuliert werden, was zur Folge hat, daß in Teams originellere Lösungen als bei individueller Tätigkeit gefunden werden können und eine Tendenz zur sachlich adäquateren Entscheidung festzustellen ist. Die Entscheidungen werden kollektiv getroffen und damit auch von allen getragen. Insgesamt erreicht die Problemlösekapazität ein höheres qualitatives und quantitatives Niveau, Fehler werden eher gefunden als bei Einzelarbeit. Beim Vollzug

diskursiver Denkschritte jedoch können Individuen im Rahmen von Diskussionen im Team gestört werden. Teams, die überwiegend manuelle Tätigkeiten verrichten müssen, erledigen diese nicht unbedingt effektiver, hier kann Teamarbeit der Leistungsmotivierung und dem Abbau von Monotonie dienen.

Generell gilt, daß Teamarbeit eine effiziente Form der Steuerung von Mitarbeiterverhalten darstellt. Teams weisen eine organisatorische Stabilität auf und zeichnen sich aus durch erhöhte Arbeitsmotivation und mehr Selbstkritik der Teammitglieder (diese überlegen genauer, bevor sie Gedanken äußern). Innerhalb eines Teams erfahren dessen Angehörige eine positive Unterstützung und Verstärkung, so können sie ihre Bedürfnisse nach sozialer Anerkennung und Verantwortung befriedigen. Teams sind in der Lage, Konflikte konstruktiv zu bearbeiten. Sie sind produktiver, außerdem lernen sie schneller und nachhaltiger, da ihre Tätigkeit Problemlösecharakter besitzt (vgl. von Rosenstiel/Molt/Rüttinger 1995, S.265ff., Spitzenteams 1996, S.69).

6. Rollenstruktur und Führung im Team

Teams sind, wie alle Gruppen, nach verschiedenen Dimensionen strukturiert. Dabei lassen sich – je nach Betrachtungsgegenstand – soziometrische Strukturen, Machtstrukturen, Kommunikationsstrukturen und die Rollenstruktur unterscheiden. Unser Hauptaugenmerk soll in diesem Abschnitt auf die Rollen und die Führung im Team gerichtet sein, denn das in Abschnitt 9 vorgestellte Bildungskonzept setzt hier einen besonderen Schwerpunkt.

Die Differenzierung von *Rollen* ist ein zentrales Merkmal aller Gruppen und wird als Bindeglied zwischen einzelnen und der Gruppe angesehen (vgl. Staehle 1994, S.255). Entsteht eine Gruppe, kommt es zu einer Spezialisierung der Mitglieder. Am häufigsten entwickelt sich dabei eine hierarchische Ordnung, wobei ein oder mehrere Mitglieder die Führung übernehmen. Die Führung kann formell eingesetzt werden oder informell entstehen. Eine Teilung der Führerrolle in einen Tüchtigkeitsführer (Lokomotionsfunktion) und einen Beliebtheitsführer (Kohäsionsfunktion) ist eine mögliche Erscheinung in Gruppen und heißt nicht automatisch, daß diese beiden Führer miteinander konkurrieren. Als Beispiel für andere Rollen in Gruppen können die des Mitläufers, des Sündenbockes oder Spezialistenrollen bei der Erfüllung von Aufgaben genannt werden (vgl. von Rosenstiel/Molt/Rüttinger 1995, S.118ff.). Antons (1992, S.297) bezeichnet die Rollen des Meinungsführers, des emotionalen Bezugspunktes, des Sündenbockes und des Prügelknaben als informelle Rollen, die er von den formellen Rollen, welche offiziell und deutlich definiert sind, unterscheidet.

Weiterhin kennzeichnet Antons (ebd., S.226ff.) Rollen, die den unausgesprochenen Zielen einer Gruppe dienen: Aufgabenrollen und Erhaltungs-/Aufbaurollen. Diese Rollen entstehen aus dem Bemühen des einzelnen, das soziale System der Gruppe weiterzuentwickeln. Zu den *Aufgabenrollen* gehören Initiative und Aktivität, Informationssuche, Informieren, Meinungserkundung, Meinungsäußerung, Ausarbeiten, Koordinieren und Zusammenfassen. Meiner Ansicht nach gehören dazu auch die für Teams wichtigen Aspekte der Zielbestimmung und des Verfolgens von Zielen, die systematische Vorgehensweise, Prozeßauswertung, Ergebnisbewertung u.a.

Erhaltungs- und Aufbaurollen beinhalten z.B. die Ermutigung, das Wahren von Grenzen, das Bilden von Regeln, den Ausdruck der Gruppengefühle, das Diagnostizieren, das Prüfen der Übereinstimmung, das Vermitteln und das Vermindern von Spannungen.

Beim theoretischen Konzept ‚Rolle' lassen sich – vereinfacht dargestellt – zwei Aspekte unterscheiden: das *Rollenverständnis*, das der einzelne von seiner Rolle in der Gruppe hat und durch Verhalten dokumentiert, und die *Rollenerwartung*, die andere an den Rolleninhaber herantragen. In der Praxis treten in Gruppen oft Konflikte auf, weil über eventuelle Diskrepanzen zwischen beiden Seiten einer Rolle nicht oder zu wenig kommuniziert wird. Merkmal eines Teams ist es, daß die beiden Aspekte offengelegt und konstruktiv diskutiert werden, damit Konflikte gelöst bzw. vermieden werden können. Die Rollen im Team sollten so genau wie möglich definiert werden, dabei geht dem Rollenverhandeln eine Analysephase voraus. Ziel einer solchen Verhandlung, die unter Mitwirkung von teamexternen Experten auch als Rollenberatung durchgeführt werden kann, ist es, die Teammitglieder zu unterstützen, die Rollen im Team angesichts der Aufgaben und anderen Rollen sowie der gegebenen Grenzen selbst zu gestalten (vgl. Sievers in König/Volmer 1994, S.51f.). In einem Team sind die Rollen nicht statisch festgelegt. Verschiedene Teammitglieder können alternierend – je nach Anforderung – verschiedene Rollen übernehmen.

Eine wesentliche Rolle im Team ist die *Führung*. Lange Zeit glaubte man, ein Team funktioniere vollkommen hierarchiefrei und somit ohne Führung. Die Praxis aber zeigte, daß auch die sogenannten hierarchiefreien Teams der 70er Jahre entweder einen informellen Führer hatten oder schnell zerfielen, weil Motivation und Identifikation der Teammitglieder bald nachließen (vgl. Motamedi 1996, S.70ff.). Meier (1996, S.105) bezeichnet Teams ohne Hierarchien als „Aberglauben". Aber die Hierarchie und die Art und Weise, wie sie sich bildet, formiert und agiert, sind in einem Team mit neuen Inhalten zu füllen.

Es geht hier nicht um eine formale Hierarchie der Leitung mit einer Einwegkommunikation von oben nach unten, bei der kraft Amtsautorität Entscheidungen und Anweisungen durchgeboxt werden. Führung in meinem Verständnis funktioniert nicht durch hierarchische Macht. Sie hat mehr eine indirekte Form, bei der die Führung das Ziel im Auge behält, vom Anliegen überzeugt, die Beziehungen im Team pflegt und Fähigkeiten der Teammitglieder fördert. Primär ist Führung in diesem Sinne ein Energetisierungs- und Qualifizierungsvorgang. Dabei gilt es, anderen die Energie zu verleihen, sich selbst und ihre Aufgabe zu realisieren. Führung umfaßt drei Bereiche: Es ist eine personenbezogene Aufgabe (Teammitglieder motivieren, fördern, beraten, anregen), eine Sachaufgabe (Teammitglieder zur Verfolgung der Ziele und Aufgabenerfüllung befähigen) und eine sozial-integrative Aufgabe (eine ständige Kommunikation zwischen den Teammitgliedern aufrecht erhalten). Verstärkt ist dabei die Führung eine Moderationsaufgabe ohne Vorgesetzten-Mentalität und mit einem Umgang zwischen gleichberechtigten Partnern. Die Führenden in Teams sind Initiator, Motor und Katalysator der Teamprozesse (vgl. Decker 1994, S.15ff.) Sie erfüllen die Funktionen des Koordinierens und Coachens, damit das Team lebensfähig bleibt und die gesetzten Normen und Werte einhält bzw. weiterentwickelt (vgl. Meier 1996, S.105f.).

Maddux (1995, S.45f.) verwendet dafür die Bezeichnung „Teamleader". Teamleader/innen sorgen dafür, daß die Ziele des Teams realistisch und anforderungsadäquat sind, beteiligen sich aktiv am Team, ermitteln das notwendige Maß an Kooperation und Unterstützung und helfen, dies sicherzustellen.

In konstruktiven Teamführungsprozessen ist der bzw. die Führende ein ‚Strukturerhalter'. Führung trägt dazu bei, Rollen und Prozesse zu definieren sowie geeignete Regeln aufzustellen. Es ist eine Dienstleistungsaufgabe, die Rahmenbedingungen gewährleistet, Kommunikation realisiert, das Team nach außen repräsentiert, Druck von außen fernhält und die Befriedigung von Bedürfnissen der Mitglieder ermöglicht (vgl.

Motamedi 1996, S.71f.). Weiterhin gehört zu den Führungsaufgaben, dafür zu sorgen, daß die Struktur nicht nur erhalten, sondern auch weiterentwickelt wird und Innovationsprozesse nicht zum Stillstand kommen.

Bei Führung sind die Sozialkompetenzen des ‚Kommunikators' gefragt, so daß es dem Team gelingt, intern und extern im Gespräch zu bleiben, Kontakte zu halten, neue Verbindungen herzustellen und Kommunikationen zu vernetzen (vgl. Bardmann 1994, S.358). Benötigt werden „Katalysatoren oder Facilitatoren für ... (Teamprozesse, M.R.), Anpassung und Evolution, Lernen und Lernen zu lernen. Die Beteiligten definieren möglichst ihre Probleme selbst, Ziele sind gemeinsam zu erarbeiten, sie generieren Lösungsalternativen, evaluieren und revidieren die Lösungsprozesse. ... Ihre wichtigsten Aufgaben liegen darin, Ideen, Möglichkeiten, Alternativen, Werte usw. in die Diskussion zu bringen und Prozesse zu initiieren und zu fördern. Sie aktivieren das System (‚Team', M.R.) zu Gestaltungsprozessen, machen es produktiver und erhöhen letztlich die Selbstorganisation ..." (Probst 1985, S.117).

Die Führung im Team ist notwendig, weil ein Team als lebendes, sich entwickelndes System einer aktiven Koordination bedarf. Die Handlungen jedes einzelnen Teammitgliedes wirken sich auf das Gesamtteam aus, das benötigt Strukturierungsvorgänge. Allerdings muß diese Führung nicht auf eine Person bezogen sein. Die Führungsaufgaben können von mehreren, wechselnden Teammitgliedern wahrgenommen werden. Voraussetzung dafür ist eine genaue Definition der Aufgaben, soll das Team nicht im ‚Führungschaos' enden.

Die Führung im Team beinhaltet:
- Moderation und Coaching
- Koordination und Kommunikation
- Energetisierung und Qualifizierung
- Initiierung und Katalyse
- Analyse und Synthese
- Promotion und Intervention
- Lehren und Lernen
- Strukturieren und Intervenieren
- Strukturentwicklung und Innovation

Abb. 2: Aufgaben von Teamführung

Mit einem solchen Führungsverständnis wandelt sich die Hierarchie in eine *heterarchische Arbeitsweise* um. Diese Form der Teamführung ist durch verschiedene Verantwortungsrollen zu kennzeichnen. Die Personen im Team sind zugleich führende und geführte, die den Prozeß aktiv gestalten.

7. Dysfunktionale Prozesse in Teams

Es ist keineswegs so, daß die Tätigkeit von Teams immer problemlos verläuft. Auch in Teams können sich Prozesse entwickeln, die Spannungen verursachen, sich negativ auswirken und ein Team an den Rand seiner Existenz bringen können. Im folgenden beschreibe ich einige der möglichen Prozesse, die jedoch nicht gesetzmäßig in jedem Team ablaufen müssen.

1) Die Teamkohäsion wird übermäßig groß
Der Begriff der Kohäsion zielt auf die Beziehungen zwischen den Teammitgliedern und ist ein Ausdruck für das Maß, wie attraktiv das Team seinen Mitgliedern erscheint (vgl. von Rosenstiel/Molt/Rüttinger 1995, S.127ff.). Bis zu einem gewissen Umfang ist Kohäsion eine notwendige Bedingung für jedes Team. Wird die Kohäsion zu groß, kann sie sich leistungsmindernd auswirken, denn dann erlangt die Sicherung der Teamatmosphäre eine zu wichtige Bedeutung. Dies passiert etwa so: Man macht es sich gemütlich, kommt dann zu sehr in informelle Kommunikationsebenen und verliert dadurch Zeit für Sachaufgaben. Ein übermäßiges Harmoniestreben hemmt die Produktivität eines Teams. Ein übertriebener Teamgeist, der aus zu großer Kohäsion erwächst, kann in Teambefangenheit umschlagen und zu eingeschränkten Realitätswahrnehmungen und regressivem Entscheidungsverhalten führen.
Auf der phänomenologischen Ebene ist beobachtbar, daß bei wachsender Kohäsion die Leistungsstreuung im Team abnimmt und sich mehr am Durchschnitt orientiert. Das heißt, schlechtere Leistungsergebnisse und Spitzenleistungen vermindern sich. Staehle (1994, S.261ff.) betont, daß sich eine hohe Kohäsion nur dann positiv auswirkt, wenn die Teamziele vollständig mit den Organisationszielen übereinstimmen. Ist dies nicht der Fall, sind Leistungsrestriktionen die Folge.
Um die Kohäsion in Gruppen allgemein zu reduzieren, schlägt Staehle (ebd., S.259) folgende Maßnahmen vor:

- Erhöhung des Konkurrenzdenkens durch individuelle Aufgabenzuweisung und Leistungsbeurteilung,
- räumliche Trennung der Gruppenmitglieder,
- Vergrößerung der Gruppe durch neue Mitglieder,
- Reduzierung von Gruppenbesprechungen.

2) Wachsender Konservatismus
Mit zunehmender Dauer des Bestehens eines Teams kann dessen Konservatismus größer werden. Dies ist z.b. daran zu erkennen, daß die Bereitschaft zur eigenen Weiterqualifizierung sinkt. Damit kann es zum Entwicklungsstillstand in fachlichen und inhaltlichen Fragen kommen. Poppe (1992, S.6ff.) beschreibt aus eigener Erfahrung, daß auch die Bereitschaft zur Reflexion über die eigene Tätigkeit im Team sinkt. Meine Vermutung: Die Teammitglieder glauben, sich und ihre Vorgehensweise so gut zu kennen, daß ein explizites Reflektieren nicht mehr nötig ist. Außerdem sinkt die Bereitschaft, Neues auszuprobieren. Verschiedene Verfahren, die sich in der Tätigkeit bewährt haben, werden beibehalten, schleifen sich ab, so daß die Qualität sinkt. Bestehende, eingeübte Interaktionsmuster werden beibehalten, weil das Gefühl der Sicherheit und des Angenehmen überwiegt. Die Folge davon kann eine mangelhafte Berücksichtigung von veränderten Anforderungen sein.

3) Ungenügend entwickelte Arbeitstechniken bewirken Ineffizienz und sinkende Motivation
Teams können durch eine Reihe von sich wenig förderlich auswirkenden Prozessen behindert werden, die auf nichtadäquaten Arbeitstechniken beruhen. Häufig wird der Sachaufgabe ein zu großes Gewicht beigemessen, während der Prozeß zum Lösen dieser Aufgabe zu wenig Beachtung findet. So wird Zeit für unwesentliche Dinge verbraucht, die bei konsequentem Zeitmanagement effektiver genutzt werden könnte. In der Praxis ist auch immer wieder zu beobachten, daß so manches Team bei Anforderungen gleich in Aktionismus verfällt und dabei nicht genügend festlegt, was das Ziel der Tätigkeit ist und wie es erreicht werden soll. Zu wenig Raum für Auswertung und Kontrolle, damit Erreichtes reflektiert und aus Fehlern gelernt werden kann, bewirkt eine wachsende Unzufriedenheit mit der Tätigkeit, wodurch sich nicht zuletzt auch das Innovationspotential verringert.
Durch geeignete Interventionen im Rahmen der Teambildung können Teams ‚Werkzeuge' an die Hand gegeben werden, damit solche dysfunk-

tionalen Prozesse verringert oder verhindert werden können. Das Training von Auftragsbearbeitungen im Team und die intensive Reflexion darüber sind ein möglicher Beitrag im Rahmen von Teamentwicklung und ein Bestandteil der Konzeption zur Bildungsarbeit mit Teams (vgl. Abschnitt 9).

4) Allgemeine dysfunktionale Prozesse
Von Rosenstiel/Molt/Rüttinger (1995, S.131) beschreiben dysfunktionale Prozesse, die allgemein für Gruppen gelten:
- Gruppendruck, d.h. Anpassung an die Mehrheit;
- Autoritätsdruck, d.h. Anpassung an Autoritäten;
- Prestige und Kompetenzzuschreibung, d.h. Anpassung an Expertenautorität;
- Einfluß von Vielrednern, die nicht unbedingt die kompetentesten Personen sein müssen;
- Sympathie- bzw. Antipathieeffekte mit entsprechendem freundlichen oder aggressiven Verhalten;
- Vermischung von Sach- und Beziehungsebene, d.h. z.B. Austragen emotionaler Spannungen auf der Sachebene;
- Risikoschubphänomene, d.h. Treffen von mitunter riskanteren Entscheidungen durch Gruppen.

Weitere Prozesse, die Spannungen im Team anzeigen, sind z.B.:
- blockieren,
- rivalisieren,
- Clownerie,
- sich zurückziehen (vgl. Antons 1992, S.227f.).

Dysfunktionale Prozesse in Teams zu erkennen ist Aufgabe des Teams selbst. Diese können aber auch durch professionell begleitete Teamentwicklungsprozesse aufgedeckt werden. In diesem Zusammenhang meint *Teamentwicklung* einen längerfristigen Veränderungsprozeß eines Teams, der z.B. durch Beratung bewußt gemacht und gesteuert werden kann. Für Fortbildungsveranstaltungen, in denen Lerninhalte erarbeitet werden und die auch in einen Teamentwicklungsprozeß eingebettet sein können, verwende ich den Begriff *Teambildung*, weil der Bildungsgedanke vor allem die Eigenaktivität der Lernenden betont und sich als geplanter Prozeß von evolutionären Entwicklungsgedanken abhebt. Wird der Einfluß von dysfunktionalen Vorgängen im Team zu groß, kann dessen Existenz in Frage gestellt werden. Verhindert werden kann dies mit Hilfe einer permanenten und offenen Reflexion des Teams und mit Hilfe von Supervision. Die Beobachtung durch nicht am Tätigkeitsprozeß beteiligte Personen, Teammitglieder oder Externe, ist ein wirksames Mittel, um Vorgänge, die ein Team behindern, zu erkennen. Ein positiv verstärkendes Feedback trägt dazu bei, Ressourcen im Team offenzulegen, Motivation zu erhalten bzw. zu schaffen. Außerdem dient es der Befriedigung legitimer persönlicher Bedürfnisse von Teammitgliedern, wie Anerkennung und Achtung der eigenen Person.

Weiterhin gehören meiner Ansicht nach zum Erhalt und zur Weiterentwicklung des Teams die feste Installation von Auswertungsphasen nach Arbeitsprozessen und die Rotation bei arbeitsteilig zu erfüllenden Aufgaben, wie z.B. bei der Teamleitung, vorausgesetzt, Einverständnis und Motivation liegen vor.
Regelmäßige Fortbildungen, die auch von einzelnen absolviert und in das Team hineingetragen werden können, als fester Bestandteil der Tätigkeit eines Teams helfen, Verkrustungen aufzubrechen und Konservatismus zu vermeiden. Der Teambildung im Bereich der Arbeitstechniken sollte dabei ein genügend großer Raum gegeben werden. Bildungsarbeit ist nicht das ‚Allheilmittel' für unzulängliche Entwicklungen in Teams und für Teams, die eventuell von vornherein falsch angelegt wurden. Aber sie kann einen Beitrag leisten, um Teamaktivitäten effektiver und bewußter zu gestalten. Das heißt jedoch nicht, daß jede Modeerscheinung auf dem Fortbildungssektor gleich überstürzt in die Praxis des Teams übernommen werden und eine ständige Unruhe in der Teamtätigkeit herrschen muß. Mir geht es hier um Anregung durch gezielte Fortbildung und das Erkennen von Chancen zur Verbesserung der Teamarbeit und des Klimas im Team.

8. *Der Wandel des Lernens im Erwachsenenalter*

Mit dem folgenden Abschnitt soll nur ein kleiner Einblick in die Theorie des Lernens von Erwachsenen und die daraus resultierenden Schlußfolgerungen für die praktische Bildungsarbeit gegeben werden, die auch für das vorliegende Bildungskonzept bedeutsam sind.
Das Lernen von Erwachsenen hat einen anderen Charakter als das Lernen von Schülerinnen und Schülern. So haben Erwachsene bereits ein Vorverständnis von der zu lernenden Sache und können dazu spezielle

Fragen entwickeln. Die Erwartungen an ihren ‚Lehrer' sind widersprüchlich und vielschichtig: Einerseits wollen die Lernenden als Erwachsene respektiert werden, andererseits erwarten sie jedoch Anleitung und Führung. Besonders fortbildungsunerfahrene Erwachsene verlangen nach einem direktiven Lehrerstil, wollen aber keine demütigenden Schülererfahrungen reaktiviert sehen. Andere verbinden mit dem Besuch von Bildungsveranstaltungen den Wunsch, soziale Kontakte zu knüpfen und in Fragen der Identitätsfindung fachliche sowie menschliche Unterstützung zu finden (vgl. Meueler 1994, S.616f.).

Für die Gestaltung von Bildungsarbeit ist es notwendig, die Teilnehmenden aus der Haltung groß gewordener Schüler, sich endlich einmal bedienen zu lassen, herauszulösen. Es ist wichtig, sie zum Denken anzuregen, anstatt ihnen das Denken abzunehmen. Dazu sind problemformulierende und aktivierende Arbeitsformen einzusetzen, die verschiedene Formen der aktiven Aneignung abfordern: „... analysieren, vergleichen, herausfinden, bezweifeln, phantasieren, weiterschreiben, gegendenken, über-alle-Grenzen-hinaus-denken, Gegenwelten ausdenken" (Meueler 1994, S.625).

In der Erwachsenenbildung sollte die produktive Aneignung mit der außersubjektiven Wirklichkeit und anderen Teilnehmenden angeregt werden. Die Seminarleitung hat dabei verschiedene Funktionen, bei denen vorher mit der Gruppe geklärt werden muß, ob sie erfüllt werden oder nicht: Lernhilfe, Moderation, Kommunikation in einer Gruppe steuern, Animation, Interesse wecken, manchmal Mitlernen, in zunehmendem Maß Lebensberatung (vgl. Siebert 1994, S.642f.). Seminarleitung bedeutet, Lernhilfe zu leisten, sich entwickelnde Prozesse zu begleiten, wobei die Verantwortung für den Lernerfolg den Lernenden selbst überlassen bleibt (vgl. Götz 1994, S.217). Das Ergebnis eines solchen Bildungsprozesses ist das *gemeinsame Produkt* von Lernenden und Lehrenden.

Prinzipien einer modernen Bildungsarbeit mit Erwachsenen sind nach Siebert (1994, S.650ff.): Partizipation (Teilnehmermitbestimmung), Gegensteuerung (aufmerksam machen auf Konformitätsdruck, das Selbstverständliche in Frage stellen), Metakognition (Befähigung zum Selbstlernen durch Bewußtwerden eigener Lernstile und -barrieren, seiner Stärken und Schwächen), Integration (Zusammenhänge zwischen allgemeinen, politischen, beruflichen Lernzielen und Lerninhalten herstellen) und soziales Lernen (durch Methodeneinsatz Interaktionen planen und erleichtern).

Wie aus den voranstehenden Erläuterungen ersichtlich ist, kommt dem Erfahrungslernen im Bereich der Erwachsenenbildung eine besondere Bedeutung zu. Unter Erfahrungslernen verstehe ich das Lernen ‚am eigenen Leib', soziales Lernen (d.h. Lernen in direktem Kontakt und direktem Austausch) und das Lernen an echten (Vor-)Fällen, von denen der Lernende unmittelbar betroffen ist. Zum Bereich des Erfahrungslernens gehören auch die sogenannten Verhaltenstrainings. Dabei werden Verhaltensweisen analysiert und trainiert bzw. erprobt. Bei der Analyse und Modifikation wird auf lernpsychologische Gesetzmäßigkeiten wie Modell- oder Imitationslernen, klassisches Konditionieren, Verstärkungs- oder Bekräftigungslernen usw. Bezug genommen. Für Kooperationstrainings hat sich dieses Konzept hervorragend bewährt (vgl. Comelli 1985, S.155ff.).
Die Entscheidung für das Lernen durch eigene Erfahrungen ist mit der Konsequenz verbunden, daß eine übergroße Fülle an theoretischen Lerninhalten nicht möglich ist. Ein begrenzter Umfang an Theorie wird von den Teilnehmenden anhand von Übungen erarbeitet. Über die Eigentätigkeit angeeignete Inhalte werden nachhaltiger vermittelt und sind für die Praxis schneller verfügbar, als wenn sie nur als theoretisches Wissen aufgenommen wurden. Neben den eigentlichen Lernstoffen ist außerdem das Lernen anhand der gruppendynamisch ablaufenden Prozesse explizites Ziel des Trainings.
Wichtig für solche Trainings ist, daß anschließend der Transfer in die Praxis gesichert wird, deshalb ist auch die Einbettung in einen längerfristigen Beratungsprozeß eine optimale Bedingung für den Erfolg. Auch eine Folgeveranstaltung (Follow up) kann dazu sinnvoll beitragen.

9. Teambildung: „Effektive Zusammenarbeit im Team"

Auf der Grundlage theoretischer Erkenntnisse, eigener Praxiserfahrungen und Kundenanforderungen wurde gemeinsam mit dem Institut für kritische Sozialforschung und Bildungsarbeit eine Seminarkonzeption zum Verhaltenstraining „Effektive Zusammenarbeit im Team" entwickelt. Schwerpunkte des Trainings sind die Kooperation innerhalb von Gruppen bzw. Teams und das gemeinsame verantwortliche Handeln und Entscheiden. Dabei bildet das erfahrungsgestützte Lernen in Kleingruppen den Mittelpunkt der Arbeit.

– *Gesamtlernziele*
Das wesentliche Ziel des Seminars besteht darin, die Kooperation in Teams bzw. Arbeitsgruppen zu analysieren und bewußter zu gestalten. In zum Teil miteinander konkurrierenden Kleingruppen werden Aufträge erfüllt bzw. Probleme bearbeitet, um so eine immer effektivere und bewußtere Vorgehensweise sowie Arbeitsteilung zu praktizieren und Erkenntnisse aus vorangegangenen Arbeitsphasen anzuwenden. Die Teilnehmenden werden sensibilisiert für das Gruppengeschehen und das eigene Verhalten sowie dessen Wirkung auf andere. Das Seminar birgt die Chance, neue Formen der Zusammenarbeit im Team zu testen, dabei mit Vorstellungen über die eigene Rolle in solchen Prozessen zu experimentieren und neue Erfahrungen zu sammeln.

– *Spezifizierung der Ziele im Seminarverlauf*
Zunächst ist es Ziel des Trainings, daß die Teilnehmenden miteinander und mit dem Seminar vertraut werden. Die Erwartungen der Anwesenden werden geklärt und Absprachen zur Zusammenarbeit getroffen. Die Teilnehmenden beobachten sich und das Prozeßgeschehen in der Seminargruppe bei der Bewältigung von Anforderungen. Erfahrungen und Beobachtungen werden zunächst unstrukturiert, dann immer spezifischer ausgewertet, wobei die Aufmerksamkeit weniger auf das Ergebnis, sondern vielmehr auf den Prozeß gelenkt wird. Anhand verschiedener Übungen mit anschließender Auswertung gestalten die Teilnehmenden eine kooperative Teamarbeit, die zunehmend zielgerichteter und effektiver durchgeführt wird. Dabei wird ein vorwiegend induktiver Erkenntnisweg beschritten, d.h., anhand der Reflexion über die Prozesse in der Gruppe wird Wissen über Kooperation im Team, geeignete Vorgehensweisen, über Zielbestimmung und Möglichkeiten der Auswertung erarbeitet. Die Teilnehmenden erleben ihr eigenes Verhalten im Umgang mit Gruppenprozessen. Nachdem zunächst eine Analyse der spontanen Rollenverteilung in der ersten Gruppenarbeitsphase erfolgt ist, werden die Teilnehmenden angeregt, verschiedene Aufgabenrollen einzuführen und abwechselnd zu übernehmen. Der klar abgesteckte und knappe Zeitrahmen bei der Gruppenarbeit zwingt zum rationellen Arbeiten und zur Konzentration auf das Wesentliche. Die Auseinandersetzung mit Problemen der Meinungsbildung, Konflikten und Macht in Gruppen ist ebenfalls Schwerpunkt des Seminars. Gleichzeitig erweitern die Teilnehmenden ihr Selbstbild und reflektieren über ihre eigenen persönlichen Stärken und die ihrer Gruppenmitglieder. Die Motivierung durch positive Verstärkung ist ein weiterer Aspekt des Konzeptes.

Im Seminar sammeln die Teilnehmenden Erfahrungen mit der Präsentation von Arbeitsergebnissen, der Moderation von Gruppen und über das eigene Kommunikationsverhalten. Am Ende der Veranstaltung wird der Transfer des Gelernten in die Praxis von Teamarbeit angebahnt, indem an konkreten Aufgabenstellungen der Teilnehmenden Strategien für das Vorgehen diskutiert werden. Abschließend erfolgt eine Reflexion über das Seminar. Positive wie negative Erfahrungen werden angesprochen. Es wird überprüft, welche Seminarerwartungen erfüllt sind und welche nicht.

– *Ablauf des Trainings*

Im Regelfall dauert das Seminar drei Tage und beginnt in der Orientierungsphase mit einer Anwärmrunde, dem Kennenlernen der Seminarleitung und der Teilnehmenden, dem Austausch der Seminarerwartungen und dem Klären der Arbeitsweise. Die Teilnehmenden sollten sich bereits aus ihrem Tätigkeitszusammenhang kennen, ist dies nicht der Fall, muß für das Kennenlernen ein größerer Zeitrahmen geplant werden. Anschließend erfolgt eine erste – noch unstrukturierte – Arbeitsphase der gebildeten Kleingruppen mit integrierter Prozeßauswertung. Im Plenum wird durch einen theoretischen Input die nächste Arbeitsphase vorbereitet, wodurch dann das Arbeiten in den Kleingruppen strukturierter und zielbezogener ablaufen kann. Die Phasen Kleingruppenarbeit, Prozeßauswertung und Plenum wechseln sich im Seminarverlauf immer wieder ab, dabei werden die Themen *Zielbestimmung, effektive Ausnutzung der Zeit, Arbeitsteilung, systematisches Arbeiten, Auswertung von Arbeitsprozessen* und *Nutzen der Stärken aller* behandelt. Die Aufgabenstellungen in den Arbeitsphasen der Kleingruppen sind zunächst nicht direkt auf konkrete Praxisprobleme der Teilnehmenden bezogen, damit eine Konzentration auf Methodik und Vorgehensweise möglich ist und das Abschweifen auf inhaltliche sowie emotionell spannungsgeladene Inhalte verhindert wird. Im Verlauf des Seminars wird jedoch der Bezug zur konkreten Tätigkeit der Teilnehmenden verstärkt bis hin zur Diskussion aktueller Vorhaben. Am Ende des Trainings erfolgen eine Evaluierung des Seminars (Einschätzung des Trainings und dessen Nutzen für die Teamtätigkeit) und eine Evaluierung des persönlichen Lernerfolges.

Nach ca. drei Monaten wird eine etwa eintägige Nachfolgeveranstaltung (Follow up) bzw. ein Aufbauseminar durchgeführt, damit eine Überprüfung des Transfers in die Praxis und eine Vertiefung der Inhalte möglich sind.

– *Zielgruppe*

Konzipiert wurde das Seminar für Teams in der Aufbauphase und solche Teams, die ihre Arbeitsweise grundlegend überprüfen und effektivieren wollen. Geeignet ist es auch für Interessierte, die zukünftig als Team kooperieren möchten, und für Arbeitsgruppen, die sich dem Gedanken der Teamarbeit verbunden fühlen. Das Konzept ist sowohl in Wirtschaft und Verwaltung als auch in Non-Profit-Organisationen anwendbar.

Grundsätzlich sollten ganze Teams bzw. Gruppen am Seminar teilnehmen, mindestens aber mehrere Personen aus einem Tätigkeitszusammenhang. Für Einzelpersonen ist das Training weniger geeignet, weil es für diese kompliziert wäre, allein Erkenntnisse aus dem Seminar in ihre Kooperation mit anderen zu transformieren.

Mit dem Seminarkonzept „Effektive Zusammenarbeit im Team" kann ein Beitrag geleistet werden, die Kooperation in gerade entstehenden Teams aufzubauen bzw. in bereits existierenden Teams bewußter zu gestalten.

Anmerkung

[1] Rollendifferenzierung und Arbeitsteilung sind ähnliche Begriffe, die häufig synonym gebraucht werden. Meiner Ansicht nach sollten sie aber voneinander unterschieden werden. Rollen sind der dynamische Aspekt von Positionen und stellen das Insgesamt der Verhaltenserwartungen dar (vgl. Staehle 1994, S.251ff.). Bei Arbeitsteilung ist der Fokus auf den Sachgegenstand, die Aufgabe gerichtet. Somit ist er der engere Begriff und kennzeichnet einen Bereich von möglichen Rollen, während der Begriff der Rolle allgemeiner ist.

Literatur

Antons, Klaus: Praxis der Gruppendynamik. Göttingen, Toronto, Zürich 1992, 5. Aufl.: Hogrefe

Baecker, Dirk: Durch diesen schönen Fehler mit sich selbst bekannt gemacht: Das Experiment der Organisation. In: Managerie. Systemisches Denken und Handeln im Management. 3. Jahrbuch. Heidelberg 1995: Auer

Bardmann, Theodor M.: Wenn aus Arbeit Abfall wird. Aufbau und Abbau organisatorischer Realitäten. Frankfurt am Main 1994: Suhrkamp

Brunner, Reinhard; Zeltner, Wolfgang: Lexikon zur pädagogischen Psychologie und Schulpädagogik. Basel 1980: E. Reinhard

Comelli, Gerhard: Training als Beitrag zur Organisationsentwicklung. München, Wien 1985, 2. Aufl.: Hanser

Decker, Franz: teamworking: Gruppen erfolgreich führen und moderieren; mit Übungen zur geistigen Fitneß und Entspannung. München 1994, 2. Aufl.: Lexika

Garfield, Charles: Team Management. Funktionale Führung statt Hierarchie. München 1993: Wirtschaftsverlag Langen Müller Herbig

Götz, Klaus: Förderung von Führungskräftenachwuchs. Ein Beispiel für die Gestaltung von (systemischen) Instructional Designs (ID). In: ders. (Hrsg.): Theoretische Zumutungen. Vom Nutzen der systemischen Theorie für die Managementpraxis. Heidelberg 1994: Carl-Auer-Systeme

König, Eckard; Volmer, Gerda: Systemische Organisationsberatung. Grundlagen und Methoden. Weinheim 1994, 2. Aufl.: Deutscher Studien Verlag

Maddux, Robert B.: Team-Bildung: Gruppen zu Teams entwickeln. Leitfaden zur Steigerung der Effektivität einer Organisation. Wien 1995, 2. Aufl.: Wirtschaftsverlag Carl Ueberreuter

Mann, Leon: Sozialpsychologie. München 1991, 9. Aufl.: Psychologie-Verlags-Union

Meier, Rolf: Team-Power: kreativer – flexibler – schneller. Regensburg, Bonn 1996: Walhalla

Meueler, Erhard: Didaktik der Erwachsenenbildung/Weiterbildung als offenes Projekt. In: Tippelt, Rudolf (Hrsg.): Handbuch der Erwachsenenbildung/ Weiterbildung. Opladen 1994: Leske + Budrich

Motamedi, Susanne: Führung von Hand zu Hand. In: ManagerSeminare 1996, Heft 22, I. Quartal, S.70-73

Poppe, Manfred: Die dezentralisierte Gesamtschule. In: Gemeinnützige Gesellschaft Gesamtschule und Forum Eltern und Schule (Hrsg.): GGG-FESCH-Info 1992, Heft III, S.6-17

Probst, Gilbert J.B.: Selbst-Organisation. Ordnungsprozesse in sozialen Systemen aus ganzheitlicher Sicht. Berlin, Hamburg 1985: Parey

Rosenstiel, Lutz von; Molt, Walter; Rüttinger, Bruno: Organisationspsychologie. Grundriß der Psychologie: eine Reihe in 22 Bänden hrsg.von Herbert Selg und Dieter Ulich. Band 22. Stuttgart, Berlin, Köln 1995, 8. überarb. und erw. Aufl.: Kohlhammer

Siebert, Horst: Seminarplanung und Seminarorganisation. In: Tippelt, Rudolf (Hrsg.): Handbuch der Erwachsenenbildung/Weiterbildung. Opladen 1994: Leske + Budrich

Spitzenteams: schnell, stark, schlagkräftig. In: ManagerSeminare 1996, Heft 22, I. Quartal 1996, S.62-69

Staehle, Wolfgang H.: Management. Eine verhaltenswissenschaftliche Perspektive. München 1994, 10. Aufl.: Vahlen

Voigt, Bert: Team und Teamentwicklung. In: Organisationsentwicklung 1993, Heft 3, S.34-47

Friederike Erhart/Ute Meyer

Burnout – eine moderne Karriere

Gefühle sind immer die Gefühle ihrer Zeit. Aber sie sind den Menschen erst in dem Moment klar, wenn sie auf den Begriff gebracht wurden. Die Geburt eines Begriffes codiert ein bis dahin ‚sprachloses' Lebensgefühl, das durch die jeweils aktuellen gesellschaftlichen Bedingungen bestimmt ist, und macht es kommunikationsfähig. Entsprechend der gesellschaftlichen Modernisierung, die in ihren Schattenseiten Gefühle der Überforderung produziert, verändert sich die Semantik, und durch die spezifische (neue) semantische Codierung wird die diffuse gesellschaftliche Stimmungslage sprachfähig. Dann erst beginnt die Karriere eines Begriffs und der damit artikulierten Gefühle. Die jeweiligen gesellschaftlichen Modernisierungsphänomene finden so ihren Niederschlag in der Psyche der Individuen.
Jede Epoche hat ihre spezifischen Verarbeitungsformen der gesellschaftlichen Anforderungen und Veränderungen, ihre damit verbundenen Gefühle und daraus resultierenden Verhaltensweisen. Im 18./19. Jahrhundert waren die Menschen der westlichen (Industrie-)Welt *nervös* – eine Reaktion auf die zunehmende Beschleunigung der Zeit und den verschärften Kampf ums Dasein (vgl. Radkau 1993). Im 19./20. Jahrhundert war *Hysterie* die Form (vor allem der bürgerlichen Frauen), Angst und Anspannung zu verarbeiten, resultierend aus den gesellschaftlichen Anforderungen, den individuellen Bedürfnissen und Empfindungen keinen unvermittelten Ausdruck zu verleihen und stets Zurückhaltung zu üben (vgl. Sennett 1991). Ende der 60er Jahre unseres Jahrhunderts begann die Karriere des Begriffs und analog des Gefühls der *Frustration*. Dieses Gefühl – vom Fremdwörterduden (1982, S.263) ausgewiesen als „Erlebnis einer wirklichen oder vermeintlichen Enttäuschung und Zurücksetzung durch erzwungenen Verzicht oder Versagung von Befriedigung" – kann durchaus als Reaktion auf das gesellschaftliche Schockerlebnis der ersten Wirtschaftskrise nach dem sogenannten Wirtschaftswunder der Nachkriegszeit interpretiert werden. Heute, in den 90er Jahren des 20. Jahrhunderts, ist das ‚Ausgebranntsein' die typische Reaktionsform der Individuen auf die überkomplexe Fülle von Anforderungen und Reizen emotionaler, geistiger und körperlicher Art der modernen Gesellschaft. *Burnout* – die englische Begrifflichkeit für das

derzeitige gesamtgesellschaftliche Phänomen in der westlichen Welt – ist also durchaus eine Modeerscheinung, denn modern zu sein heißt, auf der Höhe der Zeit zu sein. Die Ausbreitung dieser Trendkrankheit ist jedoch nicht einfach eine vorübergehende Spielerei der Individuen, sondern wird leidvoll erlebt. Gefühle hinterlassen Spuren in den Menschen. Diejenigen, die sich als ausgebrannt bezeichnen, sind keine Simulanten, die einer unangenehmen Verpflichtung aus dem Weg gehen wollen – wie ein verbreitetes Urteil glauben machen will. Vielmehr haben sie aufgrund der modernen Semantik eine negative Stigmatisierung ihrer eigenen Handlungen und Verhaltensweisen übernommen; die damit verbundenen Gefühle und psychosomatischen Reaktionen sind für die einzelnen äußerst real und damit ernstzunehmen.

Im folgenden soll es darum gehen, der Karriere des Begriffsgefühls des Burnout nachzuspüren (Abschnitt 1) und verschiedene Ansätze zur Erklärung des Phänomens vorzustellen (Abschnitt 2), die zwar weitverbreitet, aber allesamt verkürzt sind, da sie jeweils nur eine spezifische Seite beleuchten. Innerhalb der Burnout-Forschung besteht die Tendenz, komplexe sozial-historische und gesellschaftliche Probleme zu personalisieren (vgl. Wagner 1993, S.114f.). Die vor allem in den helfenden Tätigkeiten weitverbreitete berufsimmanente Strategie, (psycho-)soziale Problemstellungen psychologisierend und individualisierend umzudefinieren, wird vornehmlich in den sogenannten individuenzentrierten Erklärungsansätzen auch auf die ausgebrannten Menschen angewandt und somit verdoppelt. Die starke und weitverbreitete Betonung individueller ‚Unfähigkeiten‘, mit Streß und Überforderung umzugehen, verstellt den Blick auf strukturelle und situationale Rahmenbedingungen. Der häufige Verweis auf Anpassungsprobleme in Verbindung mit Präventions- und Interventionsmöglichkeiten legt die Vermutung nahe, daß die vom Burnout Betroffenen in entsprechenden Maßnahmen lernen sollen, sich besser an die bestehenden (Berufs-)Situationen anzupassen, anstatt verändernd auf diese einzuwirken. Hier wird eine persönliche Verantwortung der Betroffenen für den Burnout-Prozeß in den Vordergrund geschoben, die es *so* jedoch nicht gibt.

Bevor abschließend pädagogische Antworten entwickelt werden, wie dem gegenwärtigen gesellschaftlichen Massenphänomen des Ausbrennens begegnet werden kann (Abschnitt 4), sollen zunächst andere Theorien herangezogen werden, um durch diese angereichert ein entwickelteres Verständnis zum Phänomen Burnout darzulegen (Abschnitt 3).

1. Gestreßt, erschöpft, ‚ausgebrannt' – Ein Gefühl bestimmt das Sein

Die im Einleitungstext dieses Bandes aufgezeigten Modernisierungsanforderungen verlangen von den Individuen ein hohes Maß an Flexibilität, Orientierungsfähigkeit und Entscheidungskraft. Angesichts der Erfahrung, daß die Halbwertzeit des Wissens häufig geringer ist als seine Aneignungszeit, angesichts der stets spürbaren Erwartung, in immer kürzerer Zeit immer mehr und immer perfektere Leistungen erbringen zu müssen, und angesichts des Erlebnisses, daß die gestern möglicherweise noch von einer großen Gruppe geteilten Werte heute kaum noch Gültigkeit haben, gelingt es den einzelnen immer weniger, den Anforderungen der Moderne unbeschadet standzuhalten. Gleichzeitig sind die Menschen einer ständig wachsenden akustischen und optischen Reizüberflutung ausgesetzt, der sie sich nur mit Mühe, zum Teil aber auch gar nicht erwehren können. Die Dauerbelastung durch unterschwellige, ständige Geräusche hat in den letzten hundert Jahren dramatisch zugenommen, die permanente Geräuschkulisse verursacht Streß bis hin zu chronischen Erkrankungen, weil das Sinnesorgan Ohr nicht abgeschaltet werden kann (vgl. Der Spiegel 1996). Immer mehr und immer buntere Bilder müssen gefiltert werden, um die jeweils relevanten Informationen wahrnehmen und Entscheidungen treffen zu können. Gerhard Schulze hat anschaulich beschrieben, welche Auswirkungen die „Vermehrung der Möglichkeiten" auf das alltägliche Leben hat, wo in einer Überfülle von Angeboten ständig Entscheidungen gefordert sind, ohne daß man etwas grundlegend Wichtiges entscheiden würde (vgl. Schulze 1993, S.54f.). „Die wachsende Komplexität aller Prozesse des modernen Lebens mit der nachfolgenden, immer feineren Spezialisierung von Kompetenzen sorgt tendenziell für weitere Autonomieeinbußen. Im Schwinden begriffen ist die Zahl derer, die sich für die eigene Gesundheitspflege, Ernährung, Sexualität, Kleidung und Inneneinrichtung, für die Erziehung ihrer Kinder und die Reparatur ihres Autos selbst hinreichend gerüstet fühlen oder allenfalls bei einem Generalisten wie dem alten Hausarzt oder der Autowerkstatt Rat suchen. Dafür wächst die Zahl der Ratgeber, der gedruckten und der lebenden, die über immer kleinere Teilbereiche immer mehr zu sagen wissen" (Burisch 1994, S.204).
Ein stets zunehmendes Tempo bestimmt das Leben; „Keine Zeit, keine Zeit" – der Ausruf des eilig hastenden Hasen bei Alice im Wunderland ist auch in der heutigen Lebensstruktur ein oft gehörter Satz. Der Takt,

das Zeitmuster des Mechanischen, hat die lebendige Logik des Rhythmus abgelöst (vgl. Geißler 1995). In der Industriegesellschaft bedeutet Modernisierung eine Beschleunigung des Taktes. Zeit ist zu einer Ressource geworden, die es zu erschließen gilt, um Zeit zu sparen, um noch schneller produzieren, entscheiden, reisen, sich versorgen und amüsieren zu können. Die Jungen kommen mit diesen Bedingungen des täglichen Lebens besser zurecht: Die nach 1969 Geborenen reden schneller, begreifen schneller, nehmen schneller wahr. Es ist allerdings noch nicht ausgemacht, ob nicht auch sie unter der Auflösung der bindenden Zeitgeber leiden. „Die Orientierungsmaßstäbe und die Orientierungsmaße werden individueller Disposition anheimgestellt ... Sie wechseln situativ beliebig. Die Individuen werden gezwungen, selbst darüber zu entscheiden, an welchen Maßen sie ihr Leben ausrichten. Sie werden zur Freiheit verpflichtet. Diese Freiheit, die in der Lockerung der Anbindung an den Takt ja auch enthalten ist, die kann jedoch dann nicht genutzt werden, wenn die Subjekte nur die abstrakte Freiheit der Wahl ihrer orientierenden Maßstäbe haben, für die Entscheidung, an welchen sie sich orientieren, aber keine Kriterien besitzen. Die Folgen sind bereits sichtbar. Zunehmend wird Orientierungsbedarf angemeldet ... Immer mehr besteht der Modus unseres Lebens im steten Umherirren" (Geißler 1995, S.12, Hervorh. entf.). Die Gesellschaft organisiert sich nonstop, und non-stop durchläuft der moderne Mensch das Leben. Schon gibt es einen Verein ‚Tempus – zur Verzögerung der Zeit', weil längst nicht mehr alle Menschen mit der Schnelligkeit Schritt halten können oder wollen und weil es notwendiger denn je zu sein scheint, blindem Aktionismus Zeit zum Innehalten und Nachdenken entgegenzusetzen (vgl. Piper 1995).

Streß und Erschöpfung sind zur Dauererscheinung und -belastung in der westlichen Welt geworden – nicht nur zur Weihnachtszeit oder zu produktiven Spitzenzeiten im Betrieb. Häufig wird diese individuelle Reaktion auf die permanente Dauerbelastung auch als Ausbrennen oder als Burnout bezeichnet, ein Begriff, der erstmals Mitte der 70er Jahre in den USA Verwendung fand, damals allerdings ausschließlich bezogen auf soziale Berufe, in denen die Arbeit einseitig auf Geben ausgerichtet ist. Losgelöst von dieser definitorischen Einschränkung lief der Begriff nach seinem Aufkommen zu einer großen Popularität auf: Jedes Anzeichen von Müdigkeit oder Unlust, jeder Zustand von Erschöpfung oder Trauer, jedes Gefühl von Überanstrengung oder Hilflosigkeit wird als Ausgebranntsein bezeichnet. Eine Unterscheidung zwischen Streß, Erschöpfung, Überdruß oder Ausgebranntsein ist im allgemeinen Sprachgebrauch kaum mehr auszumachen. Die Menschen – egal welchen Alters und welchen Geschlechts, unabhängig davon, ob sie berufstätig sind oder nicht – bezeichnen sich oder auch andere schnell und undifferenziert als ausgebrannt. Dieser fast inflationär anmutende Gebrauch des Wortes ist jedoch nicht nur Ausdruck der Stimmungslage in einer anstrengenden, erschöpfenden und ausgebrannten Welt, sondern auch Zeichen der Unsicherheit und Überforderung.

Erhellend wirkt – wie so oft – ein Blick zurück: Die Karriere des Begriffs ‚Burnout' und des Gefühls, ‚ausgebrannt zu sein', gleicht frappant der der ‚Nervosität' Ende des 18./Anfang des 19. Jahrhunderts. Als Reaktion auf die damaligen tiefgreifenden gesellschaftlichen, politischen und technischen Veränderungen entwickelte sich die ‚Neurasthenie' zu einem gesamtgesellschaftlichen Erscheinungsbild; unabhängig von Geschlecht, Alter, Bildungsgrad, gesellschaftlichem Stand oder Art und Dauer der Arbeit klagten die Menschen über Nervosität und fehlende Energie. Selbst die wilhelminische (Welt-)Politik wurde von einer gleichsam strukturellen Nervosität bestimmt und in der Öffentlichkeit als Ausdruck der Nervenschwäche beurteilt. Entsprechend wurden starke Nerven, Energie und kraftvolle Ruhe zum allgemeingültigen Ideal (vgl. Radkau 1993). Nervosität – so kann in der Rückschau festgestellt werden – war „nicht nur ein Leiden, sondern auch ein Reflex von Reizen, und nicht nur ein individueller Zustand, sondern auch eine gesellschaftliche Befindlichkeit" (ebd., S.161). Parallelen zu dem Ende des 20. Jahrhunderts gesellschaftlich dominanten Erscheinungsbild des Ausgebranntseins mit dem gleichzeitig geltenden Ideal der problemlosen Dauerbelastbarkeit sind nicht zu übersehen. Zahlreiche Veröffentlichungen, das Auftreten des Leidens als Massenerscheinung, die Tendenz, jegliche Überforderung als Nervosität (bzw. Ausgebranntsein) zu bezeichnen, öffentliche und fachspezifische Debatten, die Schwierigkeit, ja geradezu Hilflosigkeit in der Diagnose und in den Versuchen, das Phänomen (wissenschaftlich und laienhaft) zu erklären, die Bandbreite und Unspezifik der Symptome, die ratlos breitgestreuten Therapievorschläge – all das begleitete das Phänomen ‚Nervosität' im letzten Jahrhundert ebenso wie die heutigen Debatten um das Phänomen ‚Burnout'. Die Entstehungsgeschichte der Nervosität ähnelt stark der des Burnout: Beide Phänomene wurden zunächst in den USA ‚entdeckt', bevor sie dann auch in Deutschland populär wurden. Selbst die vermuteten Ursachen für diese Krankheitsbilder gleichen einander. Man glaubte, „das

Leiden der Neurastheniker rühre vor allem von daher, daß sie sich überarbeiteten und übermäßig verausgabten, ohne ihre Nervenkraft durch entsprechende Ruhepausen zu regenerieren" (Radkau 1993, S.156). Die Nervosität wurde zunächst als eine typische Folge übermäßiger geistiger Arbeit aufgefaßt und vor allem bei Gebildeten erkannt. Bald schon wurde die Diagnose aber auch bei körperlich arbeitenden Menschen gestellt, vor allem in den Berufen, die vom technischen Wandel und wachsendem Tempo besonders betroffen waren. In erster Linie galt der verschärfte Kampf um das Dasein als Quelle der modernen Nervosität, darüber hinaus sah man ihre Ursachen aber auch in äußeren Einwirkungen des Berufslebens und der Freizeit. Selbst individuelle Faktoren wie eine vererbte Veranlagung wurden als Ursprung vermutet. Dennoch wurde schon damals diskutiert, daß die Nervosität eine spezifische Form war, mit dem Tempo und den Herausforderungen der modernen Großstadt umzugehen. „Viele sahen in der Nervosität nicht nur eine Angelegenheit der Nervenärzte, sondern eine charakteristische Zeiterscheinung, einen Bestandteil des modernen Lebensstils" (ebd., S.158).

Das Fazit, das Radkau zur Entwicklung der Nervosität zieht, hat für die heutige Zeit ebensolche Gültigkeit: „In ziemlich kurzer Zeit wurde die Welt erheblich komplizierter, unübersichtlicher und unsicherer, und die Vielzahl der auf ganze Menschenmassen zukommenden Anforderungen, Eindrücke und Perspektiven wuchs rapide. Prozesse der Entgrenzung sind dabei wahrscheinlich noch wichtiger als Prozesse der Beschleunigung" (ebd., S.155). Die „damalige ‚Neurasthenie' (wirkt) in vielen Fällen, genau besehen, wie eine – bewußte oder unbewußte – Strategie des Körpers, sich durch *Untätigkeit* einem Übermaß an Anforderungen zu entziehen" (ebd., S.153, Hervorh. entf.). Vor diesem Hintergrund muß auch das Ausgebranntsein aus einem anderen Blickwinkel betrachtet werden; es ist eine neue spezifische, d.h. moderne Art und Weise, auf die Herausforderungen und Überforderungen des modernen Lebens zu reagieren und diese zu verarbeiten (vgl. Barth 1992, S.13ff. und S.26ff.).

2. Verkürzte wissenschaftliche Sichtweisen auf das Phänomen ‚Burnout'

In der Öffentlichkeit und in der Wissenschaft ist das ‚Burnout-Syndrom' zu einem kontrovers diskutierten Thema avanciert. Allerorten wurden von offizieller Seite Arbeitsgruppen eingerichtet, in denen Maßnahmen zur Vermeidung des Ausbrennens und des vorzeitigen Ausstiegs aus dem Beruf entwickelt werden soll(t)en. In vielfältigen und umfangreichen Forschungsarbeiten wurde und wird versucht, das Phänomen zu erörtern und zu erklären. Entsprechend zahlreich und – da in sich auch widersprüchlich – kaum noch überblickbar ist die Literatur, die von Beschreibungen der Symptome und Abläufe des Burnout über Erklärungsversuche möglicher Ursachen bis hin zu Ratschlägen reicht, wie dem Ausbrennen entgegengewirkt werden kann (vgl. Barth 1992, Burisch 1994, Edelwich/Brodsky 1984, Enzmann/Kleiber 1989, Freudenberger/Richolson 1990, Gusy 1995, Meyer 1991, Müller 1994, Pines/Aronson/Kafry 1993 etc.). Trotz dieser Vielzahl an Untersuchungen konnte bislang keine Einigkeit über die Frage erzielt werden, wodurch das Ausbrennen ausgelöst wird. Ebenso unklar ist die Verwendung des Begriffs ‚Burnout‘, was letztendlich darunter zu verstehen ist und wie der Burnout-Prozeß verläuft. „Nicht nur die Widersprüchlichkeit der ausgemachten Burnout-Symptome, sondern auch die noch nicht geklärte Frage, was als *Ursache*, was als *Symptom* und was als *Folge* von Burnout anzusehen ist, hat zur herrschenden Konfusion beigetragen" (Wagner 1993, S.11f.). Weitgehender Konsens besteht darin, daß das Phänomen ‚Burnout‘ in der Regel nicht aus traumatischen, also einmaligen und extremen Belastungen entsteht, sondern eine individuelle Reaktion auf andauernde bzw. wiederholte emotionale Belastungen im (beruflichen) Alltag darstellt (vgl. z.B. Enzmann/Kleiber 1989, Burisch 1994, Gusy 1995). Das Ausbrennen selber ist also kein Zustand, in dem man sich entweder befinden kann oder nicht oder der plötzlich aus dem Nichts auftritt, sondern es handelt sich um einen fortschreitenden Prozeß, in dem es viele Warnzeichen gibt, bevor es im Endstadium zum völligen physischen und psychischen Zusammenbruch kommen kann. Da die Übergänge bei einem solchen kontinuierlichen Verlauf flexibel und gleitend sind, stellt sich unweigerlich die Frage, ab wann jemand als ausgebrannt bezeichnet werden kann oder eventuell auch bezeichnet werden muß (vgl. Barth 1992, S.20). Übereinstimmend wird der Prozeß des Ausbrennens als jederzeit anhaltbar und umkehrbar beschrieben. Auch kann er von einer Person mehrfach durchlaufen werden.

In Abgrenzung zum allgemeineren Streßbegriff wird in der wissenschaftlichen Debatte für das Burnout-Syndrom die berufsbedingte Interaktion mit anderen Menschen als Definitionskriterium herangezogen. Während also Streß oder Überdruß aus jeder chronischen Belastung geistiger, körperlicher oder emotionaler Art entstehen kann (vgl. Pines/

Aronson/Kafry 1993, S.25), wird das Burnout als Phänomen personenorientierter Berufe verstanden, in denen „die Beziehung zwischen Gebenden und Nehmenden zentraler Bestandteil der Arbeit ist und ... die Bereitstellung von Lehrinhalten, Dienstleistungen oder Behandlungen höchst emotional sein kann" (Johann Jacobs Stiftung 1996, S.18). Als ausschlaggebend werden hierbei die Asymmetrie der Interaktionsbeziehung und die (wechselseitige) Abhängigkeit gesehen, der zufolge keiner der Beteiligten die Beziehung auflösen kann, ohne Schaden zu nehmen. Vom Ausbrennen betroffen sind – nach bisherigen Erhebungen und Untersuchungen – häufig Menschen, die in ihrer Tätigkeit ein großes Engagement aufbringen, die hohe, idealistische Ziele haben und die oftmals in Fragen der Moral und der gesellschaftlichen Werte Stellung nehmen müssen.[1] Gleichzeitig sind sie in ihrem Beruf immer wieder mit Machtlosigkeit und Rückschlägen konfrontiert, haben selten direkte Erfolgserlebnisse und erfahren kaum Anerkennung. Infolgedessen ist für sie der Wert ihrer Arbeit nur schwer einschätzbar. Auch wenn diese Feststellungen in erster Linie auf die sogenannten helfenden oder personenorientierten Berufe als besonders gefährdete oder betroffene Berufsgruppe hinzuweisen scheinen, ist noch nicht abschließend geklärt, ob das Burnout nur für eine bestimmte Berufsgruppe eine spezifische und typische Befindensbeeinträchtigung darstellt (vgl. Barth 1992, S.21f., Wagner 1993, S.2).

Neben den auch als Streßreaktionen bekannten psychosomatischen Symptomen kommt es beim Burnout zu emotionaler Erschöpfung, Depersonalisierung und Leistungsrückgang (vgl. Johann Jacobs Stiftung 1996, S.18). Diese drei erstmals von Christina Maslach beschriebenen Faktoren werden derzeit weitgehend als charakteristisch für das Burnout angesehen. *Emotionale Erschöpfung* äußert sich in dem Gefühl, emotional überbeansprucht zu sein, keine emotionalen Reserven mehr zu haben und vom täglichen Umgang mit den Kunden[2] ausgelaugt zu sein. Die Erschöpfung kann so weit gehen, daß selbst private Aktivitäten keine Kraftquelle mehr darstellen, sondern nur noch als weitere, kaum zu bewältigende Anforderungen erscheinen. *Depersonalisierung* (oder auch Dehumanisierung) betrifft die Einstellung zu den Kunden und zum Beruf. Angesichts der Erfahrung, daß die idealistischen Ziele an der Realität scheitern, findet eine Desillusionierung und ein Verlust der Ideale statt. Die vormals häufig distanzlose, überbordende Umgehensweise mit den Kunden wandelt sich zu einem negativen, gefühllosen und übermäßig distanzierten Verhalten. „Menschen, die diesem Prozeß der

Dehumanisierung verfallen, verlieren die Fähigkeit, die persönliche Identität ihrer Mitmenschen wahrzunehmen, sprechen immer weniger auf sie an und behandeln sie, als wären sie keine ... Ausgebrannte Menschen ... sehen ihre Patienten und Klienten oft nicht mehr als Individuen, sondern als Aggregate von Problemen" (Pines/Aronson/Kafry 1993, S.29f.). Der *Leistungsrückgang* wird eingeleitet durch das Gefühl, die anfallende Arbeit nicht mehr bewältigen zu können. Die Wirksamkeit der eigenen Leistungen wird als reduziert erlebt, das eigene Können und der Sinn des beruflichen Handelns werden angezweifelt. In der Folge kommt es immer häufiger zur Ausweitung von nebensächlichen Tätigkeiten, zum Fernbleiben vom Arbeitsfeld und zu einer Verlängerung der Arbeitspausen. Dieser körperliche Rückzug und die innere Distanzierung von den Kunden führt langfristig zu einer Minderung der Produktivität und zu einer abnehmenden Qualität der Arbeit.

Die verbreitete Tendenz, diese Faktoren testdiagnostisch messen zu wollen, basiert auf der falschen Annahme, Burnout sei eine operationalisierbare Größe. Wie wir gezeigt haben, handelt es sich beim Phänomen des Ausbrennens um in die Individuen hineinverlagerte Modernisierungsphänomene, die ihren Ausdruck in Gefühlen und Verhaltensweisen finden. Burnout ist also eine negative Selbststigmatisierung auf der Grundlage der modernen Semantik – diese individuellen Vorstellungen und Selbstbeschreibungen sind nicht meß- oder vergleichbar. Dieser Gedanke ist geleitet von den Erkenntnissen der Systemtheorie, die aufgezeigt hat, daß Probleme nicht von außen diagnostiziert werden können, sondern dann existent sind, wenn die Individuen sie als solche empfinden.

Zur Beantwortung der Frage nach den Ursachen des Burnout werden in der Burnout-Forschung verschiedene und zum Teil sehr heterogene Erklärungsansätze angeboten. Auch wenn diese Ansätze zum überwiegenden Teil aufgrund ihrer Begrenzung auf einen bestimmten Aspekt nur verkürzte Antworten liefern, sollen sie hier dargestellt werden. Aus der Gesamtsicht und der Kritik lassen sich Fragen formulieren, die den Blick frei machen für andere Sichtweisen. In Anlehnung an Enzmann/Kleiber (1989) haben wir drei Kategorien unterschieden: individuenzentrierte Ansätze, arbeits- und organisationsbezogene Ansätze und sozialwissenschaftliche Ansätze.[3]

Bei den *individuenzentrierten Ansätzen* bildet – wie der Begriff schon zeigt – die Persönlichkeit der Betroffenen den Ausgangspunkt. Als ursächlich für die Entstehung von Burnout wird eine Diskrepanz zwischen

Ideal und Wirklichkeit gesehen. Idealismus, unrealistische Zielsetzungen, zu hohe Erwartungen und mangelnde Bewältigungskompetenz bei den Individuen gelten als auslösende Faktoren. Burnout wird hier als defensive (Nicht-)Bewältigung von Streß interpretiert. Situationale Aspekte werden im Rahmen dieser Erklärungen als nicht relevant ausgeklammert, wenn sie doch wahrgenommen werden, wird ihnen nur ein geringer Einfluß zugeschrieben.[4] Analog der Sichtweise, daß eine nicht gelungene Anpassungsleistung der Person an die Umwelt die Ursache des Burnout-Syndroms darstellt, zielt die Intervention darauf, die ‚Wirklichkeit' und die Perspektive der Betroffen zur Übereinstimmung zu bringen.

Bei den *arbeits- und organisationsbezogenen Ansätzen* sind dagegen die organisatorischen bzw. institutionellen Bedingungen und die situationalen Bedingungen des Arbeitsplatzes von zentraler Bedeutung. Neben arbeitsorganisatorischen Faktoren wie Zeitdruck, Arbeitsüberlastung, Rollenambiguität und Rollenkonflikten gilt hier der emotional beanspruchende und erschöpfende Umgang mit anderen Menschen als ursächlich für den Burnout-Prozeß. Die individuelle Umgangsweise mit Streß wird bei diesem Ansatz nicht ausgeklammert. Pines/Aronson/Kafry (1993, S.42ff.) weisen beispielsweise darauf hin, daß eine vielschichtige Kombination persönlicher und umweltgegebener Faktoren ausschlaggebend dafür ist, wie ein Mensch auf belastende Situationen reagiert. Dementsprechend werden individuelle Unterschiede gesehen, wann das Burnout einsetzt, wie lange es anhält und wie schwerwiegend seine Folgen sind. „Es ist nützlicher, sich auf Umweltfaktoren sozialer wie physikalisch-materieller Natur zu konzentrieren, die die Menschen veranlassen, sich auf eine bestimmte Art zu verhalten. Dieser Ansatz leugnet die Bedeutung von individuellen Zügen und Persönlichkeitsmerkmalen nicht, berücksichtigt jedoch, daß antisoziales Verhalten auch durch Komponenten der Situation beeinflußt sein kann" (ebd., S.74) Entsprechend zielen Interventionen sowohl auf individuelle als auch auf soziale und organisatorische Maßnahmen am jeweiligen Arbeitsplatz.

Im Rahmen der *sozialwissenschaftlichen Ansätze* stehen gesellschaftliche Prozesse im Vordergrund. Die (wenigen) Vertreter dieser Forschungsrichtung scheinen dem komplexen Phänomen des Burnout am ehesten gerecht zu werden, da sie mehrere Determinanten berücksichtigen. Sie gehen davon aus, daß Burnout kein Problem individueller Bewältigung oder Anpassung ist; vielmehr handele es sich um ein kulturelles und historisches Phänomen. Burnout resultiert demnach aus einem Verlust geistiger und moralischer Vorsätze und Verpflichtungen – nicht nur, aber überwiegend – in der Arbeit. Die wirtschaftlichen und gesellschaftlichen Veränderungen seit den 60er Jahren haben die Anforderungen und Erwartungen an die sogenannten helfenden oder auch sozialen Berufe immens steigen lassen, während die finanziellen Mittel zusammengestrichen wurden. Gleichzeitig wuchsen in diesem Bereich der Verwaltungsaufwand und die Bürokratie. Gerade die sozialen Berufe sind durch ein hohes Berufsethos gekennzeichnet, das zugleich einen Berufs*mythos* darstellt: Der Beruf ist – folgt man dieser Einstellung – Berufung, Basis der Tätigkeit ist eine klienten- oder kundenzentrierte Einstellung, der zufolge man ausschließlich für andere da ist, während die eigenen Bedürfnisse unberücksichtigt bleiben (müssen); die soziale Arbeit ist von großer gesellschaftlicher Bedeutung, mit dem richtigen Einsatz können Unbill und Ungerechtigkeiten der Gesellschaft aufgefangen und abgemildert, wenn nicht gar ungeschehen gemacht werden. Diese beklemmende und die Individuen überfordernde Sichtweise auf die sozialen Berufe wird von der Öffentlichkeit geteilt und als Anforderung zurückgespiegelt, da aufgrund gesellschaftlicher Entfremdungstendenzen, sozialer Umgebungsbedingungen und der Faktoren des kulturellen und wirtschaftlichen Wandels eben diese professionellen Dienste notwendiger sind denn je. Burnout wird innerhalb dieser Ansätze als ein Modell gesehen, bei dem eine Interaktion zwischen individuellen, organisatorischen und gesellschaftlichen Faktoren vermutet wird (vgl. Gusy S.45f., Enzmann/Kleiber S.47ff.). Schutz vor dem Ausbrennen bieten zum einen soziale Unterstützungssysteme innerhalb und außerhalb des Berufsfeldes und zum anderen identitätsstützende Sinn- und Wertordnungen im Sinne einer gemeinsamen Philosophie oder einer leitenden ideellen Grundidee (vgl. Enzmann/Kleiber 1989, S.55 und S.180ff.).

Im Verlauf der mittlerweile über zwanzigjährigen Burnout-Forschung hat eine Annäherung der unterschiedlichen Erklärungsansätze stattgefunden. Anne-Rose Barth (1992, S.87) bestätigt die Notwendigkeit einer komplexen Sichtweise: „Burnout ist kein unidimensionales Problem, sondern ein komplexes Phänomen mit Wurzeln im intrapsychischen (individuellen), interpersonellen, beruflichen bzw. arbeitsplatzmäßigen, organisatorischen, historischen und sozialen Bereich. Die Interaktion der individuellen, organisatorischen und sozialen Merkmale entscheidet über die Burnout-Gefährdung." Mit dieser Feststellung, in der alle in der Burnout-Forschung bisher isoliert betrachteten und untersuchten Aspekte zusammengefaßt werden, schließt sich der Kreis zu den eingangs geäußerten Überlegungen, daß ‚Burnout' eine moderne Variante der Verarbeitung von Anforderungen und der Reaktion auf Streß darstellt. Dennoch bleiben noch immer viele Fragen offen. Enzmann/Kleiber (1989, S.63ff.) bedauern, daß diese umfassende Forschungsrichtung noch nicht genügend ausgearbeitet ist. Sie verweisen darauf, daß die Mehrzahl der Forschungsansätze Ergebnisse der Streßforschung zur Erklärung des Burnout-Phänomens heranziehen und die Arbeitsbedingungen in den Mittelpunkt rücken. Kulturelle bzw. gesellschaftliche Veränderungen und Bedingungen würden hingegen noch nicht ausreichend berücksichtigt. Sie sehen eine „Notwendigkeit, Burnout von anderen Befindensbeeinträchtigungen, von Depression, Arbeitsunzufriedenheit, allgemeinen Streßreaktionen und Entfremdung genauer abzugrenzen bzw. es in diese Konzeptionen einzuordnen. Auch sind die sozial-gesellschaftlichen Determinanten des Problems nicht gründlich genug analysiert" (ebd., S.64).[5]

Während die individuenzentrierten Ansätze – wie gesagt – durch eine personalisierende und psychologisierende Sichtweise gekennzeichnet sind, die dazu verleitet, Burnout als individuelle Störung oder gar Krankheit zu definieren, liegt die Begrenzung der arbeits- und organisationsbezogenen Ansätze darin, daß in erster Linie die berufliche Situation und hier speziell die asymmetrische Interaktionsbeziehung als grundlegendes Gefahrenpotential für die Entstehung von Burnout gesehen wird. Gerade die Eingrenzung des Forschungsgegenstandes auf die Berufstätigkeit und die nahezu ausschließliche Blickrichtung auf sogenannte personenorientierte Berufe – eine Herangehensweise, die auch den sozialwissenschaftlichen Ansätzen zugrunde liegt – verdunkeln die Sicht auf gesamtgesellschaftliche Zusammenhänge und Erklärungen. Zum einen wird der Aspekt vernachlässigt, daß Burnout ein allgemeines, berufsunabhängiges Phänomen darstellt. Zum anderen wird die Frage ausgeklammert, wieso Menschen das Bedürfnis entwickeln (konnten), persönlich in der Arbeit zu wachsen und dieses Bedürfnis ausschließlich an der Weiterentwicklung ihrer Kunden zu messen. Eine weitere daran anknüpfende Frage ist, wieso Menschen ein großes Engagement für ihre (Berufs-)Tätigkeit entwickeln können, das mit einer idealistischen Überhöhung sowohl der eigenen Möglichkeiten als auch der Möglichkeiten der jeweiligen Institution verbunden ist. So stellt Karin Flaake (1990) beispielsweise fest, daß viele Lehrerinnen eine Sichtweise ihrer Arbeit haben, wonach durch das eigene Bemühen alles erreichbar sei und die heilende Kraft der Liebe alles zum Guten verändern könne. Der Aufsatz bezieht sich zwar ausschließlich auf die Verstrickungen von Lehrerinnen in ihrer Berufsausübung, aber eine derart überhöhte Einschätzung der eigenen Fähigkeiten und unrealistische Einstellung zum Beruf finden sich auch bei Lehrern; und auch in anderen Berufen und sozialen Gruppen ist diese Überhöhung der eigenen Fähigkeiten und beruflichen Möglichkeiten vorhanden. Daß es bei einer solchen idealistischen Begeisterung über kurz oder lang zu einer schmerzhaften Konfrontation mit der Realität kommen muß, ist naheliegend. Die Feststellung, die vom Burnout Betroffenen hätten den falschen Beruf ergriffen oder seien nicht in der Lage, ihre Kräfte und Einstellungen der Realität anzupassen, weist in die falsche Richtung. Wenn eine Gesellschaft fast einheitlich – unabhängig von Alter und Beruf – unter Problemen wie Diskrepanz zwischen (Berufs-)Ideal und (Berufs-)Wirklichkeit, mangelnde Zufriedenheit, Zweifel am eigenen Können und am Sinn der jeweiligen Tätigkeit leidet, können nicht sogenannte Persönlichkeitsmerkmale wie Selbstunsicherheit, fehlendes Durchsetzungsvermögen oder unangemessene Streßbewältigung (alleinige oder ausschlaggebende) Ursache des Phänomens ‚Burnout' sein. Vielmehr stellt sich die Frage, wie es zu den beschriebenen idealistischen Einstellungen und den Gefühlen der Unsicherheit und Frustration kommen konnte. Wieso wird in der heutigen Gesellschaft so großer Wert auf eine extrem beziehungsorientierte, auf persönlichem Engagement und emotionaler Beteiligung der eigenen Person beruhende Ausgestaltung des jeweiligen Betätigungsfeldes gelegt? Warum versuchen so viele, Selbstbewußtsein und Selbstverständnis über die Bestätigung durch andere – speziell ihre Kunden – und über das Dasein für andere zu gewinnen? Ein Weg, diese Entwicklung auch und vor allem als gesellschaftliche begreifbar zu machen, liefert Sennetts Theorie der „innengeleiteten Gesellschaft" (1991). Als Charakteristikum dieser Gesellschaft benennt er den Hang zur Tyrannei der Intimität.

3. Ausbrennen als individuelle Reaktionsform der innengeleiteten Gesellschaft

In der heutigen innengeleiteten Gesellschaft stehen die eigene Person und die Konzentration auf das Selbst im Mittelpunkt jeglichen Denkens und Handelns – das Selbst ist zum Maßstab der gesellschaftlichen Beziehungen und zum Grundprinzip der modernen Gesellschaft geworden. Durch den Bezug sämtlicher Dinge auf die eigene Person und die eigenen Gefühle verschwimmen die Grenzen zwischen dem Selbst und dem anderen, zwischen Innen und Außen und verschwinden schließlich ganz. „Die Umrisse, Grenzen und Formen von Zeit- und Beziehungsverhältnissen sind ausgelöscht. Der Narziß ist nicht auf Erfahrungen aus, er will erleben – in allem, was ihm gegenübertritt, sich selbst erleben" (Sennett 1991, S.408). Das Selbst ist in der innengeleiteten Gesellschaft also allgegenwärtig; die Selbst-Distanz, d.h. die Fähigkeit, von sich selber Abstand zu nehmen und sich distanziert anderem zuzuwenden, ist verloren gegangen. Das Individuum kann nicht mehr unterscheiden zwischen seiner Person und dem, was es umgibt – seien es Situationen oder Personen.

Dieses Phänomen der Distanzlosigkeit tritt auch beim Burnout auf. Die Betroffenen haben den Bezug zu sich selber verloren. In ihrer Wahrnehmung verschwimmt der Unterschied zwischen der eigenen Person, ihrem Tun und dem Objekt ihres Tuns. Die Arbeit und die Ergebnisse der Arbeit können nicht als solche abgegrenzt und bewertet werden. Die Einschätzung der eigenen Leistung erfolgt weitgehend über die Reaktion anderer, wodurch die Abhängigkeit von Fremdbildern wächst, da jegliches Verhalten der anderen nur noch im Selbst-Bezug wahrgenommen und das Selbstbewußtsein über dieses Verhalten gesteuert wird.

Sennett (1991, S.329) beschreibt drei Stränge, die zur Herausbildung einer ‚Ideologie der Intimität' beitragen. Zum einen gilt heute Nähe als ein moralischer Wert an sich. Zum anderen sind die Menschen bemüht, ihre Individualität im Erlebnis menschlicher Wärme und in der Nähe zu anderen zu entfalten. Außerdem werden alle gesellschaftlichen Mißstände auf Anonymität, Entfremdung und Kälte zurückgeführt. Die Ideologie der Intimität beinhaltet nun, daß soziale Beziehungen um so authentischer sind, je mehr sie den inneren Bedürfnissen der einzelnen entsprechen. Durch diese Einstellung wird jegliches Handeln zu einem psychologischen. Um Wärme, Zuneigung und Nähe, wonach ein großes Bedürfnis besteht, zu finden, muß jede Person in sozialen Beziehungen ihre jeweiligen Empfindungen offenbaren. Das Bewußtsein muß sich auf die eigene Person und die Gefühle konzentrieren, um ‚echte' Beziehungen aufbauen zu können. Ob soziale Beziehungen überhaupt aufgebaut werden können und ob diese Beziehungen ‚gelingen', hängt also nach dieser Auffassung ausschließlich von den inneren, psychischen Bedürfnissen der einzelnen ab. Soziale Situationen gelten somit als ein Spiegel des Selbst und der persönlichen Stärke oder Schwäche. Der Mensch wird nicht mehr nach dem beurteilt, was er tatsächlich tut –

nach seinem Handeln –, sondern nach dem, was er vermeintlich in sich trägt – nach seinem Potential –, und nach dem, was er leisten könnte, nach dem, was er fühlt und was er möchte – also nach seinen Motiven. Diese Wertschätzung des Inneren findet in allen Bereichen des gesellschaftlichen Lebens statt, im Privaten wie im Öffentlichen. Im besonderen Maße wird diese Intimität im Berufsleben betrieben und gefördert. In vielen personenorientierten Berufen, aber auch im Management und in Führungspositionen ist es heute nicht mehr wichtig, eine besondere Fertigkeit für bestimmte Bereiche mitzubringen. Wichtiger sind die Fähigkeit zur Kooperation und Interaktion, die Bereitschaft, sich anzupassen, das Einfühlungsvermögen und die Flexibilität. Diese Persönlichkeitsmerkmale und potentiellen Anlagen sind ausschlaggebend geworden, ob eine Person für einen bestimmten Beruf geeignet erscheint oder nicht. Diesen Denkformen unterliegen auch die Erklärungsansätze, die die Bedeutung von Persönlichkeitsmerkmalen für den Burnout-Prozeß betonen.

Sennett verweist auf die Rolle, die Institutionen bei der Auflösung der Grenzen zwischen dem Selbst und dem anderen und bei dem Bedeutungsverlust des eigenen Handelns spielen. „Allgemein gesehen, wird die Herausbildung narzißtischer Interessen und narzißtischer Störungen von den gesellschaftlichen Institutionen in zweierlei Hinsicht gefördert. Zum einen wird die Grenze zwischen dem, was die Person innerhalb der Institution leistet, und dem Urteil, das sich die Institution über die Fähigkeiten, Anlagen, Charakterzüge usw. der Person bildet, beseitigt. Weil das, was sie tut, als Spiegelbild ihres Wesens aufgefaßt wird, wird es für die Person zusehends schwieriger, an der Distanz zwischen Handeln und Selbst festzuhalten. Zum anderen wird der Narzißmus dadurch mobilisiert, daß sich das Interesse zunehmend auf die Anlagen des Selbst, auf seine Handlungspotentiale statt auf spezifische Leistungen richtet. Das heißt, das Urteil über eine Person orientiert sich immer stärker an dem, was sie ‚verspricht‘, was sie tun könnte, statt an dem, was sie tut oder getan hat. In dem Maße, wie die so beurteilte Person dies ernst nimmt, wird ihr Umgang mit sich selbst und mit der Welt durch nicht-differenzierte Objektbeziehungen und ein absorbierendes Interesse an nicht realisiertem Handeln geprägt sein. Ein Analytiker würde wohl dazu neigen, solche Merkmale als Hinweise auf eine individuelle Charakterstörung zu lesen" (Sennett 1991, S.411). So ist auch der von Sennett geprägte Begriff der „Tyrannei der Intimität" im wahrsten Sinne des Wortes als *Gewalt*herrschaft zu verstehen. Getragen von dem Bedürfnis, sich Nähe (also etwas Gutes) zu geben bzw. diese von anderen zu bekommen, tun sich die Menschen gegenseitig Gewalt an. Letztendlich ist dies eine perfide Art der vielbeklagten Steigerung von Gewalt in der modernen Gesellschaft.

Diese Ausführungen machen deutlich, warum Menschen – vor allem in personenorientierten Berufen – einerseits so viel Wert auf einen beziehungsorientierten Kundenkontakt legen, der ein hohes Maß an emotionalem Engagement erfordert, und warum sie andererseits häufig das Gefühl haben, nicht genug getan zu haben. Gerade im pädagogischen, im sozialen und im psychologischen Bereich ist der Wirkungsgrad und damit der Stellenwert der beruflichen Tätigkeit im vorherrschenden ökonomischen Sinn nur schwer einschätzbar. Wann ist – bezogen auf den Bildungsbereich – eine möglichst wirkungsvolle Förderung des einzelnen erreicht? Das Maß der investierten Arbeit ist nicht nur in der Erwachsenenbildung unkalkulierbar geworden. Hinzu kommt das Wissen, daß ‚eigentlich‘ noch viel mehr Fähigkeiten in einem stecken und man Besseres zu leisten in der Lage wäre, wenn man sich nur ‚richtig‘ bemühen würde. Der Grund für die große Bedeutung, die intensive ‚Helfer‘-Kunden-Beziehungen für die Angehörigen der personenorientierten Berufe haben, liegt in der Ideologie der Intimität. Wenn emotionale Nähe das Grundprinzip zur Entfaltung der Individualität darstellt, greift das Bedürfnis nach Nähe auch auf das berufliche Feld über. Der Wert eines Menschen – sowohl der Selbstwert als auch das Ansehen, das man bei anderen genießt – hängt in der innengeleiteten Gesellschaft unter anderem davon ab, ob man in der Lage ist, etwas aufzubauen, das in der modernen Gesellschaft für eine offene und authentische Beziehung gehalten wird. In den personenorientierten Berufsfeldern haben die Individuen in erster Linie Kontakt mit ihren Kunden und erst sekundär Beziehungen zu Kolleginnen und Kollegen. Daß diese Menschen dazu neigen, ihr Selbstbewußtsein und Selbstverständnis über die Beziehungen zu ihren Kunden aufzubauen, scheint verständlich, wenn man die herrschenden Kommunikationsstrukturen berücksichtigt. Häufig können weder Arbeitsprobleme und Konflikte bearbeitet noch fachliche Diskussionen geführt werden. Unter den gegebenen gesellschaftlichen Bedingungen scheint es nicht angebracht, eigene Grenzen, Schwächen, Probleme, fehlende Kenntnisse oder gar Fehler offen zuzugeben. Das Eingestehen von Problemen hätte einen ‚Wertverlust‘ der Person zur Folge – sowohl in bezug auf das Selbstwertgefühl als auch bezogen auf das Ansehen. Die Annahme, daß alles, was eine Person tut, das Spiegelbild ihres Wesens darstellt, führt bei vielen dazu, andere aufgrund artikulierter Schwierigkeiten verallgemeinernd und diskreditierend als ‚unfähig' einzuschätzen. Das ‚Eingeständnis' von Problemen wird von den Betroffenen und von anderen häufig als persönliche Schwäche ausgelegt. Die starke Ausprägung von Idealismus und Empathie ist erst durch die Trennung der Gefühle vom Handeln möglich geworden. Durch die übermäßige Betonung der Innerlichkeit und der daran gekoppelten ‚persönlichen' Fähigkeiten, die für die Berufsausübung notwendig geworden sind, und durch den permanenten Selbstbezug entstehen derart überhöhte Einstellungen gegenüber der Berufstätigkeit und den eigenen Möglichkeiten, wie sie von Karin Flaake (1990) beispielsweise für Lehrerinnen konkrekt beschrieben werden. Aufgrund der Strukturen der modernen Gesellschaft wird es für die einzelnen immer schwerer, ihre berufliche Tätigkeit mit den darin enthaltenen Chancen und Behinderungen realistisch einzuschätzen und die eigenen Kräfte und das jeweilige Können gegenstands- und aufgabenadäquat zu beurteilen.

Neben Sennetts Theorie, die aus gesellschaftlich-historischer Sicht wichtige Erklärungen zum Verständnis des gesellschaftlichen und individuellen Wandels liefert, sind die Erkenntnisse der systemtheoretischen Organisationsforschung befruchtend. Durch diese ist deutlich geworden, daß die jeweilige Organisationsstruktur das Verhalten der in ihr handelnden Subjekte übermäßig stark beeinflußt. Organisationen fordern nie den ganzen Menschen mit allen seinen Fähigkeiten, sondern nur *die* Teilqualifikationen, die zur Erledigung der spezifischen Tätigkeit erforderlich sind. Die in der Organisation zur Erfüllung der Organisationszwecke herausgebildeten Regelsysteme überformen die individuellen Handlungslogiken der in ihr Handelnden. Dies hat zur Konsequenz, daß alle Menschen innerhalb einer Organisation unabhängig von ihren Qualifikationen tendenziell ähnliche Ergebnisse produzieren. Andere als die erforderlichen Fähigkeiten werden in der Organisation nicht abgerufen und auch gar nicht wahrgenommen; andere als die geforderten und erwarteten Verhaltensweisen werden ignoriert, absorbiert oder abgestoßen. In den stark wertrational geprägten Non-Profit-Organisationen (NPO), zu denen insbesondere die Selbsthilfe- und Hilfeinstitutionen zu zählen sind, treten im Gegensatz zu Wirtschaftsunternehmen Bedingungen auf, die das Entstehen von Burnout fördern. Die prinzipielle Unerreichbarkeit der Ziele in diesen Organisationen führt zur Überforderung aller Mitarbeiter, zu einem Hin-und-her-Pendeln zwischen Allmachts- und Ohnmachtsgefühlen. Generell sind NPO gekennzeichnet durch eine Selbstausbeutung der Engagierten und starke Informalitätstendenzen sowie personalisierende und distanzlose Umgangsformen. Innerhalb der Organisationen gibt es Verantwortungsunklarheiten, Rollendiffusion und eine Ablehnung jeglicher Leistungsbemessung, gekoppelt mit der Auffassung, daß für die Erreichung der Organisationsziele nie genug geleistet werden kann (vgl. Zech „Effizienz lernen ..." in diesem Band). Diese spezifische Form der Organisation schafft Bedingungen, die eine Überforderung und ein Ausbrennen fördern – unabhängig von den Fähigkeiten, die die einzelne Person mitbringen mag.

4. Multifaktorielle Ursachenzusammenhänge des Burnout

Die Diskussion und unsere Ausführungen resümierend muß davon ausgegangen werden, daß die Bedingungsfaktoren für die Entstehung des Ausbrennens auf vier Ebenen liegen. Zu berücksichtigen sind demnach: individuelle Faktoren, interpersonelle Faktoren, institutionelle Faktoren und gesellschaftliche Faktoren.

– Zu den *individuellen Faktoren* zählen die beruflichen Kompetenzen und Fähigkeiten ebenso wie die Einstellung zum Beruf, die Vorstellungen der eigenen (beruflichen) Möglichkeiten und das eigene Rollenverständnis, aber auch motivationale Aspekte wie das Bedürfnis nach Kompetenzbestätigung (durch die Arbeit) oder das Bedürfnis nach Nähe. Die vorherrschenden Rollendiffusionen und Nähebedürfnisse, die als Distanzlosigkeit ausgelebt werden, sind die inneren geleiteten Phänomene der modernen Gesellschaft, deren Charakteristika wir eben erörtert haben. Die beschriebene gesinnungsethische Haltung, der zufolge die Motive und die Potentiale wichtiger sind als die Handlung und deren Wirkung, führt zu einer idealistischen Überhöhung der eigenen Person. In der Konfrontation mit der Realität resultiert hieraus ein Schwanken zwischen Omnipotenz und Nutzlosigkeit, dessen leidvollen Höhepunkt das Ausbrennen darstellt. Verschärfend wirken aktuelle Lebensstressoren oder entwicklungsbedingte Lebensveränderungen, die den zur Routine gewordenen Alltag durcheinanderwirbeln. Die innengeleitete Sicht auf Anforderungen führt nicht nur zu individuell erlebten Belastungen, sondern darüber hinaus auch zu individualisierenden Lösungsversuchen. So entsteht eine endlose Spirale.

- Bei den *interpersonellen Faktoren* sind – bezogen auf den Beruf – sowohl die Kontakte zu den Kunden als auch die zu den Kolleginnen und Kollegen ausschlaggebend. Die in der modernen Gesellschaft vorherrschende Gesinnungsethik äußert sich in vereigenschaftenden Festschreibungen, die wiederum als ursächlich für Gestaltungsschwächen in den Institutionen und Tätigkeitsfeldern gesehen werden. Der Blick richtet sich nicht auf die interne Ablauforganisation bzw. deren Verbesserung, sondern auf eine Veränderung der Personen. Diese psychologisierende Kultur führt zu einer Therapeutisierung von Beziehungen. Hiervon besonders betroffen sind die zu betreuenden Kunden, die in dieser Denkform zu Klienten werden, denen in einem therapeutischen Dauereinsatz geholfen werden muß. Gekoppelt ist diese Ausformung der Tätigkeit mit Entgrenzungserfahrungen zwischen sich und den anderen. Wahrgenommene Intimitätsüberschreitungen können nicht mit klaren Grenzziehungen beantwortet werden. Weder kann zwischen sich und den anderen noch zwischen dem eigenen Tun und dem Gegenüber unterschieden werden. Die Adressaten des eigenen Tuns geraten zur Projektionsfläche eigener Bedürftigkeiten oder werden zum Zerrbild des eigenen Selbst. Aber auch das Verhältnis der Kolleginnen und Kollegen miteinander ist geprägt von der therapeutisierenden Beziehungskultur bis hin zu diffamierenden wechselseitigen Mißachtungen. Analog der Annahme, daß jegliches Tun das Wesen einer Person widerspiegelt, wird die Verbalisierung von Problemen als persönliche Schwäche und Versagen interpretiert. So werden Probleme tabuiert und Sprachlosigkeit kultiviert.
- Bei den *institutionellen Faktoren* sind zum einen die Bedingungen des unmittelbaren Arbeitsumfeldes und zum anderen allgemeine berufliche Aspekte zu berücksichtigen. Die unmittelbare Arbeitssituation wird maßgeblich bestimmt von der materiellen Ausstattung des Arbeitsplatzes, der Organisationsstruktur der Institution, der Verteilung der Arbeit, den Arbeitszeiten, einer eventuellen Isolation bei der Arbeit sowie einer Unter-, aber auch Überforderung im jeweiligen Tätigkeitsfeld. Unter allgemeinen beruflichen Aspekten sind fehlende Aufstiegsmöglichkeiten, geringe Bezahlung, Autonomiemangel und Mangel an Kriterien zur Messung des Erfolges zu verstehen. Zu berücksichtigen ist hier jedoch auch das Charakteristikum von Organisationen, nur spezifische Teilqualifikationen von den Individuen abzurufen und aufgrund der herausgebildeten Regelsysteme die in-

dividuellen Handlungslogiken zu überformen. Vor allem die Non-Profit-Organisationen mit ihren Verfahrensunschärfen tendieren zu Personalisierungen und Distanzlosigkeiten, die dem Burnout-Phänomen den Weg bereiten. Neben fehlenden klaren Aufgaben- und Tätigkeitsprofilen führen Rollendiffusität und die Ablehnung jeglicher Leistungskontrollen zu Unsicherheiten und Überforderungen, verbunden mit dem Bewußtsein, daß für die Erreichung der Organisationsziele eigentlich noch größere Anstrengungen erforderlich seien. So spiegelt sich die Entgrenzung zwischen dem Selbst und den anderen, zwischen Innen und Außen nicht nur in den Individuen, sondern auch in der Organisationsidentität. Analog der individuellen Schwierigkeit, die eigenen Leistungen und den Wert der eigenen Tätigkeit einzuschätzen, sind auch und gerade NPO mit dem Problem der nichtobjektivierbaren Leistungsbemessung konfrontiert, da sie überwiegend in stark wertrational besetzten Feldern aktiv sind. Wie gesagt, dies sind Bedingungen, die unabhängig von den individuellen Fähigkeiten das Ausbrennen fördern.

- Unter den *gesellschaftlichen Faktoren* sind die Auswirkungen gesellschaftlicher Einflüsse zu subsumieren: gesamtgesellschaftliche Beschleunigungsprozesse, gekoppelt mit einem Zerfall traditioneller Sozialstrukturen, zunehmende Wettbewerbsorientierung in Zeiten einer tiefen Rezessionskrise, gesellschaftliche Hochschätzung der Erwerbstätigkeit bei gleichzeitigem Makel der Arbeitslosigkeit, gesellschaftliche Erwartungen an die sogenannten ‚helfenden' Berufe, verbunden mit praxisirrelevanten Idealen sowie fehlende religiöse, spirituelle oder sozial-utopische Wertorientierungen. Insgesamt ist die moderne Gesellschaft – wie wir gezeigt haben – durch Entgrenzungen und Rollendiffusionen gekennzeichnet. Diese wirken sich auch auf die beruflichen Tätigkeitsfelder aus, in denen die Individuen zunehmend mit Widersprüchlichkeiten und entdifferenzierten Handlungsanforderungen von außen konfrontiert sind. Die nahezu selbstverständlich gewordene Annahme, daß spezielle Einrichtungen und Berufsgruppen für die Regulierung gesellschaftlicher Mißstände bereitstehen, nährt sowohl den Berufsmythos wie auch die Überfülle von Erwartungen, die letztendlich nicht eingelöst werden können. Die Nicht-Erfüllung der von außen kommenden Anforderungen führt jedoch zu öffentlichen Schuldzuschreibungen, die wiederum gemäß der innengeleiteten Sichtweise personalisierend vorgebracht und individualisierend verarbeitet werden.

5. Möglichkeiten der Erwachsenenbildung

Dies sind die vier Ebenen, an denen Erwachsenenbildung anknüpfen muß, will sie sich dem vielschichtigen Problem des Ausbrennens widmen. Gerade weil in der innengeleiteten Gesellschaft eine psychologisierende Sichtweise und die Tendenz zur Therapeutisierung der Beziehungen charakteristisch sind, muß in den zu initiierenden Bildungsprozessen die Trias von Bildung – individuelle Emanzipation, gesellschaftliche Verantwortung und berufliche Qualifikation – bewußt als Gegengewicht gesetzt werden. In deutlicher Abgrenzung zur Therapie oder zum Training, in denen Bewältigungsstrategien trainiert und ‚bessere' Umgangs- bzw. Verhaltensweisen erarbeitet werden sollen, kann es in einem Bildungsprozeß nur um Selbstbildung und Aufklärung im Sinne von Wissenserweiterung gehen. Gemeint sind hier also weder Streßbewältigungsseminare, die auf die individuelle Fähigkeit zur Entspannung und damit auf kurzfristige Entlastung abzielen, noch Handlungstrainings, die eine Verhaltensänderung und damit letztendlich eine Anpassung an die ‚Realität' zum Ziel haben. Solche Ansätze bleiben in der individualisierenden Sichtweise des Problems verhaftet und führen zu keiner Lösung. Ziel einer die Selbstbildung fördernden Bildungsarbeit zum Thema ‚Burnout' muß es vielmehr sein, die oben zusammengefaßten multifaktoriellen Ursachenzusammenhänge des Phänomens transparent zu machen. Das heißt, Seminare zu diesem Themenkomplex haben ihren Schwerpunkt in handlungsorientiertem Wissen, das darauf zielt, in der jeweiligen Problembetrachtung weiterzuhelfen und so letztendlich vom Leiden zu befreien. Ausgangspunkt einer so verstandenen Bildungsarbeit ist die Überzeugung, daß die Teilnehmenden die Kundigen bezüglich der sie beschäftigenden Themen und Probleme sind.

Die oben zu analytischen Zwecken ‚stufenartig' dargestellten vier Faktorenfelder müssen in der Bildungsarbeit zu einem didaktischen Spannungsbogen umgeordnet werden. Die Grundlinie einer entsprechenden Seminarkonzeption könnte folgendermaßen aussehen:

– Ausgehend von der Annahme, daß durch Kommunikation Distanz zur eigenen ‚Leidensgeschichte' hergestellt werden kann, müßte die *individuelle Ebene* den Ausgangspunkt bilden. Da objektive Realität nicht unmittelbar zugänglich ist, sondern nur über individuelle Konstrukte von Wirklichkeit, und diese inneren Wirklichkeiten die Anschlußmöglichkeiten für die von außen kommenden Irritationen und Anstöße markieren, muß es in einem ersten Schritt darum gehen,

Selbstbeschreibungen der erlebten Burnout-Phänomene anzufertigen. Durch die Rekonstruktion des alltäglichen Erlebens werden die Selbstcodierungen aufgegriffen und aus der Anonymität der Selbstverständlichkeit ins Licht der bewußten Wahrnehmung gerückt. Notwendig ist dann ein sogenannter Perspektivenwechsel, um in Distanz zu dem benannten Problem treten zu können. Der Fremdblick auf die als problematisch erlebte Situation wird durch ein Reframing ermöglicht, in dem die Sichtweisen und Perspektiven der anderen gesammelt werden. Über diesen Prozeß wird verdeutlicht, wie Gefühle durch Selbststigmatisierungen zu einem Problem werden (können).

– Um die Eingebundenheit des Burnout-Phänomens in weltweite globale Prozesse zu verdeutlichen und so der verbreiteten Wahrnehmung der Vereinzelung entgegenzutreten, sollte als nächstes die *gesellschaftliche Ebene* in den Mittelpunkt gerückt werden. Da Bildung in dem von uns verstandenen Sinne nur dann gelingen kann, wenn die subjektive Wirklichkeitskonstruktion ‚verstört‘ und von außen angestoßen wird, ist es an dieser Stelle sinnvoll, über einen theoretischen Input zu verdeutlichen, wie sich bestimmte gesellschaftliche Bedingungen in den Subjekten zu konkreten Gefühlen verdichten und wie eine entsprechende Semantik in die Individuen hineingeprägt wird. Dies kann in einem deduktiven Schritt am Beispiel der ‚Neurasthenie‘ erfolgen, der individuellen Reaktionsform auf die Modernisierungsschübe im 18./19. Jahrhundert. In einem sich anschließenden induktiven Schritt werden dann die gesellschaftlichen Bedingungen zusammengetragen, die die Teilnehmenden mit dem derzeit modernen ‚Ausbrennen‘ assoziieren. Es ist sicher keine zufällige Koinzidenz, daß die weltweite Ressourcenverbrennung und die individuellen Gefühle des Ausgebranntseins zur gleichen Zeit auftreten. Ziel ist es, sowohl die spezifische semantische Codierung der innengeleiteten Gesellschaft als auch die Wirkung einer semantischen Codierung auf die je eigenen Gefühle aufzuzeigen.

– Nach der theoretischen Betrachtung sollte der Blick auf die *institutionelle Ebene* gerichtet werden, um die von außen gesetzten und die intern produzierten beruflichen Anforderungsprofile zu analysieren. Dies kann anhand der Frage erfolgen, welche Faktoren die Arbeit heute schwieriger machen als früher oder zu Beginn der Berufstätigkeit. In einem zweiten Schritt müßte dann herauskristallisiert werden, welche der Anforderungen von außen an die Individuen herangetragen werden und welche selbstverursacht sind. Da es hier ausschließlich um die institutionellen Faktoren geht, die die Bedingungen für das Entstehen von Burnout fördern, müssen die individuellen Anforderungen und Ansprüche, die eventuell im Rahmen der Frage nach den aktuell wahrgenommenen Schwierigkeiten der Arbeit genannt wurden, herausgefiltert werden. Diese Selbstüberforderungen nähren sich aus den gesellschaftlichen Anforderungen und sind deshalb auch als solche zu benennen; in diesem Arbeitsschritt soll es jedoch darum gehen, auf der Grundlage des erarbeiteten Anforderungsprofils konkrete Entlastungsfaktoren bezogen auf die jeweilige berufliche Situation herauszuarbeiten.

– Auf der *interpersonellen Ebene* geht es abschließend um den zwischenmenschlichen Kontakt zu den Kolleginnen und Kollegen, aber auch um wechselseitige Unterstützung und Entlastung. Hier müssen zunächst die kommunikativen Umgangsformen mit dem Burnout-Phänomen einer kritischen Betrachtung unterzogen werden, d.h., die stigmatisierenden Diskurse werden in ihrer subjektivierenden Machtwirkung analysiert. Daran anknüpfend werden dann sowohl Aspekte und Bedingungen von Kommunikation als auch Umgangsformen erarbeitet, die akzeptierend sind statt mißachtend. Notwendig sind Verhaltensweisen, die nicht individualisierend sind und das Problem des Burnout deeskalierend angehen. Dabei muß auch die Frage geklärt werden, welche Rolle jede Person in dem Prozeß der übergriffigen Distanzlosigkeit und mißachtenden Sprachlosigkeit innehat und welche Verantwortung jede und jeder einzelne übernehmen kann, um diese Situation zu verändern. Über die Bewußtmachung der Eigentätigkeit in diesem Prozeß können auch die Rolle und die Haltung gegenüber den Kunden überdacht und neudefiniert werden, so daß bewußte Grenzziehungen möglich werden. Dieser Prozeß befördert zugleich das Erlernen von Distanzierungsfähigkeit.

Anmerkungen

[1] Dies hat zu der gerne und viel zitierten Formulierung „Nur wer brennt, kann ausbrennen!" geführt. In der Burnout-Forschung wird in weitgehender Übereinstimmung davon ausgegangen, daß vor allem Menschen mit einer hohen idealistischen Einstellung zu Beginn ihrer (beruflichen) Tätigkeit der Gefahr unterliegen, auszubrennen. Pines/Aronson/Kafry (1993, S.13f.) kommen zu dem Schluß: „Wer mit einem gewissen Zynismus an einen bestimmten Be-

ruf ... herangeht, ist wahrscheinlich nicht so gefährdet wie ein wirklicher Idealist, der aufrichtig wünscht, anderen Menschen viel zu geben, und sich in den ersten Berufsjahren auch wirklich zur Hilfe fähig, angeregt und gefordert fühlt." Kritisch zu hinterfragen ist hier allerdings, wodurch ein „wirklicher Idealist" gekennzeichnet ist und wer hierbei die Definitionsmacht besitzt. Entgegen der gängigen Meinung in der Burnout-Forschung stellen Enzmann/Kleiber (1989, S.183) fest: „Idealismus in der Arbeit (sofern er beibehalten werden kann) scheint dagegen vor Burnout und dem Gefühl, nicht mehr voll leistungsfähig zu sein, sogar zu schützen."

2 Der Begriff „Kunde" steht hier als Synonym für Klient/in, Mandant/in, Schüler/in, Patient/in etc., also für Auftraggeber/innen, die in Erwartung einer (Dienst-)Leistung dem Anbieter/der Anbieterin gegenübertreten.

3 Im Gegensatz zu Enzmann/Kleiber unterteilt Gusy die unterschiedlichen Forschungsrichtungen lediglich in zwei Kategorien: in persönlichkeitszentrierte sowie in sozial-, arbeits- und organisationspsychologische Erklärungsansätze (vgl. 1995).

4 Diese Sichtweise stimmt mit der häufig vorkommenden Überzeugung der Betroffenen überein, die das Erleben von Burnout auf eigene Unzulänglichkeiten zurückführen und sich selber die „Schuld" an dem Zustand des Ausbrennens geben (vgl. Gusy 1995, S.29f., Pines/Aronson/Kafry 1993, S.15).

5 Auch andere Autoren beklagen die begriffliche Unklarheit und fordern umfangreiche Grundlagenforschung (vgl. Barth 1992, Gusy 1995, Johann Jacobs Stiftung 1996).

Literatur

Arnold, Rolf; Siebert, Horst: Konstruktivistische Erwachsenenbildung. Von der Deutung zur Konstruktion von Wirklichkeit. Baltmannsweiler 1995: Schneider-Verlag Hohengehren

Barth, Anne-Rose: Burnout bei Lehrern. Theoretische Aspekte und Ergebnisse einer Untersuchung. Göttingen, Toronto, Zürich 1992: Hogrefe

Becker, Georg E.; Gonschorek, Gernot: Das Burnout-Syndrom. Einführung am Beispiel „Lehrerberuf". In: Meyer 1991

Bronsberg, Barbro; Vestlund, Nina: Ausgebrannt. Die egoistische Aufopferung. München 1988: Heyne

Burisch, Matthias: Das Burnout-Syndrom: Theorie der inneren Erschöpfung. Berlin u.a. 1994, 2. Aufl.: Springer

Der Spiegel: Gewitter im Kopf. In: Der Spiegel 1996, Heft 43, S.210-213

Duden „Fremdwörterbuch". Mannheim, Wien, Zürich 1982, 4., neu bearb. u. erw. Aufl.: Bibliographisches Institut

Edelwich, Jerry; Brodsky, Archie: Ausgebrannt. Das BURN-OUT-Syndrom in den Sozialberufen. Salzburg 1984: AVM-Verlag

Enzmann, Dirk; Kleiber, Dieter: Helfer-Leiden. Streß und Burnout in psychosozialen Berufen. Heidelberg 1989: Asanger

Fengler, Jörg: Helfen macht müde. Zur Analyse und Bewältigung von Burnout und beruflicher Deformation. München 1994: Pfeiffer

Flaake, Karin: Grenzenlose Wünsche – Beschränkte Möglichkeiten. Lehrerinnen und Entlastungsmöglichkeiten. In: Pädagogik 1990, Heft 10, S.34-37

Freudenberger, Herbert J.; Richolson, G.: Burnout: Die Krise der Erfolgreichen – Gefahren erkennen und vermeiden. München 1990: Kindler

Fries, Othmar; Hubler, Peter; Landwehr, Norbert: Umgang mit Belastungssituationen. Eine Anleitung zur Analyse und praktischen Veränderung. In: Pädagogik 1989, Heft 6, S.24-26

Geißler, Karlheinz A.: Das pulsierende Leben. In: Held, Martin; Geißler, Karlheinz A. (Hrsg.): Von Rhythmen und Eigenzeiten. Perspektiven einer Ökologie der Zeit. Stuttgart 1995: Hirzel

Gusy, Burkhard: Stressoren in der Arbeit, Soziale Unterstützung, Burnout. Eine Kausalanalyse. München, Wien 1995: Profil

Johann Jacobs Stiftung: Das Burnout-Syndrom. Zusammenfassung der Konferenz über Teacher-Burnout. In: Jahresbericht deutsch 1996, S.17-27

Kasper, Gotlind; Claus, Rainer: Burnout – Die Krise der Erfolgreichen. Prophylaxe und Interventionsmöglichkeiten für Lehrerinnen und Lehrer in Fortbildungsveranstaltungen mit Methoden des Pädagogischen Psychodramas. In: Die deutsche Schule 1991, Heft 4, S.434-443

Kohnen, Ralf; Barth, Anne-Rose: Burnout bei Grund- und Hauptschullehrern – Ein gesundheitliches Risiko? in: Lehrerjournal Hauptschulmagazin 1990, Heft 10, S.55-58

Meyer, Ernst (Hrsg.): Burnout und Stress. Praxismodelle zur Bewältigung. Baltmannsweiler 1991: Schneider Verlag Hohengehren

Müller, Eckhart H.: Ausgebrannt – Wege aus der Burnout-Krise. Freiburg, Basel, Wien 1994, 3. Aufl.: Herder

Pädagogik 1989: Schwerpunkt: Lehrerbelastung Burnout, Juni 1989, Heft 6

Pädagogik 1990: Schwerpunkt: Lehrer-Ent-Lastung, Oktober 1990, Heft 10

Pines, Ayala M.; Aronson, Elliot; Kafry, Ditsa: Ausgebrannt. Vom Überdruß zur Selbstentfaltung. Stuttgart 1993, 8. Aufl.: Klett-Cotta

Piper, Nikolaus: Die Diktatur der Gegenwart. Wohlstand ist ein Wettlauf – die Ökonomie zwischen Beschleunigung und Entschleunigung. In: Die Zeit vom 29. Dezember 1995, Nr.1, S.25

Radkau, Joachim: Technik, Tempo und nationale Nervosität. Die Jahrhundertwende als Zäsur im Zeiterleben. In: Held, Martin (Hrsg.): Ökologie der Zeit. Vom Finden der rechten Zeitmaße. Stuttgart 1993: Hirzel

Schmelzer, D.; Pfahler, E.: Zur Therapieausbildung in der Praxis: Umgang mit beruflichem Streß und Prävention von Burnout – Möglichkeiten für Verhaltenstherapeuten. In: Verhaltensmodifikation und Verhaltensmedizin 1991, Heft 12, S.29-54

Schönwälder, Hans-Günther: Belastungen im Lehrerberuf. Empirische Daten, Befunde, Aspekte. In: Pädagogik 1989, Heft 6, S.11-14

Schulze, Gerhard: Die Erlebnisgesellschaft. Eine Kultursoziologie der Gegenwart. Frankfurt am Main, New York 1993: Campus

Sennett, Richard: Verfall und Ende des öffentlichen Lebens. Die Tyrannei der Intimität. Frankfurt am Main 1991: S. Fischer

Susteck, Herbert: Das Burnout-Syndrom. Spezifische Belastungen und Gefährdungen im Lehrerberuf. In: Pädagogische Welt 1991, Heft 5, S.201-205

Szagun, Anna-Katharina: Wider die Symptomkuriererei an einer Systemkrankheit: Mutmaßungen zu strukturellen Ursachen des Burnout bei Lehrkräften. In: Die deutsche Schule 1991, Heft 4, S.427-433

Wagner, Peter: Ausgebrannt. Zum Burnout-Syndrom in helfenden Berufen. Bielefeld 1993: Böllert, KT-Verlag

Weddig, Barbara: Das Burnout-Syndrom. Verlauf des Burnout-Prozesses. In: Pädagogik 1989, Heft 6, S.8-10

Werner Dießner

Die Zumutung des Unbekannten
Herausforderungen an die politische Bildungsarbeit bei der Orientierung und Identitätsfindung in den neuen Bundesländern

Mit überwältigender Mehrheit hatten die DDR-Bürger 1990 für die Wiedervereinigung mit der ehemaligen Bundesrepublik gestimmt und den Beitritt zum Wirkungsbereich des Grundgesetzes forciert. ‚Kommt die D-Mark nicht zu uns,' – so war auf den Plakaten zu lesen – ‚dann gehen wir zu ihr!' Mittlerweile hat sich der materielle Wohlstand im Osten Deutschlands merklich erhöht – und dennoch nimmt die Unzufriedenheit mit dem wirtschaftlichen, politischen und rechtsstaatlichen System in den letzten Jahren ständig zu. Das Vertrauen in die gesellschaftlichen Institutionen, in Parteien und Politiker ist massiv gesunken. In Teilen der jüngeren Generation tendiert das Interesse an Politik gegen Null.
Zuckte bei dem Wort ‚Ossi' vor wenigen Jahren noch mancher wie ertappt zusammen, so klingt in der heute angenommenen Selbstbezeichnung ein trotziger Stolz. Andererseits hat die Bezeichnung ‚Wessi' den in ihr einst mitschwingenden Ton der Bewunderung verloren und wurde zum Spott- oder Schimpfwort. Fast acht Jahre nach dem Einsturz der ‚Mauer' trennt die ‚Mauer in den Köpfen' die Ossis und Wessis scheinbar stärker als jemals zuvor.
Die unabweisbare Aufgabe der Integration beider deutscher Teilgesellschaften richtet sich natürlich in erster Linie an die Politik. Aber auch die politische Bildung[1] hat ihren Beitrag zu leisten, daß sich entwicklungsbedingte kulturelle Unterschiede zwischen Ost und West nicht zu einem unvermittelbaren Gegensatz verhärten, in welchem feste Vorurteile auf beiden Seiten das wechselseitige Lernen und das Finden einer neuen Identität verunmöglichen.
Die Dimensionen des hier aufscheinenden Problems sind jedoch größer: Diejenigen Weltsichten, Denkmuster, Einstellungen und Verhaltensdispositionen, welche einen verständigungsorientierten Dialog und notwendige Kooperationen zwischen den Bürgerinnen und Bürgern aus Ost- und Westdeutschland erschweren oder verhindern, sind es auch, die zu Problemen in der Verständigung mit den Menschen aus anderen Nationen oder mit der eigenen jüngeren Generation beitragen. Sie konstituieren die traditionsverhaftete und letztlich unproduktive Variante, mit

den Uneindeutigkeiten, den Widersprüchen und Ambivalenzen gegenwärtiger Modernisierungsprozesse auf eine der bisher gewohnten Weisen ‚ins Reine' zu kommen. Bewegungsformen für Widersprüche, die sowohl Übergänge zwischen kulturellen Identitäten als auch ein Leben als ‚Einheit in der Vielfalt' ermöglichen könnten, geraten so gar nicht in den Blick. Insofern bezieht sich mein Beitrag auf Orientierungsbedürfnisse und Bildungsanforderungen in Ost- *und* in Westdeutschland.

Allerdings hat politische Bildung in den neuen Bundesländern vor allem die dort vorliegende besondere Situation zu berücksichtigen: Sie besteht m.E. darin, daß eine in ihren sozialen Milieus, den Mentalitäten und Wertvorstellungen weitgehend traditionale Gesellschaft schlagartig mit den Anforderungen und Zumutungen des sozio-kulturellen Wandels moderner Industriegesellschaften westlichen Typs konfrontiert wird. Schwierigkeiten und Verunsicherungen im Zusammenhang mit dem Wechsel des Gesellschaftssystems kreuzen und überlagern sich mit Orientierungs- und Identitätsproblemen, welche aus jenen sozio-kulturellen Veränderungen erwachsen. Dabei ist es nur normal, daß anfangs jene Denkmuster und Verhaltensstrategien aktualisiert werden, die sich in der ehemaligen DDR als subjektiv funktional erwiesen haben, die jedoch für die Entwicklung einer demokratischen politischen Kultur unangemessen und unzureichend sind. Politische Bildung in den neuen Bundesländern, welche Mündigkeit und Aufklärung bezweckt, muß sich zunächst selbst über diese Zusammenhänge aufklären.

Meine weiteren Ausführungen sollen hierzu einen Beitrag leisten. Dabei werde ich in einem ersten Abschnitt auf Effekte und ambivalente Wirkungen gegenwärtiger Individualisierungsprozesse eingehen und die sich hieraus ergebenden allgemeinen Anforderungen für die politische Erwachsenenbildung skizzieren. Im folgenden Teil geht es darum, auf Besonderheiten der Modernisierung im Osten Deutschlands aufmerksam zu machen und Bildungserfordernisse im Lichte der gegebenen objektiven Bedingungen sowie der vorhandenen subjektiven Voraussetzungen zu formulieren.

Im abschließenden dritten Abschnitt soll die Notwendigkeit einer kritischen Auseinandersetzung mit den aus der Zeit des real existierenden Sozialismus tradierten binären oder bipolaren Denkmustern begründet werden, deren Überwindung eine Voraussetzung für den produktiven Umgang mit Widersprüchen und Ambivalenzen darstellt. Hierbei wird dann auch auf kontraproduktive Weisen von ‚Vergangenheitsbewältigung' sowie auf politisch verursachte ‚Lernblockaden' einzugehen sein.

Schlußendlich geht es in den folgenden Ausführungen um die ‚Zumutung des Unbekannten' sowohl für die Planer politischer Bildung als auch für jene, die in ihr Möglichkeiten der Verständigung und eine möglichst selbstbestimmte Form der Identitätsfindung suchen.

1. Ambivalenzen gegenwärtiger Modernisierung

Im fortschreitenden Modernisierungsprozeß entwickelter Industriegesellschaften verändern immer neue technologische Rationalisierungsschübe in grundlegender Weise Arbeit und Organisation. Enorme Anforderungen an räumliche Mobilität, zeitliche Verfügbarkeit und soziale Flexibilität stellen die Individuen, ihre traditionellen Gemeinschaften sowie Organisationsformen vor die Zerreißprobe und destruieren die normativen und emotionalen Grundlagen herkömmlicher Sozialbeziehungen. Konfliktgeladen – nicht selten bis hin zur Explosivität – wandeln sich Sozialcharaktere und Normalbiographien, Lebensstile und Liebesformen. Selbst die eingeschliffenen Einfluß- und Machtstrukturen, die politischen Unterdrückungs- und Beteiligungsformen sind einem wachsenden Veränderungsdruck ausgesetzt. Grundlegendes Kennzeichen der heutigen Modernisierungsprozesse ist eine zunehmende ‚Individualisierung' (vgl. Beck 1986).

Individualisierung – in dem hier gemeinten Sinn – bedeutet zunächst nicht Vereinzelung, Vereinsamung, Beziehungslosigkeit oder das Ende jeder Art von Gemeinschaft. Ebenfalls nicht gemeint ist der emanzipatorische Prozeß gelingender Individuation – obwohl beides mögliche Ergebnisse von Individualisierungsprozessen sein könnten. Vielmehr kennzeichnet der Begriff den historischen Prozeß der Auf- und Ablösung industriegesellschaftlicher Lebensformen durch solche, in denen die Individuen zunehmend selbst die bewußten Akteure, Konstrukteure, Jongleure und Inszenatoren ihrer Überzeugungen und Identitäten, ihrer Bindungen, sozialen Netze und schließlich ihrer Biographien werden können und werden müssen (vgl. Beck 1993).

Individualisierung als historisch widerspruchsvoller und konfliktreicher Prozeß gegenwärtiger Vergesellschaftung umfaßt drei wesentliche Dimensionen:

1. die Entkoppelung der äußeren Lebensbedingungen (Beruf, Einkommen, Alter, Familienverhältnisse) von der subjektiv gewählten Lebensform; die Herauslösung der Individuen aus ihren traditionellen So-

zialformen und Bindungen sowie die Erosion ehemals stabiler Lebensgemeinschaften (Freisetzungsdimension);
2. den Verlust traditioneller Sicherheiten, Glaubenssätze, leitender Normen und Wertvorstellungen, das Schwinden ehemals verläßlicher Orientierungspunkte (Religion, Wissenschaft, Politik) und damit das Versiegen bisheriger Quellen von Hoffnung, Zukunftsgewißheit und Sinn (Entzauberungsdimension);
3. die Auflockerung und Pluralisierung traditionaler sozialer Milieus und das Entstehen neuer Arten sozialer Einbindung mit den Merkmalen: strukturelle Offenheit, Lockerheit der Verknüpfung sowie Entscheidungsfreiheit hinsichtlich der gewählten Beziehung (Re-Integrationsdimension).

Die skizzierten Prozesse liegen quer zu den traditionellen industriegesellschaftlichen Klassen- und Schichtmilieus und den ihnen entsprechenden Konfliktlinien. Sie modifizieren ihre Konstituierungsprozesse sowie die lebensweltliche Bedeutung und Austragungsmöglichkeit sozialer Konflikte, heben sie aber keineswegs auf.[2] Gleichzeitig entstehen neue ‚cleavages‘, die sich nicht mehr problemlos dem parteipolitischen Ordnungsschema ‚links – rechts‘ zuordnen lassen.[3]

Die möglichen Reaktionsweisen und Verarbeitungsstrategien der Individuen in bezug auf die Zumutungen des Modernisierungsprozesses sind in hohem Maße ambivalent (vgl. Keupp 1994):
- Das ‚Kollektivschicksal der Vereinzelung‘ (Beck) bewirkt ein wachsendes Bedürfnis nach Zugehörigkeit, Verläßlichkeit, Geborgenheit und Heimat. Einerseits kann die Suchbewegung zu freieren und gerechteren Formen des Zusammenlebens führen, basierend auf Toleranz, Nächstenliebe oder einer pluralen Solidarität. Andererseits wird die eigene Identität und Zugehörigkeit dadurch gewonnen und stabilisiert, daß andere und Fremde ausgegrenzt oder bekämpft werden.
- Der Verlust traditioneller Gewißheiten bedingt ein verstärktes Orientierungsbedürfnis sowie den Wunsch nach Klarheit und Überschaubarkeit. Die Suche nach Sinn und eigenständiger Identität kann zu einer Selbstvergewisserung und Selbstbestimmung führen, die jenseits gängiger Vorurteile und herrschender Ideologien liegen. Es ist aber ebenso möglich, daß schnell auf fertige und leicht verständliche Sinnangebote (wie z.B. ‚nationale Identität‘) zurückgegriffen wird oder die allgegenwärtigen medienvermittelten Leitbilder unkritisch angenommen werden.

- Instabilität und Unkalkulierbarkeit der Realisierungschancen von Lebensplänen beenden die berufliche Normalbiographie. Einerseits sind die Individuen nicht mehr ‚von der Wiege bis zur Bahre' auf eine bestimmte Tätigkeitsweise festgelegt, sondern sie können probieren und in vielfältigen Arbeitszusammenhängen ihre unterschiedlichen Fähigkeiten erproben und entwickeln. Andererseits kommt es zu einer Ausweitung und zeitlichen Vorverlagerung von Konkurrenzbeziehungen. Das tägliche ‚catch-as-catch-can' um Arbeitsplatz und berufliche Karriere geht einher mit Neid, Mißgunst, Entsolidarisierung einerseits, Konformismus und vorauseilendem Gehorsam gegenüber vorgesetzten Autoritäten andererseits.

Der reale Gewinn an Freiheit ist mit einem permanenten Zwang zur Entscheidung verbunden. Um sich ‚richtig' entscheiden zu können, muß man die Alternativen kennen, die Chancen und Risiken bewerten, Rücksicht auf sich und andere nehmen, und man muß vor allem wissen, was man will. Schließlich ist jeder für seine Entscheidungen selbst verantwortlich. Wer die Wahl hat, hat allemal auch die Qual. Mehr denn je gilt die paradoxe Formulierung, daß der Mensch zur Freiheit verurteilt sei (Sartre).

Das konkrete soziale Bedingungsgefüge sowie die individuellen Kompetenzen und Ressourcen sind entscheidend dafür, ob der Freiheitsgewinn auch zu einem Gewinn an Lebenssinn und Glück führen kann oder ob der Zwang zur Freiheit vereinzelt, unsicher, ohnmächtig und ängstlich macht. Wer nicht aus Furcht vor der Freiheit flieht, sei es ins Autoritäre, ins Konformistische oder ins Destruktive (vgl. Fromm 1991), der erlebt in der Tat den Zwang zur Freiheit als Zwang zur Bildung (vgl. Zech „Gesellschaftliche Modernisierung ..." in diesem Band).

Politische Bildung in einem demokratischen Gemeinwesen hat angesichts der skizzierten Entwicklungstendenzen und ambivalenten Verhaltensmöglichkeiten aus meiner Sicht drei wesentliche Funktionen: Gegenüber den Individuen muß sie dem paradoxen Zwang zur Selbstbestimmung entgegenkommen, Orientierungen und Anhaltspunkte vermitteln sowie Kommunikation von Sinnfragen und Identitätsfindung ermöglichen, ohne die reale Pluralität von Interessen und Weltsichten kurzerhand einebnen zu wollen oder unter vorgegebene politische Imperative zu subsumieren. Wirkungslos z.B. verhallt der moralisierende Appell zu politischer Beteiligung, wenn die angebotene Partizipationskultur die wachsende Bedeutung von Selbstentfaltungswerten individueller Lebensgestaltung (wie z.B. Abwechslung, Spannung, Emotionalität, ästhetischer Genuß) einfach ignoriert.

Darüber hinaus muß politische Bildung dazu anregen, die unterschiedlichen Partikularinteressen auf ihre Verallgemeinerbarkeit hin zu untersuchen, die Berechtigung auseinanderstrebender Weltsichten und Ansprüche zu prüfen und in ihnen Verbindendes aufzudecken. Entgegen zunehmendem Egoismus, verbreiteter Gleichgültigkeit und Verantwortungslosigkeit hat politische Bildung unter Voraussetzung und Wahrung von Individualität und Pluralität einen Beitrag zu leisten, Gemeinsinn zu entwickeln und zur gesellschaftlich-politischen Integration beizutragen (vgl. Reinhardt 1996). Politikdidaktik sollte sich unter diesem Gesichtspunkt der notwendigen Dialektik des Interessenbegriffes versichern, der im dritten Grundsatz des sogenannten ‚Beutelsbacher Konsens' von 1977 zunächst trivial formuliert wurde.[4] Drittens schließlich gilt es solche Kompetenzen und Dispositionen zu entwickeln und zu befördern, die es den Individuen auch außerhalb der Bildungsveranstaltungen ermöglichen, sich in der Vielfalt von Normen, Wertvorstellungen und Sinnangeboten selbstbestimmt zu bewegen, verantwortlich zu entscheiden und Konflikte vernünftig auszutragen.

Es sind dies zweifellos Aufgaben, vor denen die politische Bildung sowohl in Ost- wie in Westdeutschland steht. Bei allen Gemeinsamkeiten in der Zielstellung dürfen die Unterschiede zwischen den alten und den neuen Bundesländern in den objektiven Ausgangsbedingungen und subjektiven Voraussetzungen nicht unberücksichtigt bleiben. Auf einige Besonderheiten der neuen Bundesländer und ihre Bedeutung für die politische Bildung soll im folgenden Abschnitt eingegangen werden.

2. Absturzartige Modernisierung im Osten Deutschlands – Orientierungszwänge in einer pluralen und konfliktreichen Landschaft

Konnten sich in den alten Bundesländern die genannten Modernisierungsprozesse über Jahrzehnte hinweg und mit einer gewissen Kontinuität entwickeln, so stößt die gegenwärtige Modernisierung im Osten Deutschlands auf eine weitgehend traditionelle Sozialstruktur mit dem ihr entsprechenden Gefüge von Mentalitäten, Normen und Wertvorstellungen.

Nachstehende Tabelle zeigt die Entwicklungsunterschiede hinsichtlich der drei großen sozialen Milieus[5] zwischen den alten und den neuen Bundesländern für das Jahr 1991.

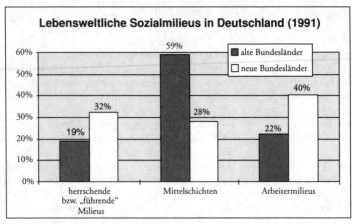

Abb. 1: Lebensweltliche Sozialmilieus in Deutschland (1991), in Anlehnung an Michael Vester (1995, S.16f.).

Während im Westen die mobileren und aufgeschlosseneren Fraktionen in allen drei Großmilieus deutlich gewachsen, die traditionellen kleinbürgerlichen und Arbeitermilieus hingegen stark geschrumpft sind, zeigt sich in Ostdeutschland ein „nur begrenzt verformtes Abbild der industriellen Klassengesellschaft" (Vester 1995, S.16). Vor allem das zentralistisch-autoritäre Herrschaftssystem in der DDR mit seinem ‚vormundschaftlichen Staat' (Henrich) blockierte die ökonomische Leistungsdynamik und damit die Ausdifferenzierung in Richtung moderner Erwerbsqualifikationen und Mentalitäten. Die sozialen Milieus sind deshalb wesentlich stärker norm-, konventions- und traditionsgebunden (vgl. Hradil 1995). Die Bindekraft von Pflicht- und Akzeptanzwerten wie Ordnung, Disziplin, Leistung, Fleiß, Unterordnung, Bescheidenheit usw. ist noch weitgehend ungebrochen. Der Wandel hin zu Selbstentfaltungswerten wie Eigenständigkeit, Selbstverwirklichung, Kreativität, Spontaneität und hedonistischen Lebensorientierungen setzte erst Ende der 70er Jahre vor allem bei den jüngeren Generationen ein (vgl. Förster/Friedrich 1996).

Verschärft werden die Auswirkungen des Modernisierungsprozesses durch ein weiteres Moment: Erfolgte die Anpassung der Individuen an die neuen Herausforderungen im Westen Deutschlands unter den Bedingungen wachsender Teilhabe an Bildung, Wohlstand und sozialer Sicherheit, so sind die Subjekte in den neuen Bundesländern eher mit gegenteiligen Entwicklungsprozessen konfrontiert. Gravierende Zunahme von Arbeitslosigkeit und ihre offensichtliche Entkoppelung von der konjunkturellen Lage, Abbau sozialer Sicherungssysteme, Auflösung eines deutlich erkennbaren Zusammenhangs von Bildungserwerb und steigenden Berufschancen und anderes lassen es kaum gerechtfertigt erscheinen, von einer ‚nachholenden Modernisierung‘ des Ostens zu sprechen. Persönliche Entscheidungen, die unter der Voraussetzung individualistischer Lebensweisen und eines dichten sozialen Netzes ein durchaus kalkulierbares Risiko darstellen, werden unter den ökonomischen Bedingungen und den bestehenden sozialen Beziehungen in den neuen Bundesländern als Verantwortungslosigkeit gegenüber Partnern, Kindern oder der Elterngeneration wahrgenommen. Es ist Heiner Keupp (1994, S.344) zuzustimmen, wenn er schreibt: „Die Fähigkeit zu und die Erprobung von Projekten der Selbstorganisation sind ohne ausreichende materielle Absicherung nicht möglich. Ohne Teilhabe am gesellschaftlichen Lebensprozeß in Form sinnvoller Tätigkeit und angemessener Bezahlung wird Identitätsbildung zu einem zynischen Schwebezustand, den auch ein ‚postmodernes Credo‘ nicht zu einem Reich der Freiheit aufwerten kann." (Vgl. hierzu auch Brock 1994.)

Vor der ‚Wende‘, so ist es heute häufig zu hören, da war die Welt noch in Ordnung: Die Lebensplanung, zumindest der älteren und mittleren Generationen, war kalkulierbar,[6] die – wenngleich rigiden – Spielregeln des Systems waren überschaubar. Die Folgen systemkonformen Verhaltens sowie die Konsequenzen von Opposition konnten abgesehen werden. Dies ermöglichte es u.a., sich pragmatisch den Zwängen des Systems zu unterwerfen und zugleich eine eigene Identität in mehr oder minder kritischer Distanz dazu aufzubauen.[7] Funktionierende soziale Netze (Familie, Nachbarschaft, Freundeskreise) trugen nicht nur zur Linderung des permanenten Mangels an Konsumgütern und Dienstleistungen bei, sondern kompensierten in gewissem Maße das Fehlen einer freien und öffentlichen Diskussion. Die ausgeprägte Nischenkultur vermittelte neben dem Gefühl allgemeiner Eingeschränktheit und Unfreiheit auch die Empfindung sozialer Nähe und menschlicher Wärme. Mit der ‚Wende‘ wurden die akkumulierten Erfahrungsbestände, die entwickelten Handlungsroutinen und Anpassungsmodi schlagartig entwertet. Die mit ihnen verbundenen wirtschaftlichen, politischen und lebensweltlichen Handlungssicherheiten gingen verloren. Auf Schritt und Tritt outete sich der neue Bundesbürger als ‚Ossi'. Der Um- und Abbau von Institutionen und die damit schnell zunehmende Arbeitslosigkeit, der Wechsel von Arbeitsplätzen und Wohnorten lösten die individuell einst bedeutsamen Netzwerke und informellen Sozialbezüge auf, oder sie degenerierten zur ‚Seilschaft'. Deshalb folgte der allerorts gefeierten Befreiung von Mangel und obrigkeitsstaatlicher Reglementierung vielfach das Gefühl eines ‚Verlustes', das keineswegs umstandslos als „Heimweh nach der alten Ordnung" oder als Haltung „Fürsorge statt Freiheit" zu interpretieren ist (Der Spiegel 1995, Titelblatt, und Der Spiegel 1996, S.69).

Nicht nur der Wechsel eines Gesellschaftssystems, sondern die ganze Wucht oben skizzierter sozio-kultureller Wandlungen und zivilisatorischer Verunsicherungen traf die Subjekte, ohne daß sie über hinreichend ausgebildete kulturelle Ressourcen und entwickelte Kompetenzen einer selbstbestimmten Orientierung verfügen konnten.[8]

Eines der wesentlichsten strukturellen Defizite der DDR war das Fehlen öffentlicher Konflikt- und Wettbewerbsstrukturen, in welchen Interessengegensätze oder auch nur Meinungsunterschiede hätten ausgetragen werden können. Ideologisch wurde dies in dreifacher Weise abgesichert:

- Wenn eherne, objektive Gesetze die gesellschaftliche Entwicklung auf das Ziel einer klassenlosen kommunistischen Gesellschaft hin steuern, dann sind individuelle Interessen, Wertvorstellungen, An- und Einsichten nur insofern von Bedeutung, als sie diesen Prozeß verzögern oder befördern können. Da der ‚Klassenstandpunkt des Proletariats' einen privilegierten Zugang zu Wahrheit und normativer Richtigkeit eröffnete, war die richtige Einsicht letztlich eine Frage der Parteilichkeit. Diese zu definieren oblag, abgesichert durch das Organisationsprinzip des ‚demokratischen Zentralismus', der Parteiführung. Aus diesem Grund brauchte über unterschiedliche politische Auffassungen oder Handlungsoptionen auch nicht öffentlich gestritten zu werden. Parteilichkeit galt es durchzusetzen, abweichende Einsichten mußten ‚auf Linie' gebracht werden.
- Entgegen der philosophischen Auffassung, wonach Widersprüche als Triebkräfte der Entwicklung anzusehen sind, ging man hinsichtlich der Entwicklung des Sozialismus genau vom Gegenteil aus. Im Unterschied zur Entwicklungslogik antagonistischer Klassengesellschaften sei im Sozialismus die grundlegende Übereinstimmung der Interessen aller Subjekte die entscheidende stimulierende Kraft. Die an-

genommene Interessenidentität war Konsequenz des gesellschaftlichen Seins. Auf diese Weise ontologisch abgesichert, konnte und brauchte sie nicht als mögliches Ergebnis diskursiver Prozesse angesehen zu werden.
- Im Verlaufe der Entwicklung des Sozialismus, so eine dritte ideologische Annahme, komme es zu einer immer stärkeren Annäherung aller Klassen und Schichten. Soziale Konflikte sind folglich nicht nur schädlich und zu vermeiden, sondern nachgerade ein Kennzeichen für Entwicklungsdefizite und politische Fehler.

Nun ist mittlerweile vielfach nachgewiesen worden, daß die soziale Wirklichkeit der DDR in keiner Weise den Homogenitätsvorstellungen und Ansprüchen auf soziale Gleichheit der politischen Führungselite entsprach (vgl. Solga 1996). Reale Interessengegensätze, differente Meinungen, unterschiedliche Wertpräferenzen konnten aber im öffentlichen Raum kaum zur Sprache gebracht und ohne ideologische Reglementierungen ausgetragen werden.[9] Insofern bestand für die Mehrheit der Bürger in den neuen Bundesländern nur eine geringe Nötigung und eine geringe Chance, bestimmte Haltungen und soziale Kompetenzen wie aktive Toleranz, Konfliktfähigkeit, Sorge um das eigene Selbst, Selbstbestimmungsfähigkeit und Bürgermut auszubilden und praktisch zu erproben. Besonders schwer fällt der Umgang mit Uneindeutigkeit und Widersprüchlichkeit, die als solche auszuhalten wären. Die erzwungene Anpassungsleistung der DDR-Bürger führte zu einer Fixierung auf eindeutige Verhaltensvorgaben und klare Wegweiser durch den sozialen Raum. Das Fehlen staatlicher Verordnungen und gesetzlicher Regelungen in der ‚Nachwendezeit' wurde deshalb nicht selten als Mangel beklagt, statt es als Gestaltungsspielraum zur Verwirklichung eigener Ideen und Vorhaben zu nutzen.

Das ausgeprägte Bedürfnis nach Vereindeutigung und eine nur bedingt entwickelte Konfliktfähigkeit erschweren den Umgang mit den geschilderten Ambivalenzen gegenwärtiger Modernisierung. Sie machen anfällig gegenüber einfachen Wahrnehmungs- und Deutungsmustern, einseitigen Sicht- und Darstellungsweisen sowie den avantgardistischen Ansprüchen sogenannter ‚Opinionleader'. Der verbreitete Unwille oder die Unfähigkeit, sich seines Verstandes ohne Leitung eines anderen zu bedienen und dabei Konflikte nicht zu scheuen, behindert die Entfaltung einer lebendigen politischen Kultur.

Aus diesem Grund sollte politische Bildung in den neuen Bundesländern ein besonderes Gewicht auf die Beförderung solcher sozialer Kom-

petenzen und Dispositionen legen, die einen aktiven Umgang mit Pluralitäten ermöglichen.
Dazu gehören u.a. die Fähigkeiten,
- sich sachlicher oder normativer Konflikte auf intersubjektiver Ebene bewußt zu werden, sie zu artikulieren und ohne Anwendung von Gewalt – also ausschließlich in zivilen Formen – auszutragen; Konsens oder Kompromisse zu suchen, Dissens als Normalität anzusehen (Wahrnehmungsfähigkeit, Lernfähigkeit, Ausdrucksfähigkeit, Toleranz);
- eine andere und ungewohnte Denk- und Sprechweise zu verstehen und die eigenen Intentionen und Argumente verständlich zu machen (Aufmerksamkeit, ‚good will‘, Sprachkompetenz);
- einen Perspektivenwechsel zwischen den Personen *Ich/Wir* und *Du/Ihr* durchzuführen, sich selbst und seine Gruppe aus den Augen der anderen kritisch zu reflektieren, das Eigeninteresse mit dem Interesse anderer zu vermitteln und auf seine Verallgemeinerungsfähigkeit hin zu prüfen (Einfühlungsvermögen, Perspektivenübernahme, Fähigkeit zur Selbstreflexion);
- sich kritisch mit den allgegenwärtigen medienvermittelten Wertvorstellungen, Sinnangeboten, Weltdeutungen auseinanderzusetzen, Normen auf ihre mögliche Universalisierbarkeit, politische Vorhaben auf ihre Auswirkungen und Nebenfolgen hin zu untersuchen (Kritikfähigkeit).

Es versteht sich, daß diesem Anliegen die Auswahl des Stoffes, vor allem aber die Methodik angemessen sein müssen. Fallbezogene Problemerörterung, strukturierter Nachvollzug politischer Diskussionen und Meinungsbildungsprozesse, Durchdenken konkurrierender Erklärungsansätze werden der Beförderung genannter Kompetenzen besser gerecht als der systematisch korrekte Lehrvortrag. Jegliche Arten vormundschaftlicher Haltungen und paternalistischer Strategien wären falsch und dysfunktional, weil sie zudem die Tradition DDR-typischer politischer Unterweisung fortsetzen und so politische Bildung dem naheliegenden Verdacht eines Ideologiefaches aussetzen würden (vgl. Muszynski 1995). Alle Formen von ‚Offenbarungs- und Bekehrungslernen‘, in welchen die Teilnehmerinnen und Teilnehmer von Bildungsveranstaltungen in eine verharrende Objekthaftigkeit gezwungen werden, erinnern fatal an die Versuche politischer Indoktrination, die in der DDR mit dem Titel ‚Rotlichtbestrahlung‘ treffend bezeichnet wurden.

Erkenntnis, Orientierung und Identitätsfindung sind in den Veranstaltungen zur politischen Erwachsenenbildung ausdrücklich als Eigenleistungen der beteiligten Subjekte zu begreifen und zu organisieren.[10] Mit der Reservierung von Zeiten, die nicht durch anderweitige Anforderungen beansprucht werden, mit der Bereitstellung von Räumen einer weitgehend angst- und herrschaftsfreien Kommunikation sowie durch den Einsatz geeigneter Methoden der Erwachsenenbildung (z.B. Moderation, Zukunftswerkstätten, ‚Pro- und Contra-Diskussionen', Begegnungen von Subjekten mit unterschiedlichen oder gegensätzlichen sozialen Erfahrungen) kann politische Bildung diese Lernprozesse unterstützen, ohne einerseits die vorfindliche ‚neue Unübersichtlichkeit' (Habermas) vorschnell zu vereinfachen oder sie andererseits institutionell zu verdoppeln.[11]

3. Die Notwendigkeit von Erinnerungsarbeit als inhärenter Bestandteil politischer Bildung

„‚Das habe ich getan', sagt mein Gedächtnis. ‚Das kann ich nicht getan haben' – sagt mein Stolz und bleibt unerbittlich. Endlich – gibt das Gedächtnis nach" (Nietzsche 1931, S.81).

Eine Neuorientierung der Subjekte in den neuen Bundesländern wird ohne bewußte Erinnerung an das gelebte Leben in der DDR, ohne Rücksichtnahme auf die hier herausgebildeten Wahrnehmungs-, Denk- und Verhaltensweisen nicht gelingen.[12] Zwar bewirken die An- und Übernahme von systemkonformen ‚Ratschlägen der Klugheit' (Kant) eine äußerliche Assimilation, nicht jedoch eine selbstkritische Überwindung internalisierter Muster des Denkens und Verhaltens. Die Folge davon ist, daß trotz der gravierenden Wandlung des Gesellschaftssystems in vielen Bereichen menschlicher Kommunikation und Interaktion alles beim alten zu bleiben scheint.[13]

Eines der kennzeichnenden Merkmale marxistisch-leninistischer Ideologie war ihr ‚binärer Code', d.h. ein Denken in unvermittelten Gegensätzen. Innen und außen, Wesen und Erscheinung, wahr und falsch stehen sich dabei einander ebenso wechselseitig ausschließend gegenüber wie gut und böse, Eigenes und Fremdes, Freund und Feind. Die jeweiligen Gegensätze werden nur unter dem Aspekt des Ausschlusses des jeweils anderen begriffen, also in der logischen Form einer Disjunktion.

J.W. Stalin hat diese Denkweise unter dem Titel „Die dialektische Methode" unwillentlich in idealtypischer Weise formuliert: „... man kann das Leben nicht für etwas Unveränderliches und Erstarrtes halten, es bleibt niemals auf derselben Stufe stehen, es befindet sich in ewiger Bewegung, ist in stetem Vergehen und Werden begriffen. Deshalb gibt es im Leben stets Neues und Altes, Wachsendes und Absterbendes, Revolutionäres und Konterrevolutionäres. ... Alles, was wirklich ist, d.h. alles, was von Tag zu Tag wächst, ist vernünftig, und alles das, was sich von Tag zu Tag zersetzt, ist unvernünftig und wird deshalb der Niederlage nicht entgehen" (Stalin 1950, S.260f.). Die Negationsform, in welcher hier der Widerspruch allein gedacht wird, ist der einfache Ausschluß des jeweils anderen. Ziel der Negation ist die Vernichtung des Gegenteils. Ein binäres Denken kennt keine Konfliktlösung außerhalb der Schemata ‚Gewinner oder Verlierer' bzw. ‚Sieg oder Niederlage'. Identitätsbildung erfolgt durch Abgrenzung und Lagerbildung. Unter normativ-wertendem Gesichtspunkt ist dann jemand entweder gut oder böse, entweder Revolutionär oder Konterrevolutionär, entweder Klassenbruder oder Klassenfeind – tertium non datur. Die Zuordnung der jeweiligen Materien ist so einfach wie das Sortieren der Erbsen beim Aschenputtel.

Die dualistische Weltsicht sowie das binäre Denkmuster sind aus dem Alltag des ‚real existierenden Sozialismus' wohlbekannt.[14] Sie wurden auch von jenen internalisiert, die nicht zu den Protagonisten des Systems gehörten. Das bipolare Denken scheint die ‚Wende' nicht zuletzt deshalb unbeschadet überlebt zu haben, weil es eine einfache und schnelle Art der Identitätsfindung und Orientierung im sozialen Raum ermöglicht (vgl. Klose 1994). Aktuelle Varianten finden sich einerseits im nationalistischen Lager, wo unter der Losung „Deutschland den Deutschen" säuberlich nach nationalen Zugehörigkeiten bewertet, getrennt und ausgesondert wird. Sie finden sich jedoch andererseits ebenso in Kreisen der ehemaligen ostdeutschen Bürgerbewegung. Dort nämlich, wo versucht wird, eindeutige Trennlinien zwischen ‚Systemträgern' und ‚Oppositionellen' zu ziehen, wo es um die Zuweisung des Status eines ‚Opfers' oder eines ‚Täters' geht und wo die ehemalige Mitgliedschaft in der SED bereits einen Verdacht begründet, der durch Unschuldsbeweise allererst zu entkräften wäre. Das neuerliche Generieren von Feindbildern erfolgt nach dem gleichen Denkmuster wie seinerzeit in der DDR und offenbart, wie wenig sich hierin Vergangenheit und Gegenwart unterscheiden.[15]

Wenn es aber nur noch die Alternative zu geben scheint, entweder zu den moralisch integren, guten Menschen zu gehören oder aber durch Mitwirkung am Funktionieren des alten Systems politisch belastet und moralisch verwerflich zu sein, dann ist die Selbstzuordnung der Individuen vorprogrammiert. An die Stelle eines Lernens aus der Geschichte tritt das bereits in der Nachfolge des Nationalsozialismus bekannte Phänomen einer allgemeinen ‚Derealisation'. Helmut Dahmer versteht hierunter eine Psychotechnik der Abwehr, eine Strategie der Verleugnung und des ‚Ungeschehen-Machens', welche die Stimme des Gewissens dauerhaft zum Schweigen bringt. „Solche Versuche der Krisen- und Vergangenheitsbewältigung mißlingen, weil das Verleugnete sich gegen den Willen und außerhalb des Bewußtseins derer, die sich nicht mehr erinnern dürfen, geltend macht und ihr ferneres Leben in die Kreisbahn permanenter Wiederholung dessen zwingt, vor dem sie fliehen" (Dahmer 1990, S.140).

Angesichts dieses bekannten Phänomens hat politische Bildung in den neuen Bundesländern eine dreifache Aufgabe:

Erstens muß sie den Individuen eine differenzierte Sicht auf die Entwicklungsgeschichte des Staatssozialismus in der DDR ermöglichen, die mit unterschiedlichen Erfahrungen der Generationen sowie mit unterschiedlichen Perspektiven entsprechend der ehemaligen sozialen Stellung kompatibel ist. Dazu gehört die Unterscheidung zwischen verschiedenen Ausprägungsformen des administrativen Sozialismus in den einzelnen Ländern (dominant stalinistische oder volksstaatliche Variante) ebenso wie die Differenzierung nach historischen Abschnitten in seiner Entwicklung. Es macht einen erheblichen Unterschied, ob der Staatssozialismus als ein System allgemeinen Terrors und gewaltsamer Vernichtung aller selbständigen Kräfte und des politischen Gegners erlebt wurde oder eher als paternalistischer Wohlfahrtsstaat, der seine Legitimation (auch) aus einem ritualisierten Antifaschismus und aus wohlfahrtsstaatlichen Leistungen, verbunden mit sozialen Sicherheiten, zu schöpfen suchte. Eine Rekonstruktion der DDR-Gesellschaft anhand von Lebensverläufen ihrer Bürger erbrachte das interessante Ergebnis, daß die Bürgerinnen und Bürger durchaus „keine passiv beherrschten Objekte (waren), sondern Subjekte, die neben äußerer Disziplinierung auch durch Überzeugung und materielle Anreize sozial integriert wurden. Seit den sechziger und siebziger Jahren erfolgte die Prägung von Lebensverläufen weniger durch Repression und Zwang als vielmehr durch die bewußte Gestaltung von Handlungsanreizen" (Mayer/Diewald 1996, S.16). Politische Bildung, die an den Erfahrungen der Subjekte anknüpfen muß, um glaubwürdig zu bleiben, sollte deshalb ihre theoretischen Leitkonzepte (z.B. die Totalitarismusdoktrin) daraufhin überprüfen, ob sie den notwendigen Differenzierungen gerecht werden. Die Verwischung des Unterschieds zwischen dem Nationalsozialismus und dem real-sozialistischen Herrschaftssystem in der DDR unter dem Titel ‚56 Jahre Diktatur' trägt nicht nur nichts zur Aufklärung bei, sondern verharmlost das Grauen des Holocaust in unverantwortlicher Weise.

Wenn – entgegen der oben skizzierten binären Denkweise – ein Anliegen politischer Bildung in der Beförderung von Unterscheidungsfähigkeit und politischem Urteilsvermögen der Bürger liegt, so sind nicht grobschlächtige Geschichtsschablonen und Klischees gefragt, sondern eine differenzierende Behandlung des Themas ‚DDR-Geschichte'. Dabei gilt es dann auch, die maßgeblich von den Weltmächten bestimmte ‚politische Großwetterlage' nicht zu vergessen.

Zweitens sollte in den Veranstaltungen politischer Bildung zur Auseinandersetzung mit der DDR-Vergangenheit eine solche Atmosphäre ermöglicht werden, in welcher sich die Teilnehmerinnen und Teilnehmer angstfrei und ohne Konkurrenzdruck über ihre sozialen Erfahrungen verständigen und ihre Lebensgeschichten annehmen können. Die eigene Biographie zu akzeptieren bedeutet, die Achtung vor sich selbst zu bewahren. Dies aber scheint eine wichtige Voraussetzung dafür zu sein, sich der verfehlten und kritikwürdigen Seiten des eigenen Handelns bewußt zu werden, sie nicht verleugnen oder verdrängen zu müssen und sie deshalb überwinden zu können.

Eine weitere Voraussetzung für eine gelingende Verständigung über die Vergangenheit liegt darin, daß die Diskussionen nicht als Bedingtheits-, sondern als Begründungsdiskurse geführt werden. Es geht dabei darum, daß ich die Gründe meines Handelns offenlegen und deren Prämissen (Situationsdeutungen, Interpretation der Handlungsbedingungen, Weltsichten, Wertpräferenzen etc.) anderen deutlich machen kann. Handlungen, die begründet werden, sind unter den angeführten Prämissen nachvollziehbar und insofern ‚verständlich'. „Begründetheit/Verständlichkeit sind zwei Seiten der gleichen Beziehung und schließen Mitmenschlichkeit ein: Wenn ich den anderen nach seinen Gründen frage, akzeptiere ich ihn grundsätzlich als Mitmenschen. Sein Standpunkt, von dem aus er seine Handlungen begründet, ist angefragt und wird berücksichtigt" (Holzkamp 1991, S.44). Das schließt nicht aus, daß die Prämissen im Lichte anderer Erfahrungen kritisiert und die in ihnen vertretenen Geltungsansprüche auf Wahrheit und normative Richtigkeit im diskursiven Prozeß geprüft werden. Insofern ist eine Handlung, die subjektiv begründet ist, nicht dadurch schon gerechtfertigt. Allerdings kann sie differenzierter beurteilt werden. Die Einsicht, unter gleichen Bedingungen und Prämissen möglicherweise ähnlich gehandelt zu haben, schützt vor einer vorschnellen Abwertung und Ausgrenzung des anderen. Sie ermöglicht Lernprozesse auch bei jenen, die sich in der Vergangenheit bereits kritisch und distanziert zum herrschenden System in der DDR verhalten haben.

Begründungsdiskurse zielen auf eine rekonstruierende Verbindung von sozialen Verhältnissen und menschlichen Verhaltensweisen, von Handlungsmotiven und objektiven Handlungsbedingungen. Dort, wo es in politischen Bildungsveranstaltungen vordringlich darum geht, ‚Täter‘ kenntlich zu machen und die ‚Schuldigen‘ zu finden, werden allenfalls wechselseitig Beschuldigungen und Rechtfertigungen ausgetauscht. Neben dem Idealtypus des ‚Täters‘ und dem des ‚Opfers‘ finden wir dann nur noch die Figur des ‚Helden‘, welcher einerseits den Verführungen der Macht widerstand und sich andererseits von ihr auch nicht einschüchtern oder deformieren ließ.[16] Die gesellschaftlichen Verhältnisse, unter denen ein bestimmtes Handeln subjektiv funktional war, kommen gar nicht in den Blick, bleiben undiskutiert und vielfach unverändert. Auf der Ebene von Beschuldigungsdiskursen erwächst daher auch keine politische Gestaltungsaufgabe. Ebenso unaufgeklärt bleiben die sozialen Zusammenhänge, in denen sich Mut und Widerstandskraft entwickeln konnten. ‚Heldentum‘ als naturgegebene Anlage kann man bestaunen, lernen kann man davon nicht.

Die Aufarbeitung von Vergangenheit im Rahmen politischer Bildung muß deshalb *drittens* auf die Vermittlung der geschichtlichen und gesellschaftlichen Dimension mit der Dimension des je individuellen Handelns abzielen. Erfolgt die Konzentration in der Auseinandersetzung ausschließlich auf das Gesellschaftssystem, so sind die Subjekte vorschnell von einer selbstkritischen Prüfung entlastet. Ungeklärt bleibt, inwiefern ihr individuelles Handeln, die vielfältigen Formen von Widerstand, Anpassung, Unterwerfung oder zynischer Kooperation zum Funktionieren der undemokratischen und freiheitsberaubenden Praxen beigetragen haben. Verbleibt die Diskussion hingegen nur bei dem individuellen Verhalten, so bleiben die zu verändernden sozialen Verhältnisse und Beziehungsstrukturen im Dunkeln. Es werden keine Gründe sichtbar, aus welchen individuelles Fehlverhalten erklärbar wäre. So kann es – aus dieser Sicht – nur an einer verdorbenen Moral, einem schlechten Charakter oder an einer sonstigen Persönlichkeitseigenschaft liegen, welche mit dem Individuum verwachsen und durch Lernen nicht zu verändern ist. Bildungsveranstaltungen aber, welche (auch nur implizit) die Lernunfähigkeit von Teilnehmerinnen und Teilnehmern unterstellen, haben keine Existenzberechtigung.

Nun gibt es nach meinen Erfahrungen ein eigentümliches Paradox: Einerseits werden viele Veranstaltungen der Erwachsenenbildung von den Teilnehmerinnen und Teilnehmern auch dazu genutzt, sich über die Erfahrungen in und mit der DDR auszutauschen. Verschiedene Binnen- oder Fremdsichten werden lebhaft diskutiert. Dies verweist offensichtlich auf die subjektive Bedeutsamkeit einer rückblickenden Vergewisserung der eigenen Biographie, einer Vergegenwärtigung eigener Einstellungen und Verhaltensweisen im Kontext politisch stark kontrollierter und reglementierter Handlungsmöglichkeiten. Andererseits werden Bildungsveranstaltungen, die explizit das Thema ‚Vergangenheitsaufarbeitung' ausweisen, so gut wie nicht angenommen. Dies hat Gründe. Auf zwei vermutliche Lernblockaden möchte ich abschließend eingehen: Gerade in den Jahren unmittelbar nach der Wende wurde die DDR-Vergangenheit im hohen Maße politisch funktionalisiert. Eine strikte Abgrenzung galt als Kriterium wahrhaft demokratischer Gesinnung, und die großen politischen Parteien übten sich im Kontext anstehender Wahlen im Wettbewerb darum, welche der von ihnen favorisierten Strategien wohl eher zum ‚Fall der Mauer' beigetragen habe. Im Prozeß der Auflösung und Neukonstituierung des Institutionengefüges konnte diese Situation im Osten individuell dazu benutzt werden, die eigenen Karrierechancen dadurch zu erhöhen, daß man den Nachweis führte, geringstenfalls ein Unbeteiligter, wenn nicht gar ein Opfer des totalitären Systems in der DDR gewesen zu sein. Danach gefragt, kehrten die meisten jene Seiten ihres Verhaltens heraus, in denen sie tatsächlichen oder vermeintlichen Widerstand geleistet hatten. Durch die Medien vorangetrieben entstand ein Klima, in welchem es einfach unklug und selbstzerstörerisch erscheinen mußte, öffentlich über eigene Verstrickungen, eigene Schuld und eigenen Anteil an den nunmehr diskreditierten Praxen nachzudenken.[17] Inwiefern dies dennoch vor der inneren Instanz des Gewissens erfolgte, ist schwer abzuschätzen. Allerdings dürften die öffentlichen Rollenzuweisungen, die Ein- und Ausgrenzungen eher zu dem Bemühen um eine schnelle Selbststabilisierung beigetragen haben. Wo es um die rasche Neuverteilung von Macht, von Einkommens- und

Karrierechancen geht, sind Verunsicherungen und Gewissensbisse das letzte, was man brauchen kann.

Ein weiterer Grund für die Abwehr von Lernzumutungen in den neuen Bundesländern liegt wohl in folgendem Zusammenhang: Im Unterschied zu anderen osteuropäischen Ländern erfolgte der Transformationsprozeß der DDR als Beitritt zu einem bislang funktionierenden wirtschaftlichen, politischen und rechtsstaatlichen System. Neben unbestreitbaren Vorteilen brachte dieser Prozeß aber auch spezifische Probleme mit sich. Unter ‚Wiedervereinigung' verstanden die Initiatoren und Akteure des Wendeprozesses nicht einfach nur die Angleichung der Lebensverhältnisse beider deutscher Staaten, sondern eine Synthese oder Kombination der jeweils besten Standards und Regelungen der Bundesrepublik und der DDR. Dies wurde sowohl durch die hastige Vereinigungspolitik der regierenden Parteien als auch durch das mehrheitliche Votum der damaligen DDR-Bürger für eine schnelle Einführung der D-Mark verhindert. Das zu Beginn der Wende zunächst aufbrechende politische Interesse und soziale Engagement ist in dem Maße der Gleichgültigkeit oder Resignation gewichen, wie eigene Erneuerungsversuche im hereinbrechenden Strom der etablierten, angeblich bewährten Praxen des Westens ertränkt wurden. Modellübernahme und Imitation traten an die Stelle eigener Suchbewegungen und Lernprozesse und begünstigten eine wesentlich externe Eliterekrutierung. „Östlicherseits ist der Kolonialismusvorwurf allgegenwärtig und Gelegenheiten, ihn exemplarisch – auch für Westdeutsche nachvollziehbar – belegen zu können, sind Legion" (Muszynski 1995, S.6). Nicht selten und konträr zu ihren bisherigen Vermutungen[18] erleben Ostdeutsche das Sich-Breitmachen eines Habitus, unter welchem allzu schnell alle ‚Wessis' subsumiert werden: Arroganz, zumeist gepaart mit Uninteressiertheit und folglich Unwissenheit über das Leben in der ehemaligen DDR – und zuweilen mit einer eher bescheidenen fachlichen Kompetenz. Viele Wahrnehmungen deuten darauf hin, daß nicht Leistungsbereitschaft und Leistungsfähigkeit es sind, welche vorrangig die berufliche Karriere ermöglichen, sondern geographische Herkunft sowie die Bekanntschaften mit und die Verbindungen zu der neuen Herrschaftselite. Damit aber scheint das von den Ostdeutschen – nach der vielfach erfahrenen Nivellierung von Leistungsunterschieden – befürwortete Wettbewerbsprinzip außer Kraft gesetzt und damit auch die grundgesetzlich verankerte Chancengleichheit zumindest partiell suspendiert worden zu sein.[19]

Die von den Subjekten in den neuen Bundesländern empfundenen und real vorhandenen Benachteiligungen und Fremdbestimmungen produzieren Interessen- und Identitätskonflikte, die – quer durch alle sozialen Schichten – zu einer Renaissance ostdeutschen Wir- und Selbstbewußtseins führen (vgl. Koch 1994). Die Folgen für die politische Kultur sind zwiespältig: Einerseits ist ein stabiles und ausgeglichenes Selbstwertgefühl eine Bedingung für das Ablegen von Selbstmitleid und Larmoyanz sowie das nostalgische – d.h. folgenlose – Sich-Zurücksehnen nach Bewahrenswertem aus der DDR. Es bildet den Ausgangspunkt dafür, daß neue soziale Mißstände und politisches Versagen öffentlich kritisiert und durch eingreifendes Handeln verändert werden. Andererseits findet eine Rekultivierung jener ‚Wagenburgmentalität' statt, in welcher mit der einseitigen Fixierung auf das Eigene und Bekannte alles Unbekannte und Fremde pauschal abgelehnt wird oder zumindest als suspekt erscheint. Unreflektiertes Festhalten an der einmal gewonnenen eigenen Identität, trotziges Zurückweisen von Lernzumutungen und die Abwehr von Individualisierungsanforderungen sind dann die unproduktiven Konsequenzen.[20]

Aus der ‚Perspektive der Wagenburg' wird den Teilnehmerinnen und Teilnehmern von Bildungsveranstaltungen eine kritische Auseinandersetzung mit der DDR-Vergangenheit nahezu unmöglich. Sieht es für sie doch so aus, als sollte nunmehr auch aus ihrer Erinnerung alles das getilgt werden, was ihnen in der DDR als gut und bewahrenswert erschien und woran zumindest ein Teil ihrer eigenen Identität geknüpft ist. Glaubt man sich von Feinden umlagert, dann gilt es, das Eigene um jeden Preis zu schützen und die Identität nicht etwa im kommunikativen Prozeß einer kritischen Reflexion der Vergangenheit zu verunsichern. Die angeführten Lernblockaden verweisen auf den Zusammenhang von Lern- und Veränderungsfähigkeit mit den jeweiligen gesellschaftlichen und politischen Rahmenbedingungen. Gleiche Lebenschancen und Teilhabemöglichkeiten für die Bürgerinnen und Bürger in den neuen Bundesländern sowie die Anerkennung kultureller Differenz und die Akzeptanz ihrer Entfaltung sind die Grundlage dafür, die (wiederentstehende) ‚Mauer in den Köpfen' abzutragen und einer borniert en Ost-Identität den Boden zu entziehen. Integration der beiden deutschen Teilgesellschaften, nicht einseitige Assimilation des Ostens an den Westen, lautet die Aufgabe.[21]

Damit aber kann ein Lernziel politischer Bildung formuliert werden, welches für die Bürgerinnen und Bürger der alten wie die der neuen

Bundesländer gleichermaßen von Bedeutung ist: Entgegen einer einseitigen Fixierung auf das Eigene, das Bekannte und Vertraute geht es um die Entwicklung und Beförderung der Fähigkeit, „sich auch innerlich auf einen produktiven Pluralismus einzulassen, der aus Überzeugung weiß, daß Konsens ohne Konflikt Entwicklung und Freiheit zerstört, Konflikt ohne Konsens aber Verfeindung und Unfrieden bewirkt. Es geht um die Fähigkeit zu Toleranz und Entschiedenheit, Selbstbehauptung und Solidarität, Streit und Kooperation, und zwar nicht nur als Anspruch an die Akteure der großen Politik, sondern als Lebensform im öffentlichen wie im privaten Raum ..." (Meyer 1991, S.13).

Anmerkungen

[1] Wenn im Aufsatz allgemein von ‚politischer Bildung' gesprochen wird, so ist damit in erster Linie die Erwachsenenbildung gemeint. Dies schließt nicht aus, daß Teile meiner Ausführungen ebenso für Lernprozesse von Kindern und Jugendlichen im schulischen bzw. außerschulischen Bereich zutreffend sein können. Die Spezifik solcher Bildungsveranstaltungen konnte hier jedoch nicht erfaßt werden.

[2] Ulrich Becks Darstellungen suggerieren häufig einen fast vollständigen Bedeutungsverlust der traditionellen Klassenmilieus hinsichtlich individueller Handlungsoptionen, Wertpräferenzen, Geschmacksfragen etc. Dagegen ergeben verschiedene Lebensweltforschungen – basierend auf dem Bourdieuschen Konzept des „sozialen Raums" (vgl. Bourdieu 1987) – ein differenzierteres Bild: Die Klassengesellschaft – besser: die soziale Schichtung gemäß der Verfügung über eine der drei Kapitalarten – wird im Prozeß der Modernisierung nicht einfach aufgelöst, sondern in Hinsicht einer vertikalen und horizontalen Pluralisierung modifiziert (vgl. Vester 1993, S.6; vgl. auch Hradil 1990). Eine explizite Auseinandersetzung mit Vereinseitigungen in Ulrich Becks Theorie gegenwärtiger Modernisierung findet sich bei Klaus Dörre (vgl. Dörre 1987 und 1991).

[3] Beispiele für neue bzw. wiederentstehenden „cleavages" (oder soziale „Bruchstellen") sind:
– der Gegensatz zwischen Modernisierungsgewinnern und Modernisierungsverlierern;
– die Diskriminierung nach Gruppenzugehörigkeit (Frauen, Alte, Homosexuelle, Ausländer etc.);
– die reaktualisierte Konfliktlinie „Arbeit und Kapital" sowie deren meritokratische Differenzierung in vertikale Hierarchien;
– die sozialen Disparitäten zwischen Ost- und Westdeutschland (vgl. Vester 1993).

4   Mir scheint dieser Aspekt hervorhebenswert, obwohl es hierzu bereits eine längere Diskussion gibt: vgl. Schiele/Schneider 1987; zuletzt: Kahsnitz 1996, S.27.
5   Unter ‚sozialen Milieus' werden von Vester Zusammenhänge von Menschen verstanden, die ähnliche Lebenslagen mit ähnlichen Ethiken alltäglicher Lebensführung bewältigen. Sie vermitteln Muster der familiaren Sozialisation, der Gruppenbildung im Kindheits- und Jugendalter sowie der Verarbeitung von Alltags- und Berufserfahrung. Diese Erfahrungen verschmelzen „in aller Regel mit der Person zu einem bestimmten, innerhalb jedes Milieus freilich individuell stark variierten Habitus, wie der Schatten, ‚über den man nicht springen kann'" (Vester 1995, S.11).
6   Tendenzen sozialer Schließung setzten zu Beginn der 80er Jahre ein und machten sich in der Verschlechterung von Ausbildungs- und Aufstiegschancen Jugendlicher bemerkbar (vgl. Mayer/Diewald 1996 sowie Solga 1996).
7   „Eine Art negative Integration fand statt: Niemand glaubte mehr an das, was alle öffentlich sagen mußten, aber man richtete sich ... gerade in der negativen Absetzung von dem, was nicht zu billigen war, im Negativen ein ..." (Meyer 1991, S.12). Vgl. auch den informativen Beitrag von Manfred Stock (1996).
8   Zu der im Osten stattfindenden Entwertung jener Ressourcen, welche die Menschen zur Sicherung ihres sozialen Status benötigen (ökonomisches, kulturelles und soziales Kapital), vgl. Vester 1993.
9   Die Diskussionsmöglichkeiten im Schutzraum der Kirche bilden hier sicher eine der wenigen Ausnahmen.
10 Ein solches Herangehen widerspricht in aller Regel den Erfahrungen und damit zunächst auch den Erwartungen vieler Teilnehmerinnen und Teilnehmer. Daran gewöhnt, das ‚Richtige' gesagt zu bekommen und danach still für sich zu entscheiden, was akzeptabel und brauchbar oder ungereimt und zu vergessen ist, löst die Zumutung eigener Denkanstrengungen und kontroverser Diskussionen bei den Subjekten nicht selten Irritationen und Ablehnung aus. Am Ende einer auf Eigenaktivität der Beteiligten hin konzipierten Bildungsveranstaltung entsteht – nach meinen Erfahrungen – jedoch bei vielen der positive Eindruck, tatsächlich etwas Neues erlebt und etwas Eigenes entwickelt zu haben.
11 Insofern teile ich nicht die Ansicht von B. Muszynski, welcher die „Herstellung umfassender Bedingungen eines ‚repressionsfreien' Diskurses" als Aufgabe für die politische Bildung ablehnt (Muszynski 1995, S.5). Sicher werden in Diskursen immer auch Machtstrukturen konstituiert und Herrschaftsverhältnisse reproduziert (vgl. Foucault 1992). Der ‚herrschaftsfreie Diskurs' ist in der Tat zunächst eine kontrafaktische Annahme und regulative Idee im Sinne Kants. Das sollte jedoch nicht daran hindern, daß im Bereich der (Erwachsenen-)Bildung seine normativen Implikationen ernstgenommen und z.B. die Regeln Themenzentrierter Interaktion (vgl. Cohn 1975) bewußt eingeführt werden.

12 „Rück-Sichtnahme" hat hier einen doppelten Sinn: Einmal geht es um den analytischen „Blick zurück", um Aufklärung darüber, was und wie es war. Zum anderen soll das Beharrende aus der Vergangenheit in der Gegenwart in Rechnung gestellt und mithin „berücksichtigt" werden.

13 Damit hat offenbar auch die alte Bundesrepublik ihre Erfahrungen: „Die Zeit zu Beginn der Bundesrepublik war von einer Transformation obrigkeitsstaatlicher Orientierungen in ein gemeinschaftliches Streben nach ökonomischem Wohlstand, von Verdrängung statt Aufarbeitung der nationalsozialistischen Vergangenheit und von innergesellschaftlichen Konfliktvermeidungsverhalten der Bevölkerung bei gleichzeitig antikommunistischer Abgrenzung gekennzeichnet. Die entsprechende Konzeption politischer Bildung war partnerschaftlich und antikommunistisch ausgerichtet" (Kahsnitz 1996, S.25f.).

14 Ein deutsch-deutsches Forschungsprojekt, welches anhand autobiographischer Texte nach den typischen Mustern von Fremd- und Selbstpolitisierung in beiden deutschen Gesellschaften fahndete, kommt zu einem analogen Ergebnis: „Die Erzählräume der Ost-Subjekte sind bipolar, es gibt Drinnen-Draußen-Ordnungen. Die Übergänge sind versperrt oder nur semipermeabel: Man kommt zwar rein, aber nicht mehr so schnell wieder raus. Die beschriebenen Handlungsräume der West-Subjekte sind pluraler und durchlässiger, man kann Pendeln oder Ein- und Aussteigen, Übergänge sind möglich" (Zech 1995, S.96).

15 In der trivialen Dualität von ‚gut oder böse', ‚Opfer oder Täter' bewegen sich auch manche Stellungnahmen zur politischen Bildung aus den alten Bundesländern (vgl. z.B. Weber 1992, S.39ff.).

16 Eine durch empirische Untersuchungen gestützte differenzierte Analyse zu den ‚Perspektiven von Schuld' sowie zu typischen individuellen Entlastungsstrategien gibt Stefan Busse (1991, S.48ff.).

17 Dies gilt um so mehr, als die angekündigte ‚Einzelfallprüfung' unter Berücksichtigung des Votums der jeweils tatsächlich Betroffenen im vorgegebenen Tempo des Vereinigungsprozesses einfach nicht durchgehend erfolgen konnte. Die standardisierten Schreiben der nunmehr ‚zuständigen Stellen' zur Abwicklung von Institutionen und Personal „Betr.: Ihre beabsichtigte Kündigung" belegen es.

18 Zum Einstellungswandel ostdeutscher Jugendlicher und junger Erwachsener gegenüber den Ost- und den Westdeutschen vgl. Friedrich/Förster 1995, S.76ff.

19 „Im Jahre 1990 gehören ‚Leistung' und die ‚Belohnung von Unterschieden statt der Angleichung von Einkommen' im Westen in schwächerem Maße als im Osten zu einer ‚idealen Gesellschaft'. 1990 vor die Alternative gestellt, ‚Einkommensunterschiede sollten verringert werden' oder ‚Für höhere Leistungen müßten größere Anreize geboten werden', entscheiden sich die Westdeutschen für ersteres, die Ostdeutschen für letzteres" (Meulemann 1995, S.24).

[20] Vgl. hierzu auch die Untersuchung von Ina Ritter über die Reaktionsweisen und Abwehrstrategien ostdeutscher Frauen gegenüber den Anforderungen heutiger Modernisierungsprozesse (Ritter 1996, S.561ff.).

[21] Dies ist in erster Linie eine Herausforderung an die Politik. Auch in bezug auf die Integration der westlichen und der östlichen Bundesländer kann politische Bildung nicht leisten, was Politik versäumt.

Literatur

Beck, Ulrich: Risikogesellschaft. Auf dem Weg in eine andere Moderne. Frankfurt am Main 1986: Suhrkamp

Beck, Ulrich: Die Erfindung des Politischen. Zu einer Theorie reflexiver Modernisierung. Frankfurt am Main 1993: Suhrkamp

Bourdieu, Pierre: Die feinen Unterschiede. Kritik der gesellschaftlichen Urteilskraft. Frankfurt am Main 1987: Suhrkamp

Brock, Ditmar: Rückkehr der Klassengesellschaft? Die neuen sozialen Gräben in einer materiellen Kultur. In: Beck, Ulrich; Beck-Gernsheim, Elisabeth (Hrsg.): Riskante Freiheiten. Individualisierung in modernen Gesellschaften. Frankfurt am Main 1994: Suhrkamp

Busse, Stefan: Täter, Opfer, Helden – Perspektiven von Schuld. In: Forum Kritische Psychologie 27, Hamburg 1991: Argument-Verlag

Cohn, Ruth C.: Von der Psychoanalyse zur Themenzentrierten Interaktion. Stuttgart 1975: Klett

Dahmer, Helmut: Derealisierung und Wiederholung. In: Psyche. Zeitschrift für Psychoanalyse und ihre Anwendungen 1990, Heft 2, S.133-143

Der Spiegel: Das Ost-Gefühl. In: Der Spiegel 1995, Heft 27, S.40-64

Der Spiegel: Der Geschmack der Freiheit. In: Der Spiegel 1996, Heft 45, S.64-70

Dörre, Klaus: Risikokapitalismus. Zur Kritik von Ulrich Becks ‚Weg in eine andere Moderne'. Marburg 1987: Verlag Arbeiterbewegung und Gesellschaftswissenschaft

Dörre, Klaus: Schafft sich autoritäre Technokratie selbst ab? Oder: Welche ‚Gegengifte' braucht die ‚Risikogesellschaft'? In: Beck, Ulrich: Politik in der Risikogesellschaft. Mit Beiträgen von Oskar Lafontaine, Joschka Fischer, Erhard Eppler u.a. Frankfurt am Main 1991: Suhrkamp

Förster, Peter; Friedrich, Walter: Jugendliche in den neuen Bundesländern. Ergebnisse einer empirischen Studie zum Wandel der Meinungen, Einstellungen und Werte von Jugendlichen in Sachsen 1990 bis 1994. In: Aus Politik und Zeitgeschichte. Beilage zur Wochenzeitung Das Parlament 1996, Heft B 19/1996, S.18-29

Foucault, Michel: Die Ordnung des Diskurses. Frankfurt am Main 1992: Fischer Taschenbuch Verlag

Friedrich, Walter; Förster, Peter: Politische Orientierungen ostdeutscher Jugendlicher und junger Erwachsener im Transformationsprozeß. Expertise im Auftrage der KSPW. Leipzig 1995

Fromm, Erich: Die Furcht vor der Freiheit. München 1991: Deutscher Taschenbuch Verlag

Holzkamp, Klaus: Vergangenheitsbewältigung DDR – zeitgebundene Stellungnahmen. Vorbemerkung. In: Forum Kritische Psychologie 27, Hamburg 1991: Argument-Verlag

Hradil, Stefan: Epochaler Umbruch oder ganz normaler Wandel? Wie weit reichen die neueren Veränderungen der Sozialstruktur in der Bundesrepublik? In: Umbrüche in der Industriegesellschaft. Herausforderungen für die politische Bildung, Schriftenreihe der Bundeszentrale für politische Bildung, Band 284. Bonn 1990

Hradil, Stefan: Die Modernisierung des Denkens. Zukunftspotentiale und ‚Altlasten' in Ostdeutschland. In: Aus Politik und Zeitgeschichte. Beilage zur Wochenzeitung Das Parlament 1995, Heft B 20/1995, S.3-15

Kahsnitz, Dietmar: Politische Bildung: Ohne Krisenbewußtsein in der Krise. In: Aus Politik und Zeitgeschichte. Beilage zur Wochenzeitung Das Parlament 1996, Heft B 47/1996, S.23-33

Keupp, Heiner: Ambivalenzen postmoderner Identität. In: Beck, Ulrich; Beck-Gernsheim, Elisabeth (Hrsg.): Riskante Freiheiten. Individualisierung in modernen Gesellschaften. Frankfurt am Main 1994: Suhrkamp

Klose, Dagmar: Prägung und Wandlung ostdeutscher Identitäten. In: Aus Politik und Zeitgeschichte. Beilage zur Wochenzeitung Das Parlament 1994, Heft B 41/1994, S.3-11

Koch, Thomas: „Die DDR ist passé, aber die Zeiten des naiven Beitritts auch". Von der Renaissance ostdeutschen Wir- und Selbstbewußtseins. In: Die real existierende postsozialistische Gesellschaft. Chancen und Hindernisse für eine demokratische politische Kultur. Wissenschaftliche Konferenz der Brandenburgischen Landeszentrale für politische Bildung, Berlin 1994, S.161-175

Mayer, Karl Ulrich; Diewald, Martin: Kollektiv und Eigensinn: Die Geschichte der DDR und die Lebensverläufe ihrer Bürger. In: Aus Politik und Zeitgeschichte. Beilage zur Wochenzeitung Das Parlament 1996, Heft B 46/1996, S.8-17

Meulemann, Heiner: Aufholtendenzen und Systemeffekte. Eine Übersicht über Wertunterschiede zwischen West- und Ostdeutschland. In: Aus Politik und Zeitgeschichte. Beilage zur Wochenzeitung Das Parlament 1995, Heft B 40-41/1995, S.21-33

Meyer, Thomas: Die Gleichzeitigkeit des Ungleichzeitigen. Politische Bildung im vereinigten Deutschland. In: Aus Politik und Zeitgeschichte. Beilage zur Wochenzeitung Das Parlament 1991, Heft B 37-38/1991, S.9-17

Muszynski, Bernhard: Politische Bildung im vereinigten Deutschland. Über die schwierigen Bedingungen eines notwendigen Dialogs. In: Aus Politik und

Zeitgeschichte. Beilage zur Wochenzeitung Das Parlament 1995, Heft B 47/1995, S.3-12

Nietzsche, Friedrich: Jenseits von Gut und Böse. Leipzig 1931: Philipp Reclam jun.

Reinhardt, Sibylle: Braucht die Demokratie politische Bildung? Eine nur scheinbar absurde Frage. In: Aus Politik und Zeitgeschichte. Beilage zur Wochenzeitung Das Parlament 1996, Heft B 47/1996, S.9-22

Ritter, Ina: Von der Schwierigkeit, Brüche des Umbruchs zu kitten. Frauen in den östlichen Bundesländern auf der Suche nach gesellschaftlicher Orientierung. In: Gewerkschaftliche Monatshefte 1996, Heft 9, S.561-568

Schiele, Siegfried; Schneider Herbert (Hrsg.): Konsens und Dissens in der politischen Bildung. Stuttgart 1987: Metzler

Solga, Heike: Klassenlagen und soziale Ungleichheit in der DDR. In: Aus Politik und Zeitgeschichte. Beilage zur Wochenzeitung Das Parlament 1996, Heft B 46/1996, S.18-27

Stalin, J.W.: Anarchismus oder Sozialismus. In: J.W. Stalin Werke Band 1, Berlin 1950: Dietz

Stock, Manfred: ‚Ostdeutsche Jugend in der Wertekrise'. Zur sozialen Konstruktion eines Stereotyps und seiner Funktion in der Bildungsdebatte. In: Zeitschrift für Pädagogik 1996, Heft 4, S.623ff.

Vester, Michael: Das Janusgesicht sozialer Modernisierung. Sozialstrukturwandel und soziale Desintegration in Ost- und Westdeutschland. In: Aus Politik und Zeitgeschichte. Beilage zur Wochenzeitung Das Parlament 1993, Heft B 26-27/1993, S.3-17

Vester, Michael: Milieuwandel und regionaler Strukturwandel in Ostdeutschland. In: Vester, Michael; Hofmann, Michael; Zierke, Irene (Hrsg.): Soziale Milieus in Ostdeutschland. Gesellschaftliche Strukturen zwischen Zerfall und Neubildung. Köln 1995: Bund-Verlag

Weber, Jürgen: Zweite Vergangenheitsbewältigung? In: Hättich, Manfred (Hrsg.): Politische Bildung nach der Wiedervereinigung. Inhalte – Projekte – Methoden – Adressaten. München 1992: Olzog

Zech, Rainer: Subjekte im Übergang – Eigenes und Fremdes. Reflexionen aus einem deutsch-deutschen Projekt autobiographischer Politisierungsforschung. In: psychosozial 1995, Heft IV, S.89-103

Nieves Alvarez

Der Imperativ der Verhandlung

Vorbemerkung

Verhandlungsführungsseminare sind anspruchsvoll. Sie verlangen ein neues Herangehen an vieles uns bislang selbstverständlich Erscheinendes. Sie stellen Vertrauen und Mißtrauen in den Vordergrund und bringen Licht in scheinbar unlösbare Probleme, weil sie das Erleben, Erlernen und Handeln fördern. Verhandlungsführung ist herausgefordert – im interorganisatorischen wie im innerorganisatorischen Feld – durch den Abbau der hierarchischen Struktur und durch die Differenzierung der politischen Konstellationen. Auch bei der Suche nach Einigung in strittigen Themen des Alltags kann der Ansatz der Verhandlungsführung ebenso verwendet werden wie vor Gericht oder für andere Konfliktfälle in anderen Lebensbereichen.

Sinnvoll erscheint er dann, wenn sich die Rahmenbedingungen der Verhandlungspartner so weit verändern, daß mit den altbewährten Lösungsansätzen und Strategien kein Ausweg mehr zu finden ist. Verhandlungspartner als Vertreter eines Teilsystems treten mit einer extrem komplexen Mischung zwischen Autonomie und gegenseitiger Abhängigkeit auf, und alle haben das Gefühl, verantwortlich und sachlich richtig zu handeln. Aus der wechselseitigen Überzeugung, daß der jeweils andere falsch liegt, werden Partner abgewertet, nicht ernst genommen oder bekämpft.

1. Die äußere Logik von Verhandlungen

Der rapide Wandel der modernen Welt mit all den darin enthaltenen Entwicklungen und Erkenntnissen erfordert eine neue Orientierung im Denken und Handeln. Verlangt wird eine Auseinandersetzung mit den Wechselbeziehungen von organisatorischem und individuellem Lernen und deren Folgen für die gesellschaftliche Entwicklung, wenn über angemessene Handlungsweisen für eine Verhandlungsführungskultur in den sich neu herausbildenden Kooperationsstrukturen und Netzwerken zwischen Organisationen und Lernprozessen die Rede ist.

Meistens bleibt die Leistung einer Organisation oder auch eines Unternehmens, trotz aller Versuche, flexibel zur reagieren, Innovationen voranzutreiben oder Organisationsentwicklung durchzusetzen, hinter dem zurück, was angestrebt wird. Unzufriedenheit und auch Überraschungen über die Unzulänglichkeit positiver Versuche deuten darauf hin, daß die Vielfalt der Aufgaben zur Flexibilisierung traditioneller organisatorischer Strukturen der Gegenwart sich zukünftig in neue Arbeitsprozesse mit entsprechenden Qualifizierungserfordernissen umwandeln wird. Zum Beispiel ist die bestehende rigide Gesetzgebung der Vielfalt der Institution Schule nicht angemessen. Schule in einer sich wandelnden modernen Gesellschaft ist, wie zahlreiche Modellversuche bestätigen, zunehmend eine „Verhandlungsgesellschaft" (Bertelsmann Stiftung 1996, S.44) geworden, in der Schulleitung, Kollegien, Eltern sowie Schülerinnen und Schüler die Schulautonomie mitgestalten (wollen). Verständigung wird ein großes Problem, weil alle Beteiligten Teilwahrheiten vertreten und es meist keine Vertretung für das Ganze gibt.

Verhandlung ist aus etymologischer Sicht die Form einer Handlung, die sich zwischen zwei oder mehreren Verhandlungspartner abspielt, mit dem Ziel, etwas vom anderen zu bekommen. Sie beinhaltet damit eine wechselseitige Kommunikation, die sich gezielt auf eine Übereinkunft mit der anderen Verhandlungsseite richtet, geleitet von den jeweiligen Interessen, die beide Verhandlungspartner vertreten, und den Handlungsspielräumen, die ihnen zur Disposition stehen. Verhandlungsfragen entspringen daher nicht nur einer Mode des Managements und der Organisationsentwicklung. Vielmehr ist die Zukunft moderner Gesellschaften in hohem Maße von der Berücksichtigung des Verhandlungskontextes abhängig.

Moderne Verhandlungskonzepte orientieren sich an gesamtstrategischen Ansätzen, z.B. an einer „Politik als Kulturprojekt", in dem Politik als „ein kollektiver (Selbst-)Gestaltungsprozeß freier assoziierter Subjekte" (Zech 1990, S.25) verstanden wird, oder an „Lernfähigkeit" als Vehikel für die Reorganisation von Strukturen und Prozessen in einer lernenden Organisation (vgl. Arnold/Dybowski-Johannson 1996, S.323) bis hin zu einer „stillen Revolution" als Bezeichnung für innovative Schulsysteme im internationalen Vergleich (so der Filmtitel über den Preisträger des Carl-Bertelsmann-Preises 1996). Ob europäische Bildungspolitik, betrieblicher Personalentwicklungsprozeß oder neue Gestaltung der Schule, gefordert sind neue Wege der Zusammenarbeit, Produktivitäts- und Qualitätssteigerung, die neben der mediatisierten

Kommunikation zu einer Differenzierung der Sach- und Beziehungsdimension führen (vgl. Zech: „Gesellschaftliche Modernisierung ..." in diesem Band).
Aus systemischer Perspektive verfügen Positionsinhaber in einer Verhandlung über eine eigene Autonomie. Mayntz (1993) spricht von „korporativen Akteuren" und bezeichnet damit den menschlichen Aspekt der Verhandlungspartner aufgrund ihrer psychologischen Verbundenheit. Übereinkünfte bauen auf Vertrauen, Verständnis, Respekt auf; es können aber auch Ärger, Ängste und Mißtrauen während der Verhandlung entstehen, die einer langfristigen Kooperation hinderlich sind. Ein Blick in die internationale Politik, wie etwa in die der Europäischen Union, zeigt, wie eine Erhöhung der Komplexität der politischen Machtstrukturen mit zunehmenden Konsensbedürfnissen einhergeht. Ein Merkmal moderner demokratischer Gesellschaften, das auch eine „Politikverflechtungs-Falle" (Scharpf zit. in Willke 1995, S.111) darstellt, ist, daß „alle an einer Entscheidung beteiligt sind, aber keine Ebene mehr eigenverantwortlich politisch handelt und somit keine klare, zurechenbare Verantwortung übernehmen kann" (ebd.).
Schon vor etwa 20 Jahren wurden interorganisatorische Beziehungen in der Organisationssoziologie thematisiert. Man beschäftigte sich mit dem Umfeld von Organisationen, das aus anderen Organisationen besteht. Inzwischen hat das Thema makrosoziologische Bedeutung gewonnen. Gerade der Blick auf die Netzwerk-Organisationssoziologie und auf Verhandlungssysteme ermöglicht es, „zivilisiertere Formen der Interaktion autonomer Systeme zu schaffen" (ebd., S.129). Dies läßt sich deutlich z.B. an den langfristigen Vereinbarungen, die mit Zulieferern in der Autoindustrie abgeschlossen werden, erkennen. Nach Sydow (zit. in Willke 1995, S.118) entstehen dabei „institutionelle Arrangements", die als interorganisationale Netzwerke zu bezeichnen sind. Sowohl bei der Transformation der Wirtschaft durch das Auftreten von „obligational networks" (Mayntz 1993, S.40), die in der US-Wirtschaft das Abschließen von Unterverträgen mit der Entstehung von joint ventures verursachten, als auch bei dem neuesten Typ von „promotional networks" (ebd.), ist die Bedeutung von interaktiven Beziehungen in einer notwendigen Kooperation von Politik und Ökonomie von größter Relevanz. Die Handlungsfähigkeit in interaktiven Beziehungen stellt die Bedeutung von formalen Organisationen und die Strukturierung von Macht und Hierarchie zugunsten einer wirksameren Handlungsfähigkeit nach innen und nach außen in Frage.

Die Existenz von Policy-Netzwerken ist ein Indikator gesellschaftlicher Modernisierung, vorausgesetzt, es gibt korporative Akteure, „die imstande sind, strategische Entscheidungen zu fällen, mit anderen korporativen Akteuren zu verhandeln und Kompromisse zu schließen" (ebd., S.43). Das Vorhandensein von handlungsfähigen Strategien ist allein noch keine Garantie, daß korporative Akteure in der Lage sind, rationale Entscheidungen im Sinne des Ganzen zu treffen. Da sich alle Beteiligten in einem Netz aus Funktionszusammenhängen befinden, lassen sich jedoch zunehmend Merkmale systemischen Denkens und Handelns feststellen.
Oft entstehen Konfliktfaktoren und Widersprüche, weil nicht beachtet wird, daß das Handeln in jedem System nur unter Berücksichtigung seiner eigenen Logik möglich ist. Strukturelle Änderungen von Organisationen bauen bestehende vertikal-hierarchische Strukturen ab, führen dezentrale und autonome Einheiten mit einem hohen Maß an Selbstorganisation ein, organisieren die Entwicklung von Personal und Organisation mit systemisch-evolutionärem Managementstil, schaffen neue Handlungsspielräume, arbeiten zusammen nach gezieltem Denken und fördern und fordern die Partizipation aller (vgl. Steinbrecher 1994, S.206ff.). In dieser Konstellation ist der Kunde bzw. der Kollege plötzlich Partner; statt Konkurrenz steht Kooperation als Maxime ganz oben, und Widersprüche werden umfunktioniert, um aus ihnen Nutzen ziehen zu können. Dabei bleiben allerdings Argumentationen über die Gefühle und Einschätzungen über den Unterschied zwischen Risiko und Gefahr unausgesprochen.
Die Veränderungen auf den verschiedenen Ebenen haben weitreichende Konsequenzen zur Folge, und die wiederum bilden einen sich selbst beschleunigenden und eskalierenden Prozeß, der von einem hohen Maß an Komplexität, Mehrdeutigkeit und Widersprüchlichkeit gekennzeichnet ist (siehe Abb. 1).

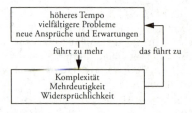

Abb. 1: Der Wandel und die Folgen (vgl. Schmitz 1992, S.45).

Aus der Perspektive des „Systemnutzens" ist darauf hinzuweisen, daß sachgerechte Verhandlungen die Chance beinhalten, über die Konfliktregelung durch Kompromißbildung einen Beitrag zur Bewältigung der Herausforderungen zu leisten, mit denen die gesellschaftliche Entwicklung uns konfrontiert (vgl. Mayntz 1993, S.54).
Ein Optimum ist dann zur erreichen, wenn durch einen „Balanceakt" oder durch die „Stärke von Verhandlungssystemen" eine Kompatibilisierung oder Verknüpfung der streng egoistischen Logik des Marktes und der streng paternalistischen Logik der Hierarchie herbeigeführt wird (Willke 1995, S.116f.). Steuerung in Verhandlungssystemen muß deshalb beide Logiken berücksichtigen und gilt erst als gelungen, wenn sie ihre entsprechenden Stärken ausspielen kann, d.h. wenn Verhandlungen geführt werden, die eine langfristige Orientierung und Kohärenz (gegenüber dem Markt) sowie eine stärkere Flexibilität und Responsivität (gegenüber der Hierarchie) beinhalten und somit die Chance zur Optimierung schaffen. Erfolgt dies nicht, dann lassen die beteiligten Systeme nur zu, was ihre eigene Position nicht stört.

2. Netzwerke zur Erklärung der inneren Logik von Verhandlungssystemen

Für die Netzwerkanalyse sind die Tauschbeziehungen der Akteure in einer Verhandlung angesichts ihrer unterschiedlichen, aber reziprok abhängigen Interessen von Bedeutung. Sie bilden Kommunikationsgrundlagen, mit denen die Verknüpfungsoperationen der Austauschprozesse in der Kommunikation besser erkennbar werden, und ergeben somit eine Vielzahl von Möglichkeiten, die ein Aushandeln erforderlich machen. „Kraft der autopoietischen Organisation werden in Kommunikationsprozessen aus Kommunikationsbeiträgen immer wieder neue Kommunikationsbeiträge erzeugt" (Wollnik 1994, S.129). Weil das Verhandlungssystem aus seiner Umwelt heraus nur zuläßt, was in seine Kommunikationsprozesse „paßt" (vgl. ebd.), treten häufig Probleme in der Kommunikation auf, 1. wenn die Akteure nicht miteinander reden oder jedenfalls nicht so, daß sie einander verstehen, 2. wenn das Zuhören eingestellt ist oder 3. wenn Mißverständnisse in der Kommunikation entstehen, weil die interkulturelle Verständigung der Akteure nicht möglich ist oder weil einseitig beharrend statt vielseitig und verständigungsorientiert kommuniziert wird.

In Verhandlungen ist die Rede von individuellen Interessen, gemeinsamen Interessen, widersprechenden und ausgleichbaren Interessen. Je nachdem, wie die Interessen der Akteure und das Ziel definiert sind, ist der individuelle möglichst maximale Gewinn nach dem Ansatz der mathematischen Spieltheorie von drei Variablen abhängig: 1. von der eigenen Strategie, 2. von der Strategie der anderen Spieler und 3. vom Zufall (vgl. Götz 1996, S.338). Wenn Akteure bei Verhandlungen den „Erwartungswert des Gewinns" durch den „effektiven Gewinn" (ebd. S.338) ersetzen, wird im Nützlichkeitsprinzip in der kollektiven Entscheidungsfindung auch das Kalkül der eigenen individuellen Interessen berücksichtigt.

Verhandlungen werden aufgrund der dominanten Logik interorganisatorischer Netzwerke von Interaktion, von divergierenden Interessen der Mitglieder und von der Absicht, kollektive Outputs zu produzieren, bestimmt. „Während Tausch und strategische Interaktion durch ein Kalkül aus individuellen Interessen geleitet werden und das Ergebnis der Interaktion aus derselben ‚egoistischen' Perspektive evaluiert wird, zielen Verhandlungen typischerweise auf ein gemeinsames Ergebnis ab" (Mayntz 1993, S.47).

Da die Interaktionspartner nicht nur an den gemeinsamen Ergebnissen interessiert sind, sondern auch an den Handlungsgründen der jeweils anderen, die als Restriktionen der eigenen Interessen fungieren könnten, ist nicht nur eine organisatorische Differenzierung nötig; Voraussetzung ist auch die Existenz von gestaltungsoffenen Handlungsspielräumen für die Akteure, die an den Verhandlungen teilnehmen. Regeln helfen dabei, sich „an einem fairen Austausch, an Reziprozität oder an einer gerechten Verteilung von Kosten und Nutzen einer gemeinsamen Entscheidung" (ebd., S.49) zu orientieren. Solche kooperativen sozialen Formen des Vertrauens, der Selbstbindung und der Rücksichtnahme sind dauerhaft in eine mindestens mittelfristige Perspektive einzubauen.

Innerhalb und zwischen Organisationen wird Koordination durch Verhandlungen erreicht. Untersuchungen haben herausgefunden, daß Entscheidungsprozesse etwa auf Ministerialebene einem „Dialogmodell" (Scharpf 1993, S.68) entsprechen, in dem vertikale und horizontale Interaktionsbeziehungen die Verhandlungen bestimmen. Für Verhandlungspartner mit vertikalen Interaktionsbeziehungen ist in erster Linie die Konzentration auf die Realisierbarkeit und Wünschbarkeit der diskutierten Lösungen von Bedeutung, um ein Einvernehmen durch den

Dialog und nicht durch Hierarchie zu erreichen. Auf der horizontalen Ebene herrscht das Interesse an einvernehmlichen Entscheidungen zwischen Referaten und Abteilungen innerhalb einer Einheit oder zwischen den Einheiten vor. Unabhängig von der Frage des Erfolgs eines solchen Ansatzes soll hier auf die komplexe Interdependenz und auf die Konfliktanfälligkeit, die in diesen Koordinatensystemen entsteht, abgehoben werden.

Dabei wird in Verhandlungssystemen deutlich, daß bei normativen Lösungen für die Regelung von Konfliktsituationen zwei widersprüchliche Logiken zusammentreffen. In diesem „Verhandlungsdilemma" treffen nach Scharpf Einstellungen und Verhaltensweisen aufeinander, die einerseits durch eine „kompetitive Orientierung" (ebd. S.66) den Erfolg im Verhandlungsstreit begünstigen, aber andererseits inkompatibel sind mit den „kooperativen Einstellungen" (ebd. S.66), die eher einer kreativen Suche nach besseren gemeinsamen Lösungen dienen. Konfliktlösungen gelingen nur dann, wenn bei der Verhandlung die Nutzen kontinuierlicher Beziehungen gegenüber den Vorteilen einer kurzfristigen Maximierungsstrategie überwiegen (vgl. Willke 1995, S.115).

Lösungsmuster als Kombination zweier unterschiedlicher Formen der Selbstkoordination lassen sich mit positiver und negativer Koordination erklären. Am Beispiel der Politik ist unter positiver Koordination der Versuch zu verstehen, „die Effektivität und Effizienz durch die Nutzung der Handlungsoptionen mehrerer Abteilungen oder Ressorts zu steigern" (Scharpf 1993, S.69). Positive Koordination ist ein Charakteristikum für multilaterale Verhandlungen, in denen alle Optionen sämtlicher organisatorischen Einheiten berücksichtigt werden; sie basiert auf einem allgemein vorhandenen Willen, Vertrauenswürdigkeit vorauszusetzen, und schließt opportunistische Verhandlungsstrategien aus. Wenn Übereinstimmung in bezug auf die Struktur eines kooperativen Netzwerkes besteht, herrscht auch im Fall eines Konfliktes Einvernehmen über die Normen der Verteilungsgerechtigkeit vor.

Im Gegensatz dazu ist negative Koordination in bilateralen Abstimmungen zu finden, bei denen Handlungsoptionen nicht zur Disposition stehen. „Ihr Ziel ist die Vermeidung von Störungen, welche die ausschließlich an den eigenen Zielen orientierten Programminitiativen einer spezialisierten Einheit in den Zuständigkeitsbereichen anderer Einheiten auslösen könnten" (ebd., S.69). Je nach Zahl der Beteiligten kann negative Koordination Vetopositionen in der Verhandlungsführung fördern, wodurch Gewinne für alle Seiten geringer sind, als sie durch positive Koordination erreicht werden könnten. Negative Koordination gewinnt an Bedeutung erst dann, wenn es keine Übereinstimmung in der Struktur kooperativer Netzwerke gibt.

3. Grundlagen der Verhandlungsführung

Beispiele für schwierige oder nicht abgeschlossene Verhandlungen sind hinreichend bekannt: Im Nord-Süd-Dialog wird nach Lösungen zur Rettung der Umwelt gesucht, Israelis und Palästinenser verhandeln weiter intensiv, gleiches gilt für die Geiselnehmer in der japanischen Botschaft mit der peruanischen Regierung. Täglich sind Nachrichten von Annäherungsversuchen zwischen Regierung und Gewerkschaften zu hören, wie auch über die Versuche einer interministerialen Konsensfindung für die Rentenproblematik. Es wird mit Kollegen am Telephon verhandelt, und kurz darauf werden die Modalitäten für den täglichen Einkauf mit den Familienmitgliedern ausgehandelt. „Inhalte und Beziehungen sind komplex bis an die Grenzen unseres Verständnisses, sie sind durchgängig an singuläre und lokale Ereignisse gebunden, ihre Wahrheit ist stets relativ und durch interaktionellen Bezug konstruiert, sie sind mit einem Wort schwierig" (Reich 1996, S.16).
Das Verhandeln setzt respektvolle Umgangsformen im Miteinander voraus, wenn wir davon ausgehen, daß Verhandlung „eine Grundform (ist), Gewünschtes von anderen Leuten zu bekommen. Es ist wechselseitige Kommunikation mit dem Ziel, eine Übereinkunft zu erreichen, wenn man mit der anderen Seite sowohl gemeinsame als auch gegensätzliche Interessen hat" (Fisher u.a. 1993, S.15). Im Kontext der Verhandlungsführung stellen sich zunächst für beide Verhandlungspartner wichtige Fragen: Stehen beide auf der gleichen hierarchischen Stufe, oder wird eine Seite aufgrund ihrer Stellung Druck auf die andere ausüben? Wie kann Dominanz abgebaut werden? Steht genug Zeit zur Verfügung, sich an die neue Verhandlungssituation anzupassen? Welche Strategien können eingesetzt werden, damit die Ergebnisse langfristig abgesichert sind? Wie wird fair verhandelt? Solche Fragen sind nicht einfach zu beantworten, weil in Verhandlungssituationen viele problematische Erlebnisse als Bedrohung empfunden werden. Verhandlungspartner handeln immer gleichzeitig in der Rolle des Beobachters und des Beteiligten.

Wahrnehmung und subjektive Wirklichkeit		
Erfahrungen	Individuelles Befinden	Soziale Wahrnehmung
das sind, u.a. – grundlegende emotionale Erlebnisse – Verhaltensmuster aus dem Elternhaus – eigene Biographie als Konstrukt – Lernerfolge – spezifische Lebenswelt – kulturelle Besonderheiten	dazu zählen, u.a. – Wünsche – Sehnsüchte – Erwartungen – Motivation – Körperlicher Zustand – Krankheiten – Körperliche Symptome	dazu gehören, u.a. – Konventionen der Lebenswelt – Übernahme von Rollenkonzepten – Übernahme von sozialen Erwartungen – Suche nach eigenen Idealen – Positive und negative Vorbilder – Feindbilder und Sündenböcke

Abb. 2: Wahrnehmung und subjektive Wirklichkeit (aus: Reich 1996, S.21)

Die Interpretation von subjektiven Wahrnehmungen und Wirklichkeitskonstruktionen richtet sich insbesondere nach den bisherigen Erlebnissen und Erfahrungen, auch nach der „Lebenswelt" des einzelnen, die die Beweggründe für das soziokulturelle Handeln leitet. Diese von Schütz so genannte „Welt des Alltags" (Schütz 1974), in der unsere gesamte Tätigkeit verläuft, wirkt entscheidend auf die momentane individuelle Befindlichkeit und körperliche Verfassung. Diese werden nach Reich bestimmt durch die innerpsychischen Vorgänge und konditionieren, meistens unbewußt, die Interpretation der Wahrnehmung. Daher können bei neu beginnenden Verhandlungen unterschiedliche Motivationen oder Erwartungshaltungen aufgrund negativer oder positiver früherer Erfahrungen eine wichtige Rolle spielen, ohne daß die Verhandlungspartner sich dessen bewußt sind.
Soziale Wahrnehmung wird von der Verbindlichkeit der Aussagen und der Art der Verständigung in einer sozialen Gemeinschaft geprägt, in der Sprache und soziales Handeln ein konstitutives Element für explizite oder implizite Kommunikation sind. Die Sozialisation und insbesondere die positiven und negativen Vorbilder in der Ich-Entwicklung prägen Verhandlungshaltungen. In einer Untersuchung über die Lebenswelt lateinamerikanischer Stipendiaten in Deutschland wurde festgestellt, daß die „unzureichende Sprachkompetenz das Selbstvertrauen in der sozialen und beruflichen Umgebung (mindert) ... Lateinamerikani-

sche Stipendiaten bilden feste, solidarische Gruppen, in denen nicht nur die Sprache einen gemeinsamen Nenner darstellt, sondern auch Religion und Traditionen zur Absonderung gegenüber Stipendiaten anderer Nationalitäten beitragen" (Alvarez 1991, S.113). Die Untersuchungsgruppe greift auf die tiefe kulturelle Verwurzelung zurück und bleibt auch meistens unbewußt in den „Netzen der Lebenswelt" befangen (Waldenfels 1985).

Eine weitere Frage stellt sich in bezug auf die Verständigung und auf die Möglichkeiten des gegenseitigen Verständnisses in der Kommunikation, da viele Verhandlungen an diesem Punkt scheitern. Zahlreiche Beispiele im internationalen Verhandlungsfeld zeigen, daß interkulturelle Verständigung ein Spezialfall einer mehrdimensionalen Kommunikation ist. Die Methoden der Kommunikation sind von Kultur zu Kultur unterschiedlich und bevorzugen je nach Situation eine eher direkte oder eher indirekte Kommunikation. Salacuse (1996) zeigt, daß Verhandlungen in Staaten mit autokratischem politischen System aufgrund der Loyalität gegenüber dem herrschenden Regierungssystem anders verlaufen als in Ländern wie Lateinamerika, in denen Kriterien wie z.B. gesellschaftliche Verbindungen eine große Rolle für den sozialen Aufstieg spielen.

Aber kommunikative Verständigung in internationalen Verhandlungssituationen ist hier nicht das Problem, da Dolmetscher in solchen Sozialsystemen mit Erfolg wirken können (vgl. Feldweg 1996). Hier geht es vielmehr darum, die Kommunikationsfähigkeit zu begreifen, die bei Verhandlungen den Wirkungszusammenhang für das Einander-Verstehen darstellt. Der Grundgedanke der Harvard-Experten – „ohne Kommunikation ist Verhandeln unmöglich" (Fisher u.a. 1993, S.53) – hat Bestand, wohl wissend, daß Verhandlungspartner nicht nur ihre jeweiligen Interessen vertreten, sondern auch unterschiedliche beziehungskommunikative Prozesse in Gang setzen, die nicht lineal-kausal, sondern zirkulär-vernetzt sind und keine Reduktion auf nur eine Sichtweise erlauben.

Birkenbihls „psycho-logische" Mechanismen der Verhandlung (vgl. 1995, S.61ff.) in Anlehnung an die menschliche Kommunikation von Watzlawick bieten eine Erklärung dafür, wie Probleme zwischen Menschen als Interaktionsprobleme zu verstehen sind. Während die Inhaltsebene einer Verhandlung mit Worten, Informationen, Daten und Fakten kommuniziert wird, bleibt die Beziehungsebene zwischen Verhandlungspartnern meist völlig unbeachtet. „Wenn wir mit jemandem sprechen, senden wir ständig eine Fülle von Signalen, die uns helfen, die Beziehung zu bestimmen: Signale der Anerkennung, der Ablehnung, des analytischen-sachlichen Denkens, so daß wir die Art und Weise, *wie* wir etwas sagen, benützen, um unsere Gefühle dem anderen gegenüber mit auszudrücken" (ebd., S.63). Ist die Beziehung positiv, dann kann man ein Maximum der Inhaltsebene wahrnehmen. Ist sie dagegen negativ oder steht sie ‚im Nebel', dann entstehen in der Verhandlung Blockaden, weil nur Teile der Information auf der Inhaltsebene aufgenommen werden. „Je stärker die Blockade, desto ‚dichter' wird der Nebel, in dem der andere steht. Desto weniger ist man in der Lage, zuzuhören und mitzudenken oder ‚vernünftig' zu sein" (ebd., S.63).

Auch Don Quichotte klagt über die Nebulosität, als er feststellt, das Verrückteste in dieser Welt sei, daß wir sie nicht so sehen dürfen, wie sie sein könnte. Nicht nur das Sehen ist ein Hindernis. Das Betrachten des Unausgesprochenen oder der „Gefühlsunterwasserwelt" (Reich 1996, S.35), gebildet durch Störungen, Konflikte oder Hierarchieverhältnisse, bewirkt ein Wechselspiel der Beziehungen und determiniert undurchschaute Einigkeiten bzw. Uneinigkeiten von Inhalts- und Beziehungsebenen.

Für die erfolgreich vollzogene Kommunikation in der Verhandlungsführung hat Schulz von Thun eine weitere Differenzierung bezüglich der Beobachtung von Inhalts- und Beziehungsebene beigesteuert. Ausgehend von der klassischen bidirektionalen Sender-Empfänger-Ausrichtung hin zum ‚Miteinander-Reden' verläuft die Kommunikation nicht nur kreisförmig und interaktionsbezogen anhand des Zusammenhangs der wechselseitigen Beziehungen, sondern beinhaltet zudem vier Aspekte, die für den Sender und den Empfänger von Bedeutung sind (vgl. Schulz von Thun 1994, S.13ff.):

1. *Sachaspekt* oder worüber ich informiere;
2. *Beziehungsaspekt* oder was ich von Dir halte und wie wir zueinander stehen;
3. *Selbstoffenbarungsaspekt* oder was ich von mir selbst kundgebe;
4. *Appellaspekt* oder wozu ich Dich veranlassen möchte.

Die Komplexität, die dann entsteht, wenn Menschen miteinander reden und verhandeln, erklärt sich dadurch, daß die Botschaften oder Mitteilungen nicht nur auf vier verschiedenen Kanälen gesendet, sondern auch von vier verschiedenen ‚Ohren' empfangen werden. Mit großer Wahrscheinlichkeit stimmt das Gesagte des Senders mit dem Gehörten des Empfängers nicht überein. Weil Kommunikation vielseitig verläuft, haben Mißverständnisse in der Verhandlung den Status des Normalfalls und bedingen die Notwendigkeit der Metakommunikation. „Die Fähigkeit zur Metakommunikation ist ... eine conditio sine qua non aller erfolgreichen Kommunikation" (Watzlawick zit. in Schulz von Thun 1994, S.92). Konkret erfolgt sie durch eine bewußte Rückmeldung, die „als Verschmelzungsprodukt aus Wahrnehmung, Interpretation und eigenem Gefühl" (Schulz von Thun 1994, S.74ff.) die Mitteilung beinhaltet, welche bewußten oder unbewußten Aspekte des Verhaltens, welche Wortbildungen oder Körpersprachsignale beim Empfänger angekommen sind.

Die Verhandlungsführung hat auch eine ethische Dimension, weil die Verhandlungspartner Mitmenschen sind, die zu Kooperation und Zusammenarbeit verpflichtet sind. Wenn Mißverständnisse bei Verhandlungen ein Normalfall sind und zu Konfrontationen führen, gewinnen konstruktivistische Ansätze für Toleranz und Verantwortung an Bedeutung: „Toleranz gegenüber Andersdenkenden aufgrund der Einsicht in die Begrenztheit und Subjektivität des eigenen Erkennens. Verantwortung für uns selbst und andere aufgrund der Erkenntnis, daß wir nicht determiniert sind, sondern selbständig denken und entscheiden können" (Arnold/Siebert 1995, S.119). Der Konstruktivismus hat einen ethischen Imperativ, welcher es uns erlaubt, Wirklichkeitskonstruktionen „zweiter Ordnung", „Als-ob-Fiktionen", als Veränderungen von Meinungen, Standpunkten und Werten zu realisieren. Gerade weil Intoleranz in alltäglichen Fragen weit verbreitet ist, ist in der Erwachsenenbildung das Begreifen, Anerkennen und Akzeptieren, daß andere Menschen aufgrund ihre Autonomie und Selbstverantwortung anders denken, fühlen und handeln, pädagogisch zu thematisieren. Dabei ist vor einer unreflektierten Ideologie des „positiven Denkens" zu warnen, weil diese die Gefahr beinhaltet, „strukturelle Ungerechtigkeiten und Machtverhältnisse zu übersehen" (ebd,. S.121). Offene Konzeptionen der Verhandlungsführung bieten daher die Möglichkeit zu kritischem, reflexivem Denken und Handeln.

4. Eine idealtypische Verhandlungsführungskonzeption

Die Vernachlässigung von Verhandlungsführung in der Erwachsenenbildungsdiskussion ist darauf zurückzuführen, daß man in der Vergangenheit zu stark auf das Politikmodell vertraute, das davon ausging, daß

Verhandlungen durch erfolgreiche Persönlichkeiten irgendwie schon zu einer Übereinstimmung führen. In der letzten Zeit wurde immer deutlicher wahrgenommen, daß dieser Mechanismus nicht funktioniert: Internationale Konflikte bleiben ungelöst, und die Scheidungsrate steigt weiterhin.

In diesem Zusammenhang lassen sich einige Inhalte der Verhandlungsführung thematisieren. Obwohl in den üblichen Nachschlagewerken der Begriff ‚Verhandlungsführung' nicht vorkommt, herrscht ein allgemeiner Konsens darüber, was in der Erwachsenenbildung darunter zu verstehen ist. Ohne eine semantische Differenzierung vorzunehmen, scheint dennoch der Hinweis erforderlich, daß allgemein unter Verhandlungsführung die Logik aller denkbaren Techniken und Strategien einer Verhandlung gemeint ist, die für die Bewältigung entstehender Probleme bei teilweise revidierbaren Interessenkonflikten unter den Verhandlungspartnern sinnvoll erscheinen. Anspruchsvolle Lernansätze, die pädagogische Prinzipien der Verhandlungsführung hervorheben, haben aber noch einen geringen Stellenwert.

Für die Bildungsarbeit sind erfolgreiche Konzeptionen in bezug auf Verhandlungsführung durch einen „aufklärerischen, emanzipatorischen Anspruch" (Siebert 1994, S.650) zu erreichen. Im Unterschied zum allgemeinen Training sind sie auf reflexives Deutungslernen ausgerichtet: „Deutungslernen bedeutet in der Erwachsenenbildung,
– alte Erfahrungen neu zu strukturieren und in neue Deutungsmuster zu überführen,
– neue Erfahrungen (durch Erfahrungsaustausch) an bisherige Erfahrungen anzuknüpfen und damit den eigenen ‚Deutungspool' zu erweitern,
– in der Interaktion mit anderen die transformierte subjektive Wirklichkeit zu überprüfen, um sie zu bestätigen oder im praktischen Handeln schrittweise zu revidieren" (Arnold/Schüßler 1996, S.201).

Eine solche offene Konstruktion orientiert sich an folgenden didaktischen Prinzipien:
– Verhandlungsführung ist auf persönliche Verantwortung zugeschnitten, und damit ist gemeint, daß die persönliche Motivation Grundlage für das Handeln und die aktive Beteiligung ist. Verhandlungsführungskonzeptionen können nicht die Betroffenheit der Teilnehmenden erzeugen, aber sie können durch den Einstieg in die Problematik die persönliche Verantwortung für zukünftige Verhandlungen wecken.

- Verhandlungsführung ist mit Erweiterung des Lernens und Wissens verbunden, weil die komplizierte Vernetzungsentwicklung gleichzeitig eine Perspektive der Veränderung ermöglicht. Das Kennenlernen von Erfolgen und Mißerfolgen in lokalen, nationalen und internationalen Verhandlungen schafft Lernchancen und bietet die Möglichkeit, Konsequenzen zu ziehen.
- Verhandlungsführung dient der Entwicklung der Wahrnehmungsfähigkeit der Teilnehmerinnen und Teilnehmer, weil das Erkennen und Erlernen von Verhandlungssituationen komplementär verläuft.
- Verhandlungsführung ist nur ganzheitlich zu lernen, weil sowohl die Integration von sozialwissenschaftlichem Wissen erfolgt als auch die Fähigkeit erworben wird, kognitive und affektive Aspekte aufeinander abzustimmen.
- Verhandlungsführung ist praktisches Handeln, weil sie der Passivität entgegenwirkt und das aktive Eingreifen fördert.
- Erforderlich zur Verhandlungsführung ist auch die Fähigkeit zur Urteilsbildung, weil in den verschiedenen Phasen der Verhandlung – mit ihren begründbaren Unterschieden zwischen Wichtigem und Unwichtigem, Inhaltlichem und Beziehungsbezogenem – Wissen angeeignet wird, das letztlich zur Formulierung eines Urteils nötig ist.
- Verhandlungsführung steigert die Motivation für die Gestaltung einer besseren zukünftigen Kommunikation. So werden die gegenseitige Achtung der Individuen und die Selbstachtung gefördert.

Wer nach Watzlawick die „sanfte Kunst des Umdeutens" beherrscht, ist in der Lage, in einer konstruktivistischen Sicht die gegenwärtige Als-ob-Fiktion durch eine andere Als-ob-Fiktion zu ersetzen. Diese Idee leitet die Verhandlungsführungskonzeption. Dafür ist eine professionelle Anleitung und Unterstützung hilfreich, die das Ziel der „Reorganisation subjektiver Wahrnehmungskonstrukte" (Hartge zit. in Arnold/Siebert 1995, S.165) auf allen Ebenen der Verhandlungsführung verfolgt. Verhandlungsführungsseminare bieten die Möglichkeit, an der eigenen Person zu arbeiten, und erfordern ein hohes Maß an Einsatzbereitschaft. Ziel der Seminare ist es, durch den Einsatz von verschiedenen pädagogischen Aspekten der Kommunikation und Metakommunikation die Teilnehmenden mit unterschiedlichen Verhandlungssituationen zu konfrontieren und dadurch ihre Verhandlungsfähigkeit zu erhöhen.

Im Mittelpunkt des Ansatzes des Harvard-Verhandlungstrainings (vgl. Fisher u.a. 1993) steht ein Kommunikationsmodell. Die Analyse der erlebten persönlichen und beruflichen Erfahrungen bildet den Ausgangs-

punkt des Seminars. Die Aktualisierung bzw. Bewußtmachung wichtiger Erfahrungen bei Verhandlungen im Alltag durch Rollenspiele bietet der Gruppe die nötige Unterstützung für die Entwicklung angemessener Perspektiven für die zukünftige Realisierung von privaten und beruflichen Verhandlungssituationen.
Verhandlungsführungsseminare haben das Ziel, ein höheres Reflexionsniveau und eine bessere Selbststeuerungskompetenz zu erreichen. In diesem Kontext kann überprüft werden, welche Auswirkungen sich auf die sich kontinuierlich verändernden Rahmenbedingungen ergeben, um über weitere Möglichkeiten in der Verhandlungsführung zu reflektieren und sie zu verändern.

Literatur

Alvarez, Nieves: Lebensweltanalyse lateinamerikanischer Stipendiaten in der Bundesrepublik Deutschland. Frankfurt am Main u.a. 1991: Lang

Arnold, Rolf; Dybowski-Johannson, Gisela: „Das lernende Unternehmen" – Implikationen für berufliche Bildungs- und betriebliche Personalentwicklungsprozesse. In: Diepold, Peter (Hrsg.): Berufliche Aus- und Weiterbildung. Konvergenzen, Divergenzen, neue Anforderungen, alte Strukturen. Dokumentation des 2. Forums Berufsbildungsforschung 1995 an der Humboldt-Universität zu Berlin. Nürnberg 1996: Institut für Arbeitsmarkt- und Berufsforschung der Bundesanstalt für Arbeit

Arnold, Rolf; Schüßler, Ingeborg: Deutungslernen – ein konstruktivistischer Ansatz lebendigen Lernens. In: Arnold, Rolf (Hrsg.): Lebendiges Lernen. Baltmannsweiler 1996: Schneider-Verlag Hohengehren

Arnold, Rolf; Siebert, Horst: Konstruktivistische Erwachsenenbildung. Von der Deutung zur Konstruktion von Wirklichkeit. Baltmannsweiler 1995: Schneider-Verlag Hohengehren

Bertelsmann Stiftung (Hrsg.): Carl-Bertelsmann-Preis 1996: Innovative Schulsysteme im internationalen Vergleich. Band 1. Gütersloh 1996: Verlag Bertelsmann Stiftung

Birkenbihl, Vera: Psycho-logisch richtig verhandeln: professionelle Verhandlungstechniken mit Experimenten und Übungen. München 1995, 9. Aufl.: mvg-Verlag

Feldweg, Erich: Der Konferenzdolmetscher im internationalen Kommunikationsprozeß. Heidelberg 1996: Julius Groos

Fisher, Roger; Ury, William; Patton, Bruce M.: Das Harvard-Konzept: sachgerecht verhandeln – erfolgreich verhandeln. Frankfurt am Main, New York 1993, 12. Aufl.: Campus-Verlag

Götz, Klaus: Organisationsentwicklung als Spiel... das freie Spiel der Kräfte... In: Diepold, Peter (Hrsg.): Berufliche Aus- und Weiterbildung. Konvergenzen, Divergenzen, neue Anforderungen, alte Strukturen. Dokumentation des 2. Forums Berufsbildungsforschung 1995 an der Humboldt-Universität zu Berlin. Nürnberg 1996: Institut für Arbeitsmarkt- und Berufsforschung der Bundesanstalt für Arbeit

Mayntz, Renate: Policy-Netzwerke und die Logik von Verhandlungssystemen. In: Héritier, Adrienne (Hrsg.): Policy-Analyse: Kritik und Neuorientierung. Politische Vierteljahresschrift, Sonderheft 24/93. Opladen 1993: Westdeutscher Verlag

Reich, Kersten: Systemisch-konstruktivistische Pädagogik. Neuwied 1996: Luchterhand

Salacuse, Jeswald W.: International erfolgreich verhandeln. Frankfurt am Main 1996: Wilhelm Heyne

Scharpf, Fritz: Positive und negative Koordination in Verhandlungssystemen. In: Héritier, Adrienne (Hrsg.): Policy-Analyse: Kritik und Neuorientierung. Politische Vierteljahresschrift, Sonderheft 24/93. Opladen 1993: Westdeutscher Verlag

Schmitz, Christof: Erfolg und Vielfalt. In: Managerie. Systemisches Denken und Handeln im Management. 1. Jahrbuch. Heidelberg 1992: Carl-Auer-Systeme

Schulz von Thun, Friedemann: Miteinander reden. Reinbek bei Hamburg 1994: Rowohlt Taschenbuch Verlag

Schütz, Alfred: Der sinnhafte Aufbau der sozialen Welt. Frankfurt am Main 1974: Suhrkamp

Siebert, Horst: Seminarplanung und -organisation. In: Tippelt, Rudolf (Hrsg.): Handbuch Erwachsenenbildung/Weiterbildung. Opladen 1994: Leske + Budrich

Steinbrecher, Michael: Systemisch-evolutionäres Management. Von der Notwendigkeit ganzheitlichen Denkens und Handelns. In: Götz, Klaus (Hrsg.): Theoretische Zumutungen. Vom Nutzen der systemischen Theorie für die Managementpraxis. Heidelberg 1994: Carl-Auer-Systeme

Waldenfels, B.: In den Netzen der Lebenswelt. Frankfurt am Main 1985

Willke, Helmut: Systemtheorie III. Steuerungstheorie. Grundzüge einer Theorie der Steuerung komplexer Sozialsysteme. Stuttgart, Jena 1995: UTB

Wollnik, Michael: Interventionschancen bei autopoietischen Systemen. In: Götz, Klaus (Hrsg.): Theoretische Zumutungen. Vom Nutzen der systemischen Theorie für die Mangementpraxis. Heidelberg 1994: Carl-Auer-Systeme

Zech, Rainer: Individuum und Organisation. Probleme gewerkschaftlicher Politik 1. Hannover 1990: Expressum

Zu den Autorinnen und Autoren

Nieves Alvarez, geb. 1959, Dr. phil., MA in Erziehungswissenschaft, seit 1986 freie Mitarbeiterin bei der Deutschen Stiftung für internationale Entwicklung (DSE/ZGB), von 1986 bis 1989 Mitarbeiterin an der Forschungsstelle für Vergleichende Erziehungswissenschaft der Universität Heidelberg, seit 1994 pädagogische Mitarbeiterin im Projekt Gewerkschaftliche Bildungsarbeit beim Hauptvorstand der Gewerkschaft Erziehung und Wissenschaft (GEW), seit 1996 Lehrbeauftragte an der Universität Heidelberg.
Arbeitsschwerpunkte: Internationale Bildungspolitik, interkulturelle Bildung, Erwachsenenbildung.

Jörg Angermüller, geb. 1959, Dipl.-Päd., von 1990 bis 1994 wissenschaftlicher Mitarbeiter an der Universität Hannover, seit 1995 Geschäftsführer des Instituts für kritische Sozialforschung und Bildungsarbeit e.V.
Arbeitsschwerpunkte: Organisationsentwicklung in Non-Profit-Organisationen, Erwachsenenbildung, EDV-Weiterbildung, Verbands- und Nonprofit-Management.

Werner Dießner, geb. 1957, Dr. phil., Dipl.-Phil., von 1986 bis 1991 wissenschaftlicher Assistent im Bereich Geschichte der Philosophie der Universität Leipzig, von 1991 bis 1995 päd. Mitarbeiter und Projektleiter bei verschiedenen Einrichtungen der Erwachsenenbildung, seit 1995 Leiter des Instituts für SozialManagement.
Arbeitsschwerpunkte: klassische deutsche Philosophie, Politische Bildung, Organisationsberatung.

Christiane Ehses, geb. 1963, Dipl.-Päd., Dr. cand., seit 1991 wissenschaftliche Mitarbeiterin im Institut für kritische Sozialforschung und Bildungsarbeit e.V.
Arbeitsschwerpunkte: gewerkschaftliche Organisationsentwicklung im vereinten Deutschland, Non-Profit-Organisationen, Biographie- und Bildungsforschung.

Friederike Erhart, geb. 1962, Dipl.-Päd., seit 1990 wissenschaftliche Mitarbeiterin an der Universität Hannover und im Institut für kritische Sozialforschung und Bildungsarbeit e.V.
Arbeitsschwerpunkte: Wissenschaftliche Begleit- und Evaluationsforschung, Erwachsenenbildung und Innovation, EDV-Weiterbildung.

Ute Meyer, geb. 1964, Dipl.-Päd., seit 1994 Leiterin des Projektes Gewerkschaftliche Bildungsarbeit beim Hauptvorstand der Gewerkschaft Erziehung und Wissenschaft (GEW).
Arbeitsschwerpunkte: Projektmanagement, Teamentwicklung, Zukunftswerkstätten.

Michaela Rißmann, geb. 1964, Dr. paed., Diplomlehrerin für Deutsche Sprache/Literatur und Russisch, von 1990 bis 1992 wissenschaftliche Assistentin an der Pädagogischen Hochschule Erfurt im Bereich Erziehungswissenschaften, seit 1992 pädagogische Mitarbeiterin bei verschiedenen Trägern der Erwachsenenbildung.
Arbeitsschwerpunkte: Begabtenforschung, Organisationsentwicklung, Erwachsenenbildung, Kommunikation.

Rainer Zech, geb. 1951, Priv. Doz., Dr. phil. habil., Dipl.-Päd., Hochschullehrer für Bildungsforschung an der Universität Hannover, Leiter des Instituts für kritische Sozialforschung und Bildungsarbeit e.V.
Arbeitsschwerpunkte: Bildung und Persönlichkeit, Organisationsforschung und -beratung, Forschungsmethodologie und -methodik.